Adolph Kohut

Das Buch

berühmter Duelle

REPRINT – VERLAG
LEIPZIG

Die zum Teil geminderte Druckqualität ist auf den
Erhaltungszustand der Originalvorlage zurückzuführen

Reprint der Originalausgabe von 1888
nach dem Exemplar des Verlagsarchives

© **REPRINT-VERLAG-LEIPZIG**
Volker Hennig, Goseberg 22–24, 37603 Holzminden
ISBN 3-8262-1101-4

Lektorat: Andreas Bäslack, Leipzig
Einbandgestaltung: Jens Röblitz, Leipzig
Gesamtfertigung: Westermann Druck Zwickau GmbH

Das Buch

berühmter Duelle

von

Dr. Adolph Kohut.

Berlin.

Alfred H. Fried.

1888.

Dem

vortrefflichen Arzt und Menschenfreund

Herrn

Dr. med. E. Meinert

in Dresden

in unwandelbarer Freundschaft und Verehrung

der Verfasser.

Inhalts = Verzeichniß.

Einleitung.

D̶as Duell ist in allen civilisirten Staaten verboten, und werden die Duellanten mit geringeren oder höheren Strafen — Gefängniß oder Festung — belegt, aber die Leidenschaft des Zweikampfs blüht trotz alledem üppiger als je.

Nicht nur Officiere und Studenten, sondern auch Politiker, Abgeordnete, Dichter, Künstler und Vertreter fast aller Berufsklassen greifen zum Säbel, zum Rappier oder zur Pistole, wenn die Frage der „Ehre" in Betracht kommt. Es genügt oft eine unrichtigverstandene Aeußerung, ein ironisches Lächeln, ein geringschätziger Blick, eine Meinungsdifferenz, und sofort sind gewisse Kampfhähne bereit, ihr Leben aufs Spiel zu setzen und dasjenige ihrer Nebenmenschen zu vernichten.

Das Strafgesetzbuch hat bisher allerdings kein Verbrechen und Vergehen verhütet, weil die menschlichen Leidenschaften wenig nach dem „code pénale" fragen, und so haben selbst die schärfsten gesetzlichen Bestimmungen der Duellwuth nicht Einhalt gethan, aber wir machen hierbei die traurige Wahrnehmung, daß in manchen Ländern das Duellgesetz als nicht existirend angesehen wird, indem die Zweikämpfer und deren Secundanten systematisch freigesprochen werden. Ebenso sehen wir, daß in gewissen Fällen Officiere und Studenten moralisch gezwungen werden, zur Waffe zu greifen, wollen sie nicht als „ehrlos" gelten und auf ihre Laufbahn verzichten.

Zwischen dem Gesetz und dem Standesbewußtsein gähnt eben in Fragen des Duells eine unüberbrückbare Kluft. Diese ist so gewaltig, daß oft die entschiedensten Gegner des Zweikampfs, die in Wort und Schrift diese Unsitte bekämpft haben, schließlich sich schlagen, wenn es gilt, einen Ehrenhandel zum Austrage zu bringen.

Der Zwiespalt zwischen Theorie und Praxis beschränkt sich nicht allein auf Gesetzgebung und Leben, sondern selbst die namhaftesten Denker und Dichter stehen betreffs der Frage der Berechtigung des Zweikampfs in vielen Punkten einander schroff gegenüber.

Während z. B. Arthur Schopenhauer von seinem radikalen philosophischen Standpunkte aus jegliches Duell verwirft, sind Männer wie Immanuel Hermann Fichte, Ludwig Börne, Rudolf Rosenkranz und Rudolf von Jhering in gewissen Fällen für das Duell, ja plaidiren sogar für den Zweikampf. Diese Urtheile sind so interessant, daß ich dieselben hier wiedergeben möchte. Der berühmte Frankfurter Philosoph schreibt einmal:

„Daß dieser seltsame, barbarische und lächerliche Codex der Ehre nicht aus dem Wesen der menschlichen Natur oder einer gesunden Ansicht menschlicher Verhältnisse hervorgegangen sei, erkennt der Unbefangene auf den ersten Augenblick. Weder Griechen noch Römer, noch die hochgebildeten asiatischen Völker alter und neuer Zeit wissen etwas von dieser Ehre und ihren Grundsätzen. Bei ihnen allen gilt der Mann für das,

wofür sein Thun und Lassen ihn kundgiebt, nicht aber
für das, was irgend einer losen Zunge beliebt von ihm
zu sagen. Bei ihnen allen kann, was einer sagt oder
thut, wohl seine eigene Ehre vernichten, aber nicht die
eines anderen. Ein Schlag ist bei ihnen allen nur ein
Schlag, wie jedes Pferd und jeder Esel ihn gefährlicher
versetzen kann; er wird nach Umständen zum Zorn
reizen, auch wohl auf der Stelle gerächt werden, aber
mit der Ehre hat er nichts zu thun. Griechen und
Römer waren doch wohl ganze Helden, aber sie mußten
nichts vom Point d'honneur. Der Zweikampf war
ihnen nicht Sache der Edlen im Volk, sondern feiler
Gladiatoren, preisgegebener Sklaven und verurtheilter
Verbrecher, welche, mit wilden Thieren abwechselnd,
auf einander gehetzt wurden zur Belustigung des Volkes."

Fichte hingegen betont mit großem Nachdruck das
Recht der Ehre, welches er mit dem Begriff der Persönlichkeit identificirt und er zieht daraus die Folgen des
verletzten Ehrgefühls.

Börne sagt einmal: „Das Uebel (Duell) scheint
mir nur einer Heilung, aber keiner Milderung fähig
und jene kann nur die Zeit bewirken. In unseren
strengen Monarchien, die das Alterthum weder kannte
noch ahnte, haben die Bürger gleich Münzen einen
Nennwerth, durch das Wort und Bild des Fürsten bezeichnet. Das ist die Ehre. Wer dieser beraubt wird,
wem jenes Gepräge mangelt, der hat nur einen
innern Werth und muß sich jeden Augenblick von
Neuem schätzen, wiegen und prüfen lassen. Darum ist
das Gepräge der Ehre im geselligen Umgange von so
großem Werthe, weil wir auf Treue und Glauben,
ohne beschwerliche vorgängige Untersuchung, nach Maß
unseres inneren Gehalts, angenommen und geschätzt
werden. Die Verletzung dieser Ehre ist daher
ein wirkliches, keineswegs nur in Vorurtheilen
gegründetes Uebel, und wenn es nur durch den

1*

Zweikampf geheilt werden kann, so wäre es
grausam, das Heilmittel zu untersagen, so
lange man nicht versteht, die Krankheit zu ver-
hüten. In den Staaten des Alterthums war dies
anders. Da legte jeder einzelne Bürger alle seine Kraft
und Tugend in den allgemeinen Schatz nieder; er be-
durfte daher keines eigenen Gepräges; wir kennen nur
Hof= und Standesehre."

Karl Rosenkranz, der Königsberger Denker und
Aesthetiker, hat vor gerade 50 Jahren — 1838 —
„Ueber den Zweikampf auf unseren Universitäten" eine
Schrift veröffentlicht. Er spricht sich darin über den
Zweck des akademischen Lebens, die Freiheit überhaupt und
die Poesie des Lebens aus; er nennt das Duell ein wesentlich
germanisches Institut, das bei der lückenhaft dürftigen
Verfassung der mittelalterlichen Einrichtungen als ein
supplementarisches nothwendig gewesen. Aus Vorliebe
für den mittelalterlich germanischen Geist habe selbst
Steffens noch in seiner Schrift „Ueber die gegenwärtige
Zeit" dem Zweikampfe eine glänzende Apologie gehalten. Allerdings, meinte er, müßten sich die Studenten innerhalb ihrer Individualität auch der Humanität befleißigen.

Der berühmteste Rechtstheoretiker der Gegenwart
endlich, R. von Jhering, sagt in seiner Schrift: „Der
Kampf um's Recht" u. A.: „Das Rechtsgefühl, im
Stich gelassen von der Macht, die es schützen sollte,
verläßt selbst den Boden des Gesetzes und sucht durch
Selbsthilfe zu erlangen, was Unverstand, böser Wille,
Ohnmacht ihm versagen. Und zwar sind es nicht blos
Einzelne, besonders kraftvoll und gewaltig angelegte
Naturen, in denen das nationale Rechtsgefühl, wenn ich
so sagen darf, seine Anklage und seinen Protest gegen
derartige Rechtszustände erhebt, sondern diese Anklage
und dieser Protest wiederholt sich mitunter von Seiten
der ganzen Bevölkerung in gewissen Erscheinungen, die

wir ihrer Bestimmung oder der Art nach, wie das
Volk oder der bestimmte Stand sie betrachtet und in
Anwendung bringt, als volksthümliche Surrogate und
Seitenstücke der Einrichtungen des Staats bezeichnen
können. Dahin gehören im Mittelalter die Vehmgerichte
und das Fehderecht, die schwerwiegenden Zeugnisse für
die Ohnmacht und Parteilichkeit der damaligen Straf-
gerichte und die Machtlosigkeit der Staatsgewalt; in
der Gegenwart ist das Institut des Duells der
thatsächlichste Beweis, daß die Strafen, welche
der Staat über Ehrverletzungen verhängt, dem
empfindlichen Ehrgefühl gewisser Klassen der
Gesellschaft kein Genüge leisten."

Wie die Denker, so sind auch die Dichter über die
Existenzberechtigung des Duells sehr getheilter Meinung.
Wenn auch die große Mehrheit derselben den Zweikampf aufs Entschiedenste verurtheilt, so fehlt es doch
nicht an Stimmen, welche ihm einen Hymnus singen.
Wir theilen weiter unten an passender Stelle das schwung-
hafte Gedicht des Grafen Moritz von Strachwitz
zum Lob und Preis des blutigen Spiels mit; doch
nicht allein gräfliche und adelige Poeten, deren Standesbewußtsein besonders zart besaitet sein mag, sondern
auch bürgerliche Helden der Feder haben so manches
für das moderne barbarische Gottesurtheil geschrieben.
So sagt z. B. Gustav Freytag in der „Verlorenen
Handschrift":

„Der Prinz stand still auf seinem Platze, jetzt ent-
fiel der Schläger seiner Hand, und ein leises Zittern
bewegte die Finger, aber der Mund lächelte und es
war ein guter Ausdruck in den frohen Zügen. Ein
Knabe hatte durch die ernste Viertelstunde das
Selbstgefühl eines Mannes gewonnen."

Selbst ein so frommer Herr wie der Bischof Eylert
legte einst eine Lanze für das Duell ein. Er bemerkt
in seinem Werke über Friedrich Wilhelm III.: „Selbst

Duelle, an sich durchaus verwerflich, haben doch das Gute, daß sie dem Zusammenleben eine gewisse Haltung und Aufmerksamkeit, Vorsicht und Zartheit geben. Sollte man den ritterlichen Degen abschaffen, so würden bald an dessen Stelle die niederträchtigen Knüppel treten, und von 100 Duellen hat kaum eins nachtheilige Folgen."

Merkwürdig ist es, daß die berühmtesten Schlachtenlenker, wie Friedrich der Große und Napoleon, keine Freunde des Duells waren. Die Aeußerungen derselben findet der Leser im nachfolgenden Kapitel. Auch Friedensfürsten, wie z. B. der König Johann von Sachsen, hat den Zweikampf perhorrescirt, wie ich dies in meinem Buche „Ragende Gipfel"*) eingehend nachgewiesen habe. In einer Novelle des Königs „Der Entehrte" findet sich die nachstehende Auslassung, welche den Standpunkt des edlen Monarchen deutlich kennzeichnet: „Es giebt noch eine andere Ehre, als was die Welt so nennt; noch einen höheren Muth, als den, welcher auf der Degenspitze des Duellanten schwebt."

Diese Anführungen sollen nur zeigen, daß der alte Streit der Meinungen in der Duellfrage nicht so leicht geschlichtet werden wird. Alle Broschüren, Antiduellvereine und Strafgesetze werden den, an und für sich gewiß häßlichen und abscheulichen, Brauch nicht aus der Welt schaffen; so lange männermordende Kriege stattfinden, werden auch die Erynnien des Duells walten; so lange Studentenverbindungen existiren, wird auch die Mensur leben, getreu dem alten Studentenlied:

Und wenn mich wer touchiret,
Mit dem wird contrahiret.

Daß sich die deutsche und österreichische Gesetzgebung dieser Erscheinung gegenüber machtlos erweist, das beweisen die Aeußerungen des Kgl. preußischen Ministers

*) Verlag von Bruns, Minden.

des Innern, Herrn v. Puttkamer, in der Reichstags-
sitzung am 13. December 1886, als er anläßlich eines
Antrags des Abgeordneten Reichensperger erklärte, daß
er vom Erlasse an seine Beamten bezüglich der Be-
obachtung der Gesetze gegen die Duelle sich keinen Erfolg verspräche. Ebenso meinte der österreichische Reichs-
kriegs-Minister Graf Bylandt-Rheidt in der 19.
Session der Delegirten des Reichsraths am 12. Mai 1884,
daß gesetzliche Verhaltungsmaßregeln hier wenig fruchten
können. Seine denkwürdigen Worte lauten:

„Der sehr ehrenwerthe Herr Delegirte Greuter hat
eine ausführliche Philippica gegen das Duell gehalten.
Ich kann hier weder für die Vertheidigung noch für
die Widerlegung seiner ausgesprochenen Ansichten eintreten. Im Allgemeinen kann ich nur bemerken, daß
nicht nur das Gesetz, sondern daß auch ein Jeder
von uns das Duell perhorrescirt. Aber es ist eine auf
gewisse Ansichten und vielleicht auch auf Vorurtheile basirte
Thatsache, daß eben das Duell nicht hintanzuhalten ist..
Um nun hier einen Umschwung herbeizuführen, müßten
nicht nur sämmtliche Offiziere der K. K. Armee, sondern
auch alle Officiere der anderen europäischen Staaten von
den gleichen Ansichten ausgehen und sich zu den Anschauungen des Herrn Delegirten Greuter bekennen.
Bis dahin ist aber noch ein langer Weg, und ich bin
nicht in der Lage, gegenwärtig in dieser Beziehung etwas zu veranlassen, weil ich ja in
direkten Widerspruch mit den Begriffen und
Anschauungen des ganzen Officiercorps treten
würde.''

Ich habe schon oben erwähnt daß der Officier
sich in gewissen Fällen schlagen muß, oder der Schild
seiner Ehre ist fürder nicht makellos.

Zur Illustrirung dieser Thatsache mögen aus der
Fülle der betreffenden Duellgeschichten nur die nachstehenden erwähnt werden:

In folge ehrengerichtlicher Verhandlungen mußte sich selbst der Neffe des Kriegsministers von Roon, Lieutenant Koffmahn, mit einem Collegen vom 37. Regiment — am 19. April 1863 in Cassel — schlagen. Koffmahn wurde in die Schulter geschossen. Die Kugel glitt vom Knochen ab und drang in die Lunge, so daß er nach. erfolgtem Transport in das Militär-Lazareth bald darauf starb. —

Ein Jahr darauf ereignete sich Folgendes. Ein Offizier der preußischen Armee, Graf Schmifing-Kerffenbrock, gerieth mit einem seiner Kameraden in Streit, der schließlich gütlich beigelegt wurde. Gelegentlich erklärte der Graf, daß er ohnehin nicht in der Lage gewesen wäre, eine Herausforderung anzunehmen oder ergehen zu laffen, da ihm seine, die katholische, Kirche das Duell verbiete. Der Herr, dem gegenüber diese Aeußerung gethan wurde, erblickte in derselben eine so außerordentliche Abweichung von den im Officiersstand herrschenden Grundsätzen, daß er es für nothwendig hielt, den Commandeur des ersten Garderegiments von dem Inhalt der Unterredung in Kenntniß zu setzen. Graf Schmifing wurde citirt und gab auf Befragen an, daß ihm das Gebot der Kirche höher stehe, als die Gebräuche der Menschen. Der Commandeur beschied nun auch die übrigen beiden jüngeren Brüder des Grafen — gleichfalls Lieutenants — zu sich und fragte sie über ihre Meinung vom Duell. Die beiden Officiere wiesen Anfangs das Verlangen, sich über Fragen zu äußern, die noch gar nicht thatsächlich an sie herangetreten, zurück, erklärten aber, als nachdrücklichst in sie gedrungen wurde, daß sie allerdings die Grundsätze ihres Bruders theilten. In Folge dieses Geständnisses erhielten alle drei Brüder den schlichten Abschied. Der Vorgang hat seiner Zeit großes Aufsehen gemacht. . .

Alle Reclamationen nützen nichts; allerdings bin ich auch der Ansicht, daß ein Officier, der des Kaisers

und Königs Rock trägt, noch viel skrupulöser in Ehrensachen sein muß, wie ein Civilist. Gegen den Mißbrauch der Duelle sorgen übrigens in den meisten Fällen
die Ehrengerichte, sowohl bei den Officieren, wie bei
den Studenten. Wo dies aber nicht geschieht, ist allerdings die Händel- und Rauflust sehr zu beklagen und
schonungslos zu bestrafen.

Wohl · aber muß aufs Entschiedenste gegen den
Unfug der Schüler-Duelle eingeschritten werden. Wenn
unreife Knaben und grüne Jungen schon zu den Waffen
greifen, wie dies z. B. in Frankreich und Oesterreich-
Ungarn sehr oft der Fall ist, so müssen alle gesetzlichen
und moralischen Mittel aufgeboten werden, um einer
solchen krankhaften Verirrung Herr zu werden.

Nicht minder verwerflich ist das Studentenduell,
wenn die Musensöhne nicht ihre Klingen kreuzen, sondern — wie dies manchmal zu geschehen pflegt — zu
Pistolen ihre Zuflucht nehmen. Beim Fechten können
die Studenten ihren Muth, ihre Muskelkraft, ihre Geschicklichkeit bewähren — während die Mensur mittelst
Pistolen doch zumeist von den Conjunkturen des Zufalls
abhängig ist, abgesehen davon, daß ein Pistolenduell
immer etwas Mörderisches und von der Rachsucht der
Duellanten Zeugniß Ablegendes an sich hat.

Eines der abscheulichsten Pistolenduelle unter Studenten war dasjenige, welches am 3. September 1872
in Gießen sich abspielte. Es war dies eine solche cause
célèbre, daß sie sogar im „Neuen Pitaval" einen Platz
fand. Erzählen wir in kurzen Zügen den Hergang dieses
Zweikampfes:

Die Feindseligkeiten unter den Studenten hatten ge-
ruht, so lange der Krieg mit Frankreich dauerte. Nach
dem Friedensschluß brachen dieselben von Neuem aus
und zwar mit großer Heftigkeit, ohne daß man die Ursache wußte. Es liefen Gerüchte um von Pistolenduellen,
ja, man erzählte sich, ein Gerichtsaccessist, der zugleich

Reservelieutenant in dem zu Gießen in Garnison stehen=
dem Infanterie=Regiment war, habe in einem solchen
Zweikampfe von einem Studenten eine Schußwunde er=
halten. Thatsache ist, daß am 3. September 1872 ein
Student neben Halle von seinem Commilitonen erschossen
wurde. Die Aufregung war sehr groß, denn man hatte
nicht geglaubt, daß die Zwistigkeiten unter den Studenten
so ernste, so furchtbare Folgen haben würden.

Die Ursache des Duells war so nichtig als möglich.
Vor einiger Zeit hatte nämlich die Burschenschaft
„Alemania" ihren zehnjährigen Stiftungs=Commers ge=
feiert und bei dem Festzuge sollte der zu dieser Verbindung
gehörende stud. pharmaciae R. aus Mainz vom Wagen
herab den Senior der Burschenschaft „Hassia", stud.
med. M., in höhnischer Weise angesehen haben. M.
nahm sich vor, den R. deshalb zur Rede zu stellen.
Er rief ihm das Spottwort „Büchsié" zu. R. drehte
sich um und fragte, ob er gemeint sein solle. M. ant=
wortete mit Ja, und richtete zugleich an R. die Frage,
ob er ihm Satisfaction gebe. R. bejahte. Hierauf for=
derte M. den R. auf Pistolen und sagte ihm, daß er
morgen seinen Cartellträger schicken werde, um das
Weitere zu vereinbaren. R. überreichte ihm seine Karte
und bezeichnete seine Wohnung. M. nahm die Karte,
zerriß sie und trat sie mit Füßen. Ja, er vergaß sich
soweit, dem R. zu befehlen, daß er sich entfernen solle,
und als dieser dennoch blieb, nannte er ihn einen
„Schw . . . . d". R. drohte hierauf, wenn M.
nicht provocire, werde er sich auf der Stelle Satisfaction
verschaffen. Er erhob einen Todschläger, den er bei
sich führte und holte aus. In diesem Augenblicke kamen
Leute herbei und die Studenten trennten sich.

Die Cartellträger vereinbarten an dem folgenden
Tage das Erforderliche wegen des Pistolenduells, welches
in Gemäßheit der Herausforderung auf fünf Schritte
Barrière stattfinden sollte.

Am 23. August 1872 standen sich die beiden Gegner bewaffnet gegenüber. Beide schossen, aber beide Pistolen versagten. Der Sekundant des Studenten R. fragte hierauf: „ob die Mensur ex sei", d. h. ob das Duell beendigt sein solle? Der Student R. war bereit, den Kampf fortzusetzen, der Student M. dagegen berief sich auf eine Bestimmung im Comment, nach welcher es für einen eigentlichen Schuß gälte, auch wenn die Pistole versage, und bemerkte, daß diese Bestimmung auch Anwendung finden müßte, wenn beide Pistolen versagten. Der Student R. bestand nicht auf einen zweiten Kugelwechsel, der Zweikampf war somit zu Ende.

Das Benehmen des M. wurde von den Corpsbrüdern höchlichst gemißbilligt. Sie warfen ihm vor, daß er seine eigene Ehre und diejenige des Corps compromittirt habe, daß es seine Schuldigkeit gewesen sei, das Anerbieten des R. zur Fortsetzung des Kampfes anzunehmen. M. schied aus der „Hassia" aus und dem R. wurde brieflich angezeigt, daß das Corps den Studenten M. „geschnickt", d. h. ausgestoßen habe.

Der Student R. scheint durch diesen Ausgang des Duells übermüthig geworden und von da an auf neue Händel ausgegangen zu sein. Er hatte Geschmack gefunden an der Aufregung, die ein solcher Zweikampf verursacht. Er blieb während der Ferien in Gießen, weil er dort mehr Abwechselung hatte, als zu Hause, weil es daselbst, wie er sagte, doch hin und wieder ein Duell gäbe.

Am 29. August, also wenige Tage nach dem Zusammentreffen mit M., fuhr der Student R. in etwas angetrunkenem Zustande mit zwei Commilitonen noch spät Abends auf der Eisenbahn und begegnete daselbst dem Studenten F. aus San Gabriel in Brasilien, welcher in Gesellschaft einiger junger Mädchen von einem Ausfluge zurückkehrte; R. „rempelte" den F., d. h. er stieß ihn mit dem Ellenbogen und zwar, wie er später zugab, vorſätzlich, um einen Streit herbeizuführen. Als F. ſich umdrehte und fragte, was das bedeuten ſolle, ſagte R.: „Gehen Sie mir aus dem Wege!“ F. entgegnete: „es ſei Platz genug für ſie beide, R. könne an ihm vorüber=gehen.“ R. replicirte: „Da hätte er viel zu thun, wenn er jedem Schw .... kerl aus dem Wege gehen ſollte“. F., mit Recht empört über dieſe Rohheit, antwortete: „Morgen werden Sie von mir hören.“

R. hatte diesmal ſeinen Mann gefunden, denn F. war ein berüchtigter Raufbold und Duellant.

Der Cartellträger, stud. jur. H., der am Tage nach dem Rencontre im Auftrage des F. zu R. kam, forderte dieſen auf Piſtolen und zwar auf 15 Schritte Diſtanz. R., der auf dem großen Pferde ſaß, nahm die Forderung an, bemerkte aber: „15 Schritte Diſtanz wäre doch verdammt weit“. Der Cartellträger erwiderte darauf: „Ein Duell auf Piſtolen ſei kein Kinderſpiel“.

Man einigte ſich ſchließlich dahin, daß das Duell zwiſchen F. und R. auf 8 Schritte Barrière ſtattfinden ſolle. —

Wie geſagt, fand am 3. Sept. 1872 der Zwei=kampf ſtatt. Die Piſtolen waren geladen, die 15 Schritte Diſtanz abgemeſſen, die Barrière abgeſteckt. Der Un=parteiiſche verlooſte die 4 gezogenen, mit Percuſſions=ſchlöſſern verſehenen Piſtolen und händigte je eine der=ſelben den Kämpfern und Secundanten ein. Nachdem die Duellanten und neben ihnen die Secundanten ihre Plätze eingenommen hatten, commandirte der Unpar=teiiſche: „eins, zwei, drei, los!“ Die beiden Gegner zielten einige Secunden, dann ſchoſſen ſie beide von ihren Plätzen aus. Die Schüſſe klangen, als hätten beide gleichzeitig abgefeuert. In Wahrheit hatte der Student R. einen Moment früher abgedrückt, aber die Kugel war vorbeigeflogen. Die Kugel des Studenten F. traf den R. mitten auf die Stirn, ſo daß er augenblicklich todt niederſtürzte.

Der Student F. wurde vom Schwurgericht zu Gießen zu 2 Jahren und 3 Monaten Festungsstrafe verurtheilt.

*   *   *

Wie viele Hunderte und Tausende von hoffnungs-vollen jungen Musensöhnen wurden schon seit Jahr-hunderten dem Moloch des barbarischen Ehrbegriffs geopfert! Wie viel Elend hatte diese abscheuliche Un-sitte zur Folge, aber leider sind die Studentenpaukereien mit Schlägern, Säbeln und Pistolen nicht auszurotten, denn die überschäumende Jugendkraft, die burschenschaftliche Herrlichkeit und das Bewußtsein, ein flotter und forscher „Bruder Studio" zu sein, ist viel mächtiger, als alles Predigen und Moralisiren.

Ich habe in den folgenden Blättern nach einem nothwendigen Excurs über die Geschichte des Duells und einige Ausartungen desselben, wie das Damen- und amerikanische Duell, und nachdem ich gezeigt, daß im vorigen Jahrhundert mancher Zweikämpfer gleich einem Mörder bestraft, d. h. hingerichtet wurde, in erster Linie die namhaftesten Zweikämpfe des neunzehnten Jahrhunderts, nach den Quellen und in chrono-logischer Reihenfolge geordnet, geschildert.

Naturgemäß konnte ich nur solche Ehrenhändel berücksichtigen, welche die weitesten Kreise interessirten und die durch die Persönlichkeiten der Duellanten oder andere Umstände zu großer Berühmtheit gelangt sind.

Deutschland und Frankreich, wo die meisten und merkwürdigsten Duelle stattfanden, haben selbstver-ständlich zu meiner Duellchronik das größte Contingent geliefert.

„Das Buch berühmter Duelle" könnte ebenso gut „Das Buch der menschlichen Leidenschaften" heißen, denn alle Affecte der Seele: Liebe, Eifersucht, Mannesstolz, Ehrgefühl, Rachsucht, Haß, politischer

Streit u. s. w., haben die Waffen zu den Duellen ge=
schmiedet, welche hier in größerer oder geringerer Aus=
führlichkeit in ihrem Entstehen, Verlauf und Ausgang
erzählt werden.

Und so darf ich wohl die Hoffnung aussprechen,
daß meine Schrift nicht blos einen geschichtlichen und
culturhistorischen, sondern auch einen psychologischen
Werth beanspruchen kann. Der geneigte Leser wird aus
diesen Zweikampfbildern sich von der Wahrheit des
Satzes überzeugen: „Die Leidenschaften sind Mängel
oder Tugenden, nur gesteigert."

Trotz des Klirrens der Schwerter und des Pfeifens
der Kugeln wird man hier und da eine poetische Perle
gewahren, welche die Fluth der Leidenschaft der
Duellanten an den Strand geworfen; vielleicht wird
dieselbe dem Publikum nicht ganz unwillkommen sein.
Es bewahrheitet sich auch hier das schöne Wort, welches
Hammer=Purgstall gesagt:

> Wie wunderbar, o Leidenschaft,
> Erhöhet sich im Anfall Deiner Fieberhitze
> Des innern Menschen Seherkraft!
> Aus einem Schwerte machst Du eine Tulpenspitze,
> Aus Blumenstengeln wird ein Lanzenschaft;
> Im Finstern siehest Du durch eine Ritze
> Die Glorie vom Paradies
> Und findest Perlen in dem Kies . .

Zur Geſchichte des Duells.

Spuren des erſten Zweikampfes in der Geſchichte begegnen wir in der Bibel alten Teſtaments. Die Herausforderung des Rieſen Goliath durch David, der durch einen glücklichen, gut gezielten Stein= wurf den Heros des dem jüdiſchen Volke feindlich geſinnten fremden Stammes niederſtreckte, geſchah zwar ohne Secundanten, ohne Regeln, durchaus uncommentmäßig — aber coram publico. Hier war jedoch nicht das Motiv die beleidigte Ehre eines Einzelnen, ſondern die Em= pörung einer ganzen Nation gegen die ihr angethane Schmach und Unterjochung durch eine fremde Macht.

Den modernen Begriff des Duells kannten die Alten nicht, weder die orientaliſchen Völker, noch die Griechen und Römer, noch die Germanen. Die wenigen Zweikämpfe, welche uns berichtet werden und die eine hiſtoriſche Grundlage haben, entſprangen, wie bei David, der Liebe zum Vaterlande, einer idealen Begeiſterung im Dienſte einer ganzen Nation, wie dies erſt kürzlich Dr. von Ofenheim in Wien in ſeiner trefflichen Schrift „Das Weſen des Duells" nachgewieſen hat.

Als der teutonische Häuptling Teutoboch den
Marius zum Zweikampfe herausforderte, ließ dieser
ihm antworten, er schulde sein Leben dem Vaterlande
und stelle sich nicht zum Zweikampfe, sei aber bereit,
ihm einen ausgedienten Gladiator zu stellen, mit dem
er sich herumschlagen könne. Es muß hier hervorgehoben werden, daß die Germanen die Gewohnheit
hatten, vor einer Schlacht einen feindlichen Gefangenen
mit einem ihrer Krieger kämpfen zu lassen und daß sie
in dem Ausgange dieses Einzelkampfes eine Prophe-
zeiung über den Ausgang der zu gewärtigenden Schlacht
erblickten. Es war daher kein Duell im heutigen Sinne
des Wortes, zu welchem Marius gefordert worden war.

Die Einzelkämpfe der homerischen Helden, wie die
des Ajax und Hector, die Aufopferung der Horatier
und Curatier, waren patriotische Thaten, nicht das
Ergebniß der beleidigten „Ehre". In der Zeit ihres
sittlichen Verfalles lernten die Römer die Gladiatoren-
und Thierkämpfe kennen; dieselben dienten, wie
heutzutage noch die Stiergefechte in Spanien, dazu,
dem Volke „circenses", d. h. Spiele, zu verschaffen.
Die Römer mußten beschäftigt, „mußten" unterhalten
werden, damit sie nicht rebellirten und mit den schmachvollen inneren Verhältnissen des Staates sich aussöhnten.
Es bleibt eine Schande für die damaligen Staatslenker,
daß sie auf die niedrigsten Instinkte des Pöbels spe-
culirten. Diese Gladiatoren- und Thierkämpfe, in denen
sich die Kraft des Mannes in glänzendstem Lichte
zeigen konnte, waren nur für den Sklaven, den gemeinen Mann — der beste Beweis dafür, daß sie mit
dem sog. „Ehrenpunkte" nichts zu schaffen hatten.

Immerhin ist zwischen dem biblischen Zweikampf
und demjenigen der homerischen Helden und römischen Gladiatoren ein gewisser Unterschied. Nicht nur
der Schleuderstein ist die Waffe, sondern auch Lanze,
Spieß und Schwert, sowie die persönliche Kraft. Treff-

lich hat diese Art des Ringens Vater Homer im
siebenten Gesang der Ilias geschildert und Peter von
Cornelius sie meisterhaft auf die Leinwand gezaubert.
Im Kampfe zwischen Ajax und Hector trifft Ersterer
Letzteren durch Schild und Harnisch hindurch erst in die
Hüfte und dann in den Hals; doch geht es vom Lanzen-
kampf schließlich zum Steinwurf über, aber auch hier
ist Ajax der Stärkere. Mit dem gewaltigen Feldstein
verletzt er Hector am Knie, daß dieser rückwärts dahin-
sinkt. Jetzt wollten die Helden zu den Schwertern
greifen, doch zwei verständige Herolde trennen die
Kämpfer mit den Worten:

Nun nicht mehr, ihr Kinder, des feindlichen Kampfs und Gefechts!
Beide ja seid ihr geliebt dem Herrscher im Donnergewölk, Zeus;
Beid' auch tapfere Streiter; das schauten jetzo wir Alle!

Die Urgermanen kannten, wie schon erwähnt,
das Duell in seiner gegenwärtigen Bedeutung nicht.
Tacitus, der uns soviel von dem Leben derselben zu
berichten weiß, hätte diesen Umstand gewiß zu erwähnen
nicht unterlassen; erst später entwickelte sich bei den
Germanen die Idee des Zweikampfes. Demselben lag
ursprünglich die Vorstellung des Gotteskampfes zu Grunde.
Bei den germanischen Völkern fanden wir in den ersten
Jahrhunderten unserer Zeitrechnung auch die eigenthümliche
Sitte, daß eine Frau mit einem Manne kämpfen
mußte. Fand sich kein Mann, der für die Frau eintrat
und ihre Rechte wahrnahm, vertheidigte sie sich selbst
gegen ihren Gegner. Nicht Schwert, Lanze oder
Harnisch bildeten die Kampfmittel der Duellanten,
sondern Keule und Schleuder. Damit die Kräfte der
beiden Gegner ausgeglichen wurden, mußte der Mann
bis an den Gürtel in einer Grube stehen und von da
aus vermittels einer Keule mit der außerhalb der
Grube stehenden Frau kämpfen, welche mit einer
Schleuder bewaffnet war. Der Mann war besiegt,

wenn ihn auch die Frau nicht traf, sobald er diese mit seiner Keule dreimal verfehlte. Ein solch eigenthüm-licher Zweikampf, wohl der letzte seiner Art, fand noch 1228 in Bern statt.

Unter den Gottesurtheilen zeichnete sich besonders der gerichtliche Zweikampf (Wehading, Wehrding, in Frankreich später Plait de l'épée) aus, ein Zweikampf, in der Meinung unternommen, daß Gott dem den Sieg verleihen werde, welcher Recht habe; daneben aber währte das überhaupt herrschende Kampfrecht der Freien, das Fehderecht, die Sitte des Duells auch außerhalb der Gerichts-Schranken. Das germanische Fehderecht wurde erst nach langen, viele Jahrhunderte dauernden Kämpfen mit dem ewigen Landfrieden Kaiser Maximilians II. beseitigt.

Wie bei den Germanen, so verbreitete sich der Zweikampf bald auch bei den anderen Völkerschaften. In Gallien wurde zuweilen zwischen mehreren Com-petenten die Oberdruidenwürde durch das Duell ent-schieden. Zu Ende des 5. Jahrhunderts finden wir den Zweikampf auch bei den Burgundern, Nor-mannen und nach der Eroberung Galliens bei den Franken.

Daß auch gemiethete Kämpfer den gerichtlichen Zweikampf zum Austrage brachten, erzählt u. A. Widekind in „Res gestae Saxonicae" 2, 10; wir lesen dort: „Es war zweifelhaft geworden, ob die Enkel nach dem Tode ihrer Väter mit den Oheimen zur Erb-schaft ihrer Großväter berufen seien. Der König Otto I. legte daher die Frage einer nach Stela berufenen Reichs-versammlung vor und dort wurde beschlossen, dieselbe durch Zweikampf entscheiden zu lassen. Um jedoch nicht edle Greise einer unanständigen Behandlung auszusetzen, ließ der König die Sache durch gemiethete Kämpen ausmachen und der Sieg blieb auf Seite derer, welche sich für das Repräsentationsrecht der Enkel ausgesprochen hatten."

Die wichtigsten Fragen wurden durch Zweikampf erledigt, so z. B. im 11. Jahrhundert in Spanien der Streit, ob die musarabische oder die katholische Liturgie Gott wohlgefälliger sei, durch König Alfons von Castilien geschlichtet.

Der Mißbrauch des Zweikampfes lenkte bald die Aufmerksamkeit der Fürsten und Gesetzgeber auf sich. Schon 643 traf der Longobardenkönig Rothari gegen die Ueberhandnahme der Zweikämpfe Vorkehrungen; ebenso beschränkten den gerichtlichen Zweikampf Dagobert und Karl der Große. Die 855 in Valence stattgehabte Synode und die Päpste Nicolaus I. und Stephan IV. bekämpften neben dem ganzen Ordalwesen die gerichtlichen Duelle, während die Kirchenversammlung zu Ravenna — 967 — den Zweikampf statt des Eides und zur Vermeidung der Meineide als Beweismittel gestattete.

Im 11. Jahrhundert beschränkte Heinrich II. die Zweikämpfe auf gewisse Tage. In jener Zeit entstanden die ersten Privilegien gewisser Städte und Herren, daß bei ihnen dergleichen Zweikämpfe ausgemacht werden mußten (privilegirte Kampfgerichte, judicia duellica). Solche hatten u. A. Schwäbisch-Hall, Würzburg, Rottweil, der Burggraf von Nürnberg etc. Der französische König Ludwig VII. der Jüngere (1168) beschränkte den gerichtlichen Zweikampf auf Sachen über 5 Sous (Obolus) an Werth, und unter Friedrich dem Rothbart wurde das Recht des Kaisers, jeden Fürsten an jedem beliebigen Orte des Reiches vor sein Gericht ziehen zu können, dadurch Reichsgesetz, daß ein Ritter sich zum Zweikampf erbot und Niemand dagegen erschien.

In Frankreich wurde das Duell zumeist durch gemiethete Champions ausgefochten, die vorher 6 Wochen

2*

eingepaukt wurden. Allein schon 1260 untersagte ihn
Ludwig IX., der Heilige, auf seinen Domainen und dadurch gerieth er in Frankreich lange Zeit außer Gebrauch. In Irland wurde er, wie Ofenheim mittheilt, mit der Einführung des Christenthums im
Jahre 1011 abgeschafft, in Dänemark schon um das
Jahr 965 durch den deutschen Priester Poppo.

Die Blüthe des Duellwesens fällt in das Mittelalter, wo sich die Tapferkeit und der Heldenmuth im
Ritter concentrirt — dem Ritter, der für die Minne,
das Christenthum und gegen die Feinde des Glaubens
kämpft.

Der Edelmann wird unter allerlei religiösen Gebräuchen in der Kirche zum Ritter geschlagen und er
schwört im Namen Gottes, des heiligen Michael und
Georg, daß er für den Heiland, den Glauben und das
Vaterland bis zum letzten Blutstropfen kämpfen, die
Rechte der Jungfrauen, Wittwen und Waisen selbst in
den größten Gefahren vertheidigen und Niemanden bös-
willig angreifen werde.

Beim Ritterschlag war die Anrede gebräuchlich:
„Der Schlag, den du jetzt erhältst, soll die letzte Schmach
sein, die du erträgst, ohne dafür Rache zu nehmen.“
Während bisher der Schlag nichts Ehrloses hatte,
ändert sich jetzt die Ansicht. Der Stock verschwindet als
Kampfmittel, nur das Schwert ist noch eines Ritters
würdig. Ebenso wurde erst in dem 10. bis 12. Jahrhundert
der Gesichtsschlag eine ehrlos machende Handlung,
gerade wie das Geschlagenwerden mit dem Stocke.
Denn seit jener Zeit datirt der Gebrauch der Ritter,
nur hoch zu Rosse und mit dem Helm zu kämpfen,
nur die Bauern stritten mit unbedecktem Antlitz; man
konnte daher nur dasselbe schlagen und so bildete der
Gesichtsschlag das Symbol der Erniedrigung.

Später kamen die Ritterspiele sehr in Mode, dieselben wurden meistens gefochten, um sich Ehre und

Ruhm zu verschaffen. Hier beginnt das Duell seine
moderne Gestalt anzunehmen, indem der Zweikampf
zumeist zur Befriedigung der Eitelkeit dient. Nicht ideale
Ziele verfolgt der Duellant, sondern das Duell ist sich
Selbstzweck...

Eines der ersten und denkwürdigsten Duelle,
welches auf deutschem Boden stattfand, war dasjenige
im Jahre 820 unter der Regierung Kaiser Ludwigs
des Frommen, des Nachfolgers Karl des Großen.
Dieser hatte die Edlen seines Reiches zu einer großen
Rathsversammlung nach Aachen berufen. Die sitzt zu
Gericht über Untreue und Hochverrath und entscheidet
über Leben und Tod. Angeklagt ist Graf Bera von
Barcelona des hochverrätherischen Einverständnisses
mit den Saracenern in Cordova, gegen deren Einfälle
die Westmark in Aquitanien zu schützen er von dem Kaiser
eingesetzt und belehnt ist. Kläger ist Graf Sanila.
Beide sind von altem, echtem Gotenblut und einander
ebenbürtig. Da bleibt nichts anderes übrig, wie
es in dem alten Lobgedicht des Ermoldus Nigellus
heißt, es —

„Müssen nach Brauche die zwei Fechter in grimmigen Kampf,
Unter den Augen des Königs, der Franken und sämmtlicher Großen,
Denn arglistig Thun ist den Franken ein Gräuel.“

Ueber diesen Zweikampf entnehme ich einem interessanten Artikel Eduard Müllerbachs in Schorers
„Familienblatt“ das Folgende:

„Graf Bera leugnet die Schuld und dringt auf das
Gottesgericht des Zweikampfs. Nach gotischem Recht,
im Kampf zu Roß, und mit Wurfspieß und Schwert,
den gotischen Waffen, will er seine Unschuld beweisen.
Und nach demselben gotischen Recht will auch der Kläger
den Beweis der Wahrheit seiner Beschuldigung antreten.
Die Reichsversammlung entspricht ihrem Verlangen und
läßt den Zweikampf zu.

Gern hätte Kaiser Ludwig den Zweikampf verhindert, denn Graf Bera ist sein alter Kampfgenosse
gegen die Araber, als Ludwig noch König in Aquitanien war. Er bietet d'rum Verzeihung dem, der
seine Schuld offen bekennt. Aber keiner will von Schuld
etwas hören. So muß denn das Gericht Gottes ange-
rufen werden, und der Zweikampf ist gestattet.

An der Pfalz, die mit Säulen aus Ravenna von
altrömischer Meisterhand und anderen kostbaren Bild-
werken reichlich verziert ist, liegt ein Garten dicht bei,
von Mauer und Wall umgeben. Hier pflegt der Kaiser
den Hirsch zu jagen und auf die Vogelbeize zu gehen.
Heute blickt er sorgenschwer, von seinem Hof umgeben,
vom Altan herab, bereit, mit dem Stab in seiner Hand
das Zeichen zum Zweikampf zu geben. Der Hofleichen-
träger Gundold waltet gewissenhaft seines Amtes, und
die Bahre steht schon bereit. Bera und Sanila, hoch zu
Roß, mit dem Haubert, der Schuppenjacke mit Kapuze
angethan, den karolingischen Helm aus Bronze auf dem
Haupt, die Wurfspeere in den Händen, die Schilde auf
dem Rücken, warten ungeduldig auf das Zeichen des
Königs mit dem Stab. Das Zeichen fällt und hitzig
dringen die beiden nach wilder Goten Weise auf einander ein. Die Wurfspeere liegen am Boden, und die
Schwerter sausen durch die Luft. Doch plötzlich giebt
Bera seinem Pferde die Sporen und will das Weite
suchen. Aber Sanila wirft sich ihm entgegen und trifft
ihn mit starkem Schwertstreich. Bera sinkt vom Pferd,
dem Tode verfallen. Da winkt der Kaiser unerwartet
abermals, und eine Schaar junger Hofleute, die auf geheimen Befehl bereit standen, eilt herbei. Sie werfen
sich zwischen Sieger und Besiegten, den letztern mit ihren
Schilden vor weiteren Schwertstreichen schützend. Betrogen ist Gundold um seine Beute. Aber des Kaisers
Gnade und Großmuth geht noch weiter. Bera bekennt
sich schuldig, und das Urtheil der Gerichtsversammlung

muß gegen Den auf den Tod erkennen, der im Gottesgericht des Hochverraths überwiesen worden ist. Da
macht der Kaiser von dem Recht der Gnade Gebrauch:
er schenkt Bera das Leben, läßt ihn im Besitz eines
Theils seiner Güter, und verbannt ihn nach Rouen.
Das Gottesgericht hat ja entschieden gegen Bera, was
braucht's da noch des irdischen Richters." —

Auf dem Reichstage zu Worms im Jahre 1495
kam zwar der Landfriede zu Stande, durch welchen das
Fehderecht im ganzen Reiche für immer abgeschafft
werden sollte, aber sowohl für die mächtigen Reichs-
fürsten wie für Privatpersonen blieb das Gesetz ein
leeres Stück Papier. Zahlreich sind auch die Privatduelle im Mittelalter, zur Wahrung der Ehrenhaftigkeit,
besonders in Frankreich, obschon das Concil in Toledo
(1473) die Verordnung des Concils in Valence wieder
herstellte, und in Castilien ein Gesetz von 1486 den
Zweikampf förmlich verbot. Auch das Concil zu Trient
im 16. Jahrhundert untersagte das Duell, aber ohne
Erfolg.

War auch das gerichtlich autorisirte Duell allmählich
verschwunden — als letztes kann man das am 10. September 1547 in St. German en Lay in Frankreich stattgehabte zwischen de la Chataignerie, des Königs Heinrich II. Liebling, welcher blieb, und Jarrac, bezeichnen —,
so nahmen die Privatduelle desto mehr überhand. Ofenheim findet die Ursache dieser Erscheinung in dem Umstande, daß im Jahre 1519 der König von Castilien und
Aragonien, Karl V., zum deutschen Kaiser gewählt
wurde. Die so bewirkte Verbindung Spaniens mit
dem deutschen Reiche, sowie die fünf Kriege, welche Karl V.
im Laufe seiner Regierung mit Frankreich führte, haben
den abendländischen Sitten und Gebräuchen, die wohl
schon früher durch die Kreuzzüge zum Theil bekannt geworden waren, nunmehr im deutschen Reiche Eingang
verschafft. Aus dieser Zeit stammt die spanische Tracht

mit ihrer Halskrause, die spanische Etikette mit ihrer kalten, jede Gefühlsäußerung ausschließenden Steifheit. Der Degen und der Dolch traten an Stelle des deutschen Schwertes. Die Begriffe der „Dame" und des „Duells" verbreiteten sich bald über das ganze civilisirte Europa. Beide Begriffe bildeten anfänglich die ausschließliche Domäne und das Privilegium der Ritter und des Adels, doch wurde allmählich die Duellwuth allgemein.

Selbst Fürsten verschmähten es nicht, zu jener Zeit einander zum Duell zu fordern; so z. B. Karl V., der seinen persönlichen Feind und ehemaligen Nebenbuhler um den deutschen Kaiserthron, Franz I. von Frankreich, zum Zweikampf fordern ließ. Dieser lehnte aber den Zweikampf ab, ohne daß dies nebenbei gesagt, dem ritterlichen Fürsten in der öffentlichen Meinung geschadet hätte. Dafür verschmähete es nicht im 16. Jahrhundert Kaiser Maximilian I., sich mit dem französischen Bramarbas Claude de la Barre zu schlagen.

Von der Rauflust, die in Deutschland noch im 17. Jahrhundert herrschte, mag der nachstehende Fall, den Dr. von Weber in seiner Schrift: „Aus vier Jahrhunderten" mittheilt, Zeugniß ablegen:

Johann Löser, ein Kammerpage des Churfürsten von Sachsen, Johann Georg I., war mit dem Sohne des Bürgermeisters Hilliger zu Dresden, dem Student Johann Friedrich Hilliger, befreundet; obwohl, nach der damaligen Zeit, dem Trinken mehr als nöthig zugeneigt, war der Kammerpage doch sonst von angenehmem Wesen und im Hause des Bürgermeisters ein angenehmer Gast. Das freundliche Verhältniß sollte jedoch auf eine tragische Weise gelöst werden. Am Sonntag, den 14. October 1649 saß der Kammerpage, ob des schlechten Wetters verdrießlich, in seiner Wohnung auf der Pirnaischen Straße und wußte die Zeit nicht besser zu vertreiben, als daß er ein Glas nach dem andern leerte. Da fiel ihm ein, Hilliger, wie schon früher öfters,

zu einer Parthie Piquet einzuladen. Er sandte seinen
Burschen an Hilliger und dieser erschien, in Begleitung
seines Bruders und eines gewissen Müller, Abends
9 Uhr bei Löser, worauf das Spiel begann. Löser
verlor 8 Groschen und gerieth nunmehr, durch
den Verlust aufgeregt, in heftigen Aerger, dem er in
zornigen Worten Luft machte, in denen er u. A. behauptete, Hilliger habe ihm Unrecht gethan. Hilliger
fand hierin die Beschuldigung, im Spiel betrogen zu
haben, warf die Karten auf den Tisch und sagte, er
wolle Löser das Geld, wenn ihm soviel daran liege,
doppelt zurückgeben. Löser wurde noch heftiger, es kam
von Worten zu Thätlichkeiten, die Streitenden stießen
sich mit Füßen, zogen die Degen, und nur mit Mühe
konnten Hilligers Bruder und Müller beide trennen und
den kampflustigen Studenten bewegen, sich fortzubegeben.
Der junge Hilliger begleitete seinen Bruder und bestrebte
sich, ihn zu beruhigen, wobei sie auf dem naheliegenden
Markt, von einem eine Fackel tragenden Diener
begleitet, auf und niedergingen. Müller war bei
Löser zurückgeblieben, allein seine Bemühungen, dessen
Erbitterung zu mäßigen, waren vergeblich. Löser
ergriff, wie Müller wußte, geladene Pistolen, und
eilte dem Hilliger, welchen er schon zu Hause vermuthete, nach. An der Hausthüre Hilligers trafen sich
die beiden Feinde. Löser rief Hilliger zu: „Sieh', da
treffen wir uns, Du Hundsfott!" zwang diesen, das
Schwert zu ziehen und gab zugleich mit seiner Pistole
Feuer. Durch die Stirn geschossen stürzte Hilliger zu
Boden, während Löser entfloh. Jener starb bald darauf, während dieser gefangen wurde. Die Acten wurden
mittelst kurzem Bericht des Amts dem Kurfürsten über-
sandt. Die Registratur besagt über diese Affaire:

„Ihre Churf. Durchlaucht zu Sachsen, Unser gnä-
digster Herr, haben nach Verlesung eingeschickter Schrift
und gehaltenem Rath gnädigst mir anbefohlen, den im

Keyfer fitzenden Pagen Johann Löfer in die Amtsftube dabei bringen zu laffen, ihm feine begangene große Verbrechung, daß er nehmblich in J. Churf. Refidenz, Feftung Dresden, des Nacht bei befetzter Wacht, Hans Friedrich Hilliger mit der Piftol verfolget, endlich auf freier gaffen darniedergefchoffen und alfo vorfätzlich ums Leben bracht, ernftlich zu verweifen und anzudeuten, daß er fich zum Tode gefaßt machen und morgenden Tages feine wohlverdiente Strafe erleiden follte.

Wie man dem 19. hujus früh um 10 Uhr das erfte gehorfamft Werkftellung gemachet, und Löfer fo gern zu fterben fich erklärt und nur etwas länger Delation, um feine Sachen zu beftellen, bittlich erinnert, als ift er darauf heute acto um 9 Uhr von mir dem Hoffprofofen, gefchloffen, auf den Judenhof geführet, von Herrn Johann Herzoge und M. Daniel Schneider, Diaconus, begleitet und decollirt, deffen Körper und Rumpf aber feinen Vertrauten, Ehrlichen zur Erde beftatten zu laffen, abgefolget worden. Welches dann umb künftiger Nachrichtung willen anhero regiftriret und beigelegt den 20. Oct. anno 1649.   Michael Leifter." —

Nicht nur der Churfürft von Sachfen, fondern auch andere Fürftlichkeiten des 16. und 17. Jahrhunderts übten fummarifche und drakonifche Juftiz, um dem Duell-Unwefen zu fteuern, ohne jedoch ein nennenswerthes Refultat zu erzielen. Heinrich III. fetzte darauf die Strafe des Rades, Heinrich IV. drohte die Strafe des Schwertes und Ludwig XIII. ließ am 23. Juni 1627 drei Duellanten, Montmorency, Beuteville und Dechaprelles, in Paris enthaupten.

Von den namhafteften Duellen jener Zeit, die viel von fich reden machten, feien zunächft diejenigen des berüchtigten Chevalier de Maureval hervorgehoben, der unter Karl IX. (1560—1574) feinen im Duell verwundeten Gegnern den Dolch auf die Bruft zu fetzen pflegte, mit der Verficherung, er werde ihnen das Leben

ſchenken, wenn ſie Gott verleugnen, und der dann, nach=
dem ſeine Opfer dies zu ihrer Lebensrettung gethan
hatten, ſie ſofort erſtach, um — wie er ſagte — die
Seele zugleich mit dem Leib zu verderben.

Die Ehrenhändel nahmen unter Karl IX. und
Heinrich IV. in Frankreich ſo ſehr überhand, daß die
Schriftſteller jener Zeit ihre Zahl innerhalb 19 Jahren
auf 9000 angeben. Wie Otto Hausner berichtet, ſchätzte
man während der Minderjährigkeit Ludwig XIV. die
Zahl der im Duell gefallenen Edelleute auf jährlich 500.
Die von dem genannten franzöſiſchen König geſtiftete
„Liga des öffentlichen Wohles“ ſchien eine Zeit lang
Beſſerung zu bringen, es war eine freiwillige, beſchworene
Einigung der Adeligen, keine Herausforderung mehr
anzunehmen, aber allmählich kam dieſe Liga in Ver=
geſſenheit und der Duellwahnſinn ſchoß abermals in die
üppigſten Halme.

In Deutſchland und Oeſterreich=Ungarn ſuchte
man auch der Manie des Zweikampfes auf geſetzlichem
Wege zu ſteuern. Der große Kurfürſt von Branden=
burg, Friedrich Wilhelm, erließ ein überaus grau=
ſames Strafedict; die peinliche Halsordnung Maria
Thereſia’s von 1755 bedrohte das Duell mit der Todes=
ſtrafe; und ſowohl Friedrich der Große als Kaiſer
Joſeph II. und Napoleon I. waren entſchiedene
Widerſacher des Duells. Man höre nur, was dieſe drei
unſterblichen Männer über den Zweikampf geſagt haben:

Der Graf von Chaſot, ein zu dem näheren Freundes=
kreiſe Friedrich des Großen gehörender Offizier,
hatte das Unglück, ſeinen Gegner in einem Säbelduell zu
tödten. Friedrich gab dem Günſtling mit den zornigen
Worten den Abſchied:

„Ich liebe tapfere Officiers, aber Scharfrichters
kann ich in meiner Armee nicht gebrauchen.“

Noch intereſſanter und bedeutſamer als dieſe Aeuße=
rung des großen Königs iſt eine Kabinetsordre

desselben über die Berechtigung der Offiziere, von ihren Vorgesetzten Satisfaction zu fordern. Das merkwürdige Schriftstück lautet:

„Mein lieber General-Major von Saldern. Ich finde zur Erhaltung der Subordination bey der Armee folgendes als einen Anhang des Reglements und der Kriegsarticuln Kund zu machen: Wenn ein Offizier von seinem Cheff oder Staabsoffizier geschimpfet oder gar mit dem Stock von selbigem gedrohet würde, alß wolle Er Ihn stoßen oder schlagen, so muß der beleydigte Officier, so lange Er im Dienst ist, stille dabei seyn. Sobald aber der Dienst völlig vorbey ist, so Kan derselbe wegen des Schimpfs gehörige Satisfaction darüber suchen. Hingegen, wenn ein Officier von Cheff oder Stabsofficier, worinnen mit scharffe worthe reprimandiret, oder wegen dieser oder jener Sache corrigiret würde, und solcher Officier sich unterstehet, von dem Cheff oder Stabsofficier deshalber Satisfaction zu suchen und diesen heraußzufordern, um Sich mit Ihm herumzuschlagen, so soll derselbe, wenn Er Ihn heraußgefordert hat, zu 8 Jahr Vestungsarrest condamniret, auch wenn er den Degen gezogen, auf ewig mit dergleichen Vestungsarrest beleget werden. Hat Er aber hierbey den Staabsofficier verwundet, so soll er ohne gnade arquibusiret, auch wenn solches im Dienst geschehen, ohnausbleiblich decolliret werden. Ihr sollet also diese Meine stricte ordre allen Officiers Eures Regiments zur Wissenschafft und achtung publiciren; Ich bin Euer wohlaffectionirter König. (gez.) Friedrich. — Potsdam, den 1. May 1744. — An den General-Major v. Saldern."

In gleich rücksichtsloser Weise verdammte auch Kaiser Joseph das Duell. Ein interessanter Brief des Monarchen an einen seiner Generäle spricht sich darüber also aus:

„Herr General!

Den Grafen von K.* und Hauptmann W.* schicken Sie sogleich in Arrest.

Der Graf ist aufbrausend, jung, von seiner Geburt und von falschen Ehrbegriffen eingenommen. Hauptmann W. ist ein alter Kriegsknecht, der jede Sache mit dem Degen und den Pistolen berichtigen will, und welcher das Cartel des jungen Grafen sogleich mit Leidenschaft behandelte. Ich will und leide keinen Zweikampf bei meinem Heere; verachte die Grundsätze derjenigen, die ihn zu rechtfertigen suchen und sich mit kalten Blute durchbohren.

Wenn ich Officiere habe, die sich mit Bravour jeder feindlichen Gefahr blosgeben, die bei jedem sich ereignenden Falle Muth, Tapferkeit und Entschlossenheit im Angriffe und in der Vertheidigung zeigen, so schätze ich sie hoch; die Gleichgültigkeit, die sie bei solchen Gelegenheiten für den Tod äußern, dient ihrem Vaterlande und ihrer Ehre zugleich.

Wenn aber hierunter Männer sein sollten, die alles der Rache und dem Hasse für ihren Feind aufzuopfern bereit sind, so verachte ich dieselben; ich halte einen solchen Menschen für nichts Besseres, als einen römischen Gladiator.

Veranstalten Sie ein Kriegsgericht über diese zwei Officiere, untersuchen Sie mit derjenigen Unparteilichkeit, die ich von jedem Richter fordere, den Gegenstand ihres Streites, und wer hierin am meisten schuldtragend ist, der werde ein Opfer seines Schicksals und der Gesetze.

Eine solche barbarische Gewohnheit, die dem Jahrhunderte der Tamerlans und Bajazeths angemessen ist, und die oft so traurige Wirkungen auf einzelne Familien gehabt, will ich unterdrückt und bestraft wissen, und sollte es mir die Hälfte meiner Officiere rauben! Noch

giebt es Menschen, die mit dem Charakter von Heldenmuth denjenigen eines guten Unterthans vereinbaren,
und das kann nur der sein, der die Staatsgesetze ehrt.

Wien, August 1771.   Joseph."

Selbst der große Schlachtenlenker Napoleon, bei
dem das Menschenleben sonst keine Rolle spielte, erklärte, daß das Duell auf einem falschen Ehrgefühl
beruhe, indem es das dem Vaterlande gehörige Leben
einer elenden Privatsache opfere.

Trotzdem war die napoleonische Aera die klassische
Zeit der Herausforderungen. Einer der schlimmsten
Raufbolde war Oberst Dufay, der mit einem 19jäh-
rigen Offizier sich auf Dolche in einem geschlossenen
Fiaker duellirte und diesen dabei erstach. Der Marquis
Ligrand in Bordeaux war ein berüchtigter Duellant,
der mit aller Welt anband. Er vertrat einmal einem
ihm unbekannten jungen Ehepaare den Weg mit den
Worten: „Ich habe gewettet, Ihrer Frau einen Kuß
und Ihnen eine Ohrfeige zu geben." Gesagt, gethan.
Am nächsten Morgen Tod des unglücklichen Ehemannes.
Einem jungen Officier hielt er auf der Promenade den
Stab vor und rief: „Hopp, springen Sie, oder ich schlage!"
Ein flacher Säbelhieb war die Antwort und am nächsten
Tag war der Officier eine Leiche.

Im Zeitalter Ludwigs XIV. und XV. in Frankreich wurden ganz besonders unsere eigentlichen Duellgebräuche ausgebildet, welche von dort aus mit den französischen Sitten dann auf alle übrigen Länder über-
gingen und im Wesentlichen noch jetzt bei den Duellen
angewendet werden.

Eines der interessantesten Zweikämpfe des vorigen
Jahrhunderts war wohl derjenige des später so be-
rühmten Husaren-Generals Hans Joachim von
Zieten. Diese Duellaffaire beschreibt das Familienblatt
Schorers in folgender Weise: Bevor Zieten zu den

Husaren kam, war er Dragoner. Im Jahre 1726
trat er als Premier=Lieutenant in das Dragoner=Re=
giment von Wuthenau ein, welches in Tilsit garni=
sonirte. In dem Regiment hatte der junge Lieutenant
schwere Tage. Der Schwadrons = Chef (bei den Dra=
gonern hießen dieselben nicht Rittmeister, sondern Ka=
pitäne, wie bei der Infanterie) schikanirte den jungen
Offizier auf das empörendste. Als der Kapitän gegen
Zieten einmal ein ehrenrühriges Schimpfwort schleuderte,
forderte Zieten denselben zum Duell. Der Kapitän, der
nicht Lust hatte, auf die Mensur zu gehen, that so, als
nähme er des Lieutenants Forderung an, aber gleich
darauf eilte er zum Regiments=Commandeur und ver=
klagte Zieten. Dieser mußte in Folge dessen zunächst
in Arrest wandern, sodann verurtheilte ihn das Kriegs=
gericht zu einem Jahr Festungshaft, die er auf dem
Fort Friedrichsburg in Königsberg verbüßen sollte.
Der Biedermann von Kapitän ließ, von dem Officier=
corps gezwungen, Zieten seine Forderung überbringen.
Das Duell sollte stattfinden, sobald Zieten wieder nach
Tilsit zurückkehren werde. Allein jetzt lehnte der Lieu=
tenant die Forderung des Kapitäns ab, da er denselben
in Folge seines Benehmens für satisfactionsunfähig
erklärte. Die Wuth des Kapitäns war nun groß.
Als Zieten seine Strafe verbüßt hatte und wieder in
das Regiment zurückkehrte, war einer der ersten, der ihm
auf der Straße begegnete, sein alter Freund, der
Kapitän. Dieser zog den Säbel und hieb wüthend auf
Zieten ein. Auch Zieten zog blank, und so fand auf
offener Straße der Zweikampf zwischen den beiden
Feinden statt. Da will es ein unglücklicher Zufall, daß
Zietens Klinge beim Pariren zerbricht und er nur noch
das Degengefäß in der Hand behält. Der perfide
Kapitän schlägt aber auf den wehrlosen Gegner zu,
bis ihm der empörte Zieten den Säbelgriff in's Gesicht
schleudert. Es bleibt dem wehrlosen Zieten nichts

übrig, als eine in der Nähe liegende Stange zu er-
greifen und sich damit, so gut es gehen will, zu wehren.
Wer weiß, wie unglücklich der ungleiche Kampf für
Zieten geendet hätte, wenn nicht mehrere Offiziere des
Weges daher gekommen wären und die wüthend
Kämpfenden getrennt hätten. Die Folgen des Vorfalles
waren für Zieten verhängnißvoll, denn während der
Kapitän nur mit einem Vierteljahr Festung bestraft
wurde, ward Zieten aus der Armee ausgestoßen.
Trotzdem ist er später der größte deutsche Husaren-
general geworden. —

Was nun die Geschichte des Duells in England
betrifft, so ist der Zweikampf, will man den nationalen
Zweikampf, das Boxen, nicht dazu rechnen, selbst in
der Armee und Flotte bereits ganz aus der Mode gekommen.

In früheren Zeiten war das freilich ganz anders.
Nach England kam das Duell durch die Normannen
und wüthete dort im Mittelalter ebenso wie in Deutschland, Frankreich, Italien, Spanien, Belgien und anderen
Ländern. Das erste englische Strafgesetz gegen die Duelle
(1614) erklärte dieselben als Todtschlag und Majestäts-
beleidigung und bestrafte dieselben mit dem Tode.
Aber schon unter Cromwell wurde der Zweikampf
viel milder beurtheilt. Wie wir der trefflichen Schrift
von Dr. Hugo Schramm: „Ein Pereat den Duellen"
entnehmen, wurde im Jahre 1765 ein Großoheim des
Dichters Lord Byron vor das Oberhaus gestellt und
des Todtschlags für schuldig befunden, weil er seinen
Gutsnachbar Chaworth im Zweikampfe erstochen
hatte. Zwischen diesen beiden Herren war gelegentlich
einer gemeinschaftlichen Mahlzeit ein Streit über die
beziehentlichen Vorzüge ihrer Schlösser hinsichtlich der
Jagd ausgebrochen, und Chaworth hatte schließlich behauptet, wenn er und ein anderer Nachbar nicht sorgten,
würde Lord Byron auf seinen Besitzungen nicht einen

Hasen haben. Durch diese „entsetzliche" Beleidigung aufs Höchste gereizt, hatte der letztere seinen Nachbar sofort gefordert und darauf waren Beide in ein anderes, nur durch ein Talglicht erleuchtetes Zimmer des Gasthauses gegangen, hatten die Degen gezogen und gekämpft, bis eben Chaworth fiel.

Im vorigen Jahrhundert blühte in England besonders der Weizen der Duellanten; selbst Staatsmänner und Parlamentarier griffen zum Schwert und zur Pistole. Fox schlug sich mit William Adam, dem Präsidenten des obersten Gerichtshofes in Schottland, doch schoß er nicht, weil er, wie er nachdrücklich betheuerte, mit seinem Gegner gar keinen Streit gehabt. Als er dann an die Reihe kam, selbst als Scheibe zu dienen, rief ihm sein Secundant Fitzgerald zu: „Fox, Sie müssen eine Seitenstellung einnehmen." — „Wozu?" fragte der tapfere Redner, „ich bin von der Seite ebenso dick wie von vorn." Die Folge war, daß er verwundet wurde.

Pitt wurde als Premier-Minister wegen beleidigender Aeußerungen, die von ihm im Parlament gefallen waren, von George Tierney, dem heftigsten Wortführer der Opposition, gefordert, und schlug sich auf der Putney-Haide.

Sir Francis Burdett und Paul trafen sich bei Wimbledon und stellten ihre „verwundete Ehre" wieder her, indem sie sich in's Bein schossen.

Zwei Jahre später verschaffte sich George Canning, der „glänzende", von Lord Castlereagh auf ähnliche Weise Genugthuung.

Endlich duellirte sich auch Sir Isaac Carry, Kanzler der irländischen Schatzkammer, mit Henry Grattan.

Ueber ein Duell zwischen dem bekannten irischen Agitator O'Connel und d'Esterre, das sehr tragisch endete, lesen wir in der schon citirten Schrift des Dr.

Kohut: Das Buch berühmter Duelle. 3

Hugo Schramm folgendes: O'Connel hatte eine gewisse öffentliche Körperschaft mit gewohnter Derbheit als „die bettelhafte Korporation von Dublin" bezeichnet. O'Esterre war Mitglied derselben und forderte die übliche Genugthuung. Sie trafen sich in Bishops Court, einer Besitzung des Lord Ponsonby. Se. Herrlichkeit hatte den Duellanten seinen Park zur Verfügung gestellt, wie man es heute bei einem Feste zu einem wohlthätigen Zwecke thut. O'Esterre feuerte zuerst und fehlte. O'Connel durchschoß seinem Gegner beide Schenkel. Längs der ganzen Straße herrschte ungeheurer Jubel, als man den Agitator unverletzt zurückkehren sah. O'Esterre starb am Abend des dritten Tages. Dieser Ausgang war seiner Partei unbegreiflich, denn er war ein sicherer Schütze und konnte seinen stämmigen Gegner gar nicht fehlen. Dieser wurde von dem Schicksal seines Feindes tief gerührt. Er ging mit seinem Secundanten in die Kirche und leistete einen feierlichen Schwur, niemals wieder eine Herausforderung anzunehmen. Der Wittwe des unglücklichen O'Esterre bot er eine Pension, welche so viel betrug, als ihr Mann verdient hatte; da jedoch die Körperschaft, zu welcher der Verstorbene gehört hatte, der Wittwe dieselbe Summe aussetzte, so ward O'Connels Anerbieten zurückgewiesen. Später übernahm Morgan O'Connel die Zweikämpfe, welche die zügellose Zunge seines Vaters hervorrief und bekam sehr viel zu thun. U. a. schlug er sich mit Lord Alvanley und wurde am Tage darauf von dem nachmaligen Premier-Minister D'Israeli gefordert.

Auch in den ersten Decennien dieses Jahrhunderts waren die Duelle in England keine Seltenheit. Selbst Wellington war zu jeder Zeit bereit, Herausforderungen ergehen zu lassen. 1829 forderte er Graf Winchelsea auf, „ihm für sein Benehmen die Genugthuung zu geben, die ein Gentleman zu verlangen habe und die ein Gentleman niemals verweigere". Die Gegner trafen sich auf den Feldern zu Battersea zum Duell. Wir wissen ferner, daß Sir Robert Peel mit Dr. Lusington und Joseph Hume ein Duell hatte, und daß Dillon vom Herzog von Grammont=Caderousse im Gehölze zu Boulogne im Zweikampfe erschossen wurde.

Erst der hochherzigen Initiative des Prinzgemahls Albert haben wir es zu verdanken, daß das Duell im modernen England sehr verpönt ist. Er war es, der bei der Regierung einen Paragraphen zu den Kriegs= artikeln durchsetzte, der also lautet:

„Daß es dem Charakter der Ehrenmänner an= gemessen sei, für verübtes Unrecht und Beleidigung sich zu entschuldigen und das Unrecht wieder gut zu machen ebenso für den gekränkten Theil, dieses anzunehmen."

Und in der That ist seit der Mitte der vierziger Jahre das Duell in England beinahe verschwunden. Kein Gentleman würde es wagen, sich dort zu duelliren, obschon es kein Volk auf Erden giebt, welches in Bezug auf persönliche Tapferkeit das englische übertreffen würde.

In Norwegen gab es im Alterthum bis zu An= fang des 18. Jahrhunderts eine Art Duell, wo die Gegner nackt zusammentraten und Brust an Brust in einen Riemen geschnallt wurden. In der Rechten hatten sie ein Messer, nach Uebereinkunft $\frac{1}{2}$—1 Zoll, entblößt, und damit zerfleischten sie sich, mit der Linken parirend, bis sich einer für überwunden erklärte.

Höchst drollige Duellgebräuche sollen in Grönland existiren. Wenn ein Eskimo sich von einem andern beleidigt fühlt, so pflegt er ihn zu einem Zweikampfe herauszufordern, nur werden dort angeblich keine tödt= lichen Waffen angewandt, sondern es findet ein öffent= liches Gesangsduell statt. Der Beleidigte singt vor der ganzen Versammlung ein Spottlied auf seinen Gegner, und falls er etwa ein Hohnargument vergessen haben sollte, so secundiren ihm seine Freunde, indem sie ihrer= seits das Vergessene vortragen. Der Herausgeforderte muß nun ebenfalls vor der ganzen Versammlung diese Spottangriffe durch schlagende und witzige Antworten abwehren. Gelingt ihm dies nach dem Urtheil der Anwesenden nicht, so gilt er für besiegt, und der Sieger erhält das Recht, sich das beste Stück vom Eigenthume des Besiegten anzueignen. Ist aber der Herausforderer in seinem Angriffe matt und witzlos, so wird er nebst seiner Genossen mit Schimpf und Schande weggejagt.

Wie in Norwegen, so gedieh auch in Schweden im 17. und 18. Jahrhundert das Duellunwesen; und der König Karl IX. von Schweden hatte derartig ritterliche Begriffe, daß er selbst politische Fragen durch einen Zweikampf hätte lösen mögen. Bezeichnend in dieser Beziehung ist ein Brief, den er an den König Christian IV. von Dänemark richtete. Er forderte darin seinen gekrönten Collegen zum Duell heraus, aber wie einst Franz I. der Herausforderung Karl V. nicht Folge leistete, so wies auch Christian IV. die Provokation höhnisch zurück. Das Schreiben des Schwedenkönigs lautete also:

„Du hast nicht als ehrlicher und christlicher König gehandelt. Du hast den Stettiner Frieden gebrochen, Blutvergießen veranlaßt und Kalmar durch Verrätherei eingenommen. Gott wird Dich strafen. Da keine anderen Mittel helfen, so biete ich Dir einen Zweikampf an, nach der alten Gothen löblichem Brauch. Du kannst zwei von Deinem Adel mitnehmen, rittermäßige Leute. Ich will Dir ohne Küraß und Harnisch begegnen, bloß mit der Sturmhaube auf dem Kopfe und dem Degen in der Hand. Wenn Du Dich nicht auf dem Platze einfindest, so halte ich Dich nicht für einen ehrlichen König, noch für einen Kriegsmann.

Risby, den 11. August 1611.   Karl.“

Die Antwort auf diesen Brief lautet folgendermaßen:

„Dein leichtfertiger und unbescheidener Brief ist
uns durch einen Trompeter geworden. Wir merken,
daß die Hundstage in Dein Gehirn wirken. Was Du
sagst, daß wir den Stettiner Frieden gebrochen, das
lügst Du wie ein machtloser Hund, der sich mit Bellen
wehren will. Du sollst einmal vor Gott Rechenschaft
geben, sowohl für diesen Krieg, als für alles unschuldig
vergossene Blut, und für die Tyrannei, die Du an
Deinen eigenen Unterthanen verübt hast. Daß wir
Kalmar, wie Du vorgiebst, mit Verrätherei genommen,
ist auch nicht wahr. Wir haben es als ein ehrlicher
Kriegsmann genommen. Du mußt Dich schämen, daß
Du es Dir vor der Nase hast wegnehmen lassen. Was
den Zweikampf anbetrifft, so bist Du schon von Gott
geschlagen. Ein warmer Ofen wäre Dir dienlicher,
und ein Arzt, der Dir den Kopf in Ordnung setzen
könnte. Du solltest Dich schämen, Du alter Geck, einen
ehrlichen Menschen so anzugreifen, was Du gewiß von
alten Weibern gelernt hast, die sich mit dem Munde
vertheidigen.

Kalmar, den 14. August 1611.

Christian."

Es scheint, als habe sich der König von Schweden
bei diesem Bescheide seines Herrn Bruder's beruhigt,
denn die Geschichte hat von einem zwischen den Herr-
schern der nordischen Nachbarreiche in Person ausge-
fochtenen Zweikampfe nichts zu melden.

Der Duellwahnsinn wüthete natürlich auch in
Rußland, obschon bereits Peter I. eine Verordnung
erließ, welche jeden mit dem Galgen bedrohte, der einen
Anderen herausfordere, gleichviel ob das Zusammentreffen stattfinde oder nicht. Die echt tartarische Wuth
ließ sich aber nicht zügeln und es werden uns Duelle

berichtet, die geradezu gräulich sind. Um das Verbot des
Czaren zu umgehen, kamen einst der Fürst Dolgorucki
und General Saß auf folgende Idee: „Wir können
uns nicht schlagen, Fürst," sagte der General, „aber
wir wollen uns auf jene Brüstung stellen, gegen die
der Feind sein Feuer richtet, und so lange dort stehen
bleiben, bis einer von uns getroffen wird." Der Gegner ging darauf ein und Beide begaben sich an die bezeichnete Stelle. Dort standen sie im Angesicht ihrer
und der schwedischen Armee aufrecht da mit einer Hand
auf die Hüfte und blickten sich wüthend an, bis schließlich der Fürst von einer Kanonenkugel in zwei Stücke
zerrissen wurde.

Von der tartarischen Wildheit auch der heutigen
Russen mag nachfolgende kleine Duellgeschichte, die sich
erst im Februar d. J. (1888) ereignet hat, ein Pröbchen
geben. In Kischenew, der Hauptstadt Bessarabiens,
spielte sich der absonderliche Ehrenhandel ab. Im
dortigen Club der Adeligen entspann sich zwischen einem
Herrn Pavel Uzakow und dem daselbst weilenden kau-
kasischen Prinzen Temariasi aus einer bisher unbekannten
Ursache ein Streit, der durch ein Duell zum Austrag
gelangen sollte. In der That fanden sich die beiden
Gegner in Begleitung ihrer Secundanten am nächsten
Morgen ein, mußten aber nach einem resultatlosen
Kugelwechsel wieder auseinandergehen. Am darauf-
folgenden Tage stießen die beiden Gegner abermals im
Club auf einander. Der Streit begann von neuem, nahm
jedoch allmählich bedenklichere Dimensionen an und artete
schließlich in einen regelrechten nationalen Faustkampf aus,
den der Russe in seiner populären Sprache Kulatschny-Boi
nennt. Dabei zog der kaukasische Prinz entschieden den
Kürzeren, indem ihn sein physisch überlegener Gegner
recht gründlich bearbeitete. Darob von wildem, echt
asiatischem Grimm und Zorn erfüllt, stürzte der Kaukasier
sich wuthentbrannt auf seinen Gegner, erfaßte mit seinen

starken Zähnen deffen Unterlippe und biß ihm diefelbe buchstäblich vom Kiefer ab. Damit fand
der Zweikampf feinen Abschluß. Der bis zur Unkennt-
lichkeit verstümmelte Uzakow ist feitdem genöthigt, das
Zimmer zu hüten, und das Corpus delicti, die Unterlippe, befindet fich in ficherem Gewahrfam beim Straf-
gerichte. Der kaukafifche Held geht aber nach wie vor
unbehelligt und frei in der Stadt umher.

Im 19. Jahrhundert haben fich die Regierungen
und Gefetzgeber unverkennbar der Ueberzeugung zugeneigt, daß es auf dem Wege der Gefetzgebung unmöglich
fei, dem Duellwefen oder beffer gefagt Unwefen nachhaltigen
Einhalt zu thun, und daß es mehr der Sitte überlaffen
bleiben müffe, die herrfchende Seuche zu bekämpfen. Wenn
deshalb nunmehr die Strafgefetze gegen die Duelle überall
milder geworden find, fo hat man dagegen durch Begün-
ftigung verfchiedener Einrichtungen, wie die der Ehrengerichte, der Antiduellvereine, welche fich namentlich auf
den Univerfitäten gebildet haben, und durch vermehrten
Schutz derjenigen, welche fich weigern, ein Duell einzu-
gehen, den Zweikämpfen entgegenzutreten geftrebt.

Wir müffen jedoch leider geftehen, daß bisher der
Erfolg ein fehr geringer war. Gerade im 19. Jahrhundert haben fich in Deutfchland, Oefterreich-
Ungarn, Frankreich, Rußland, Belgien und anderen Ländern Duelle abgefpielt, welche ein wahrer Hohn
auf die Bildung und das Chriftenthum find. Wir
haben das Schaufpiel erlebt, daß felbft Männer, die
das Duell in Wort und Schrift aufs Schonungslofefte
verdammten, zur Waffe griffen, um ihre „Ehre" zu
retten und fich „Genugthuung" zu verfchaffen.

Die nachftehenden Blätter befchäftigen fich haupt-
fächlich mit diefen causes célèbres unferes Jahrhunderts — dem Zeitalter der Humanität, Aufklärung
und — Duldung!

Dieser historische Exkurs beweist, daß gegen das Duell selbst Götter vergebens kämpfen.

„Das Eisen zieht den Menschen an", sang einst seinen Griechen Vater Homer — dies Wort gilt auch für die modernen Völker, namentlich für Deutschland, Oesterreich-Ungarn und Frankreich. Speciell für den Germanen, auch den der Gegenwart, ist ein Ausspruch in der „Gudrun" bezeichnend. Als Wate, der bärtige Recke, gefragt wird, was ihm wohl süßer erscheine, bei schönen Frauen sitzen, oder in hartem Streit zu fechten, da entscheidet er sich sogleich für das Letztere, so sehr auch die Frauen in der Burg des Irenkönigs Hagen ihm eine andere Antwort nahe legen.

Die Duelle der Damen.

Falls man glaubt, daß das Duell das Vorrecht des starken Geschlechts sei, welches mit der Pistole, dem Degen und dem Rappier allein umzugehen wisse, so befindet man sich in einem Irrthum. Allerdings graffirt unter den Vertreterinnen des zarten Geschlechts die Duellmanie nicht so furchtbar, wie in der Herrenwelt, aber wiederholt haben die in Paris, Petersburg, Zürich und anderen Städten stattgefundenen Duelle unserer besseren Hälften den Beweis geliefert, daß auch Jungfrauen und Frauen nicht allein aufs Blut hassen, sondern auch ihre Nebenbuhlerinnen aufs Blut verwunden können. Ein altgermanischer Zweikampf zwischen Mann und Weib wird heutzutage glücklicher Weise nur äußerst selten geführt — wenigstens sind die Waffen nicht Stoßdegen und Pistolen, sondern Küsse, Krämpfe, Ohnmachten, Coquetterie und . . Nägel, — wohl aber sind die Fälle, in denen heißblütige Damen ihre Geschlechtsgenossinnen zur blutigen Fehde herausforderten, keine so unerhörte, wie man gewöhnlich annimmt.

Warum sollten denn unsere Damen der höheren und gebildeteren Stände, die so ausgezeichnet reiten, jagen und allerlei männlichen Sport betreiben können, die Haß des Zweikampfes nicht auch verstehen?

Giebt es denn für aufregungsbedürftige Damen-Nerven etwas Fascinirenderes als das Duell, wo man der Gegnerin Aug' in Auge gegenübersteht und der glühenden Rache in schlagender oder — treffender Weise Ausdruck geben kann?

Allerdings erfährt man von solchen Ehrenhändeln nur selten etwas, denn nur im äußersten Falle ist bei dem Weibe die Eitelkeit das Motiv der Herausforderung, als vielmehr die Eifersucht und tödtlicher Haß. Die Leidenschaft scheut in diesem Falle möglichst die Oeffentlichkeit und sucht die Befriedigung im Geheimen, bei verschlossenen Thüren.

Man wende mir nicht ein, daß es der Natur des Weibes, welches zu lieben geboren sei, widerstreben müsse, zu Mordwaffen zu greifen, — was in der Theorie schön und wahr ist, bewahrheitet sich nicht immer in der Praxis. Gerade unter gewissen Damen der „oberen Zehntausend" hat es leider von jeher einzelne abschreckende Exempel gegeben, die mit kaltem Blut den Stahl in die Brust ihrer Rivalinnen tauchen und dabei lächeln, ach, so verführerisch lächeln konnten. Exempla docent.

Wenn auch die Damen-Duelle eine Errungenschaft unserer herrlichen Zeit sind, die es ja in allem — Erlaubtem und nicht Erlaubtem — so weit gebracht hat, so waren doch die Tourniere der Frauen schon unseren Altvordern bekannt Der englische Schriftsteller Knighton erwähnt gelegentlich der Beschreibung des Luxus und der Sitten im 14. Jahrhundert, daß eine große Anzahl von schönen Damen höchsten Ranges auf ihren Rossen zu Tournieren ausgezogen seien; ihre kleinen Hüte hatten sie durch Schnüre am Kopfe be-

festigt und an ihren mit Gold gestickten Gürteln unter
der Taille trugen sie gestickte Börsen und kleine Degen, welch
letztere sie vortrefflich zu handhaben wußten.

Wie heldenhaft Damen Zweikämpfe bestehen konnten,
zeigt ja das Beispiel der Jungfrau von Orleans.
Sie kämpft mit Montgomery, und indem sie ihm
zuruft:

> . . . Greife frisch zum Schwert,
> Und um des Lebens süße Beute kämpfen wir —

duellirt sie sich mit ihm; vergebens ergreift er Schild
und Schwert und dringt auf sie ein; nach einem kurzen
Gefecht fällt er, von ihrem Stahl getroffen.

Was sie bei diesem Anlaß sagt, das gilt auch für
alle Duellantinnen, welche sich nicht scheuen, zum Schwerte
oder zur Pistole ihre Zuflucht zu nehmen.

> Schon vor des Eisens blanker Scheide schaudert mir,
> Doch wenn es Noth thut, alsbald ist die Kraft mir da,
> Und nimmer irrend in der zitternden Hand regieret
> Das Schwert sich selbst, als wär' es ein lebendger Geist.

Jean d'Arc ist gleichsam die Ahnherrin all' jener
zahlreichen Duellantinnen auf gallischem Boden.

Wie gesagt, erfährt man von diesen Duellgeschichten
meistens nur durch Indiscretionen, — namentlich der
bösen Zeitungsschreiber, die ja überall sind, wo es einen
Skandal giebt.

Von einem Duell zu Zeiten Richelieus berichten die
Chroniken allerlei Erbauliches. Der ungeschickte Secretär
des als Don Juan berüchtigten Herzogs hatte nämlich
zwei Geliebte desselben auf die nämliche Stunde bestellt,
und die Folge davon war ein Zweikampf zwischen beiden
Damen. Es wurden Pistolen gewählt.

Die Marquise de Nesle, als die Herausforderin,
hatte den ersten Schuß, doch traf sie statt ihrer Neben-
buhlerin, der Comtesse van Polignac, nur einen
Baumstamm.

„Ihre Hand zittert, meine Theure!" rief diese höhnisch, zielte, schoß und das eine rosige Ohrläppchen der Marquise lag in seinem Blute am Boden. —

Besonders berüchtigt als Raufboldin war eine Schauspielerin aus der Zeit Ludwig XIV. Sie massakrirte alle Männer, die in ihre Nähe kamen und so dreist waren, ihr nicht mit Begeisterung den Hof zu machen. Aber damit nicht zufrieden, insultirte sie auch andere Damen, um entweder diese zum Zweikampfe zu bewegen oder deren Männer oder Liebhaber zur Intervention zu reizen. Die Zahl ihrer weiblichen und männlichen Opfer, welche sie ins Jenseits beförderte, soll eine recht beträchtliche gewesen sein.

Großes Aufsehen machte das Duell zwischen einer Tänzerin und Sängerin der Pariser Oper, die ihre Eifersucht durch die Pistole kühlen wollte. Es wäre schließlich ein Unglück geschehen, wenn nicht plötzlich der Gegenstand der beiderseitigen Leidenschaft auf dem Kampfplatz erschienen wäre. Sein Zureden half zwar nichts, doch schmeichelte er ihnen die Pistolen ab, um sie wenigstens zu untersuchen, wie er sagte, worauf er dieselben in einen nahen Teich warf.

Wie auf Pistolen, so waren und sind auch die Herausforderungen auf Degen nichts Außerordentliches. Hierbei leitet die beiden Kampf-Hühner der Gedanke, Busen und Gesicht der Feindin nach Möglichkeit zu zerfleischen und zu verunstalten. Eine derartige „Gekennzeichnete" kann ja nicht mehr gefährlich werden!

Es wird sogar berichtet, daß einmal eine Französin ihren eigenen Geliebten forderte und ihn auf der Mensur tüchtig „anschmierte," — ob aber diese Lection ihn von seiner Untreue geheilt hat, darüber schweigt des Chronisten Höflichkeit.

In der That ist eine gereizte, beleidigte und eifersüchtige Frau keine zu verachtende Gegnerin im Duell, besonders wenn Waffen gewählt werden, bei denen es mehr auf starke Nerven und Behändigkeit, als auf körperliche Kraft ankommt!

Die immer mehr wachsende Zahl weiblicher Duelle in Paris, Sanct Petersburg, Zürich und Newyork beweist, daß die Frauenemancipation — leider! nicht in gutem Sinne des Wortes — immer mehr zunimmt. Wenn ein Alexander Dumas fils unter dem großen Beifall selbst eines Theils der Männerwelt für das politische Stimmrecht der Frauen plaidirt, so ist es kein Wunder, daß gewisse excentrische Frauen auf die tollsten Ideen kommen und es in Allem dem starken Geschlecht nach= ahmen wollen, und daß sie sogar Herausforderungen ergehen lassen. Ist's auch Wahnsinn, so hat es doch Methode!

Es wird nicht lange dauern und Alexander Dumas fils wird auch für die Berechtigung der Frauenduelle plaidiren. Oder will das lieber Henri Rochefort, Clemenceau oder Herr de Cassagnac — dieses dreiblättrige Kleeblatt des Raufboldenthums — übernehmen?

Nun — so lange die Frauen nur ihr eigenes Ge= schlecht herausfordern, kann es die Männerwelt noch mit Noth ertragen. Was soll aber geschehen, wenn die zarten Damen uns den Fehdehandschuh, will sagen Pistole und Degen, hinwerfen? Sollen wir aus Galanterie uns massakriren lassen oder aber die rosenfarbigen resp. gepuderten reizenden Gesichter durch einen Schmiß ent= stellen? — Schaudervoll, höchst schaudervoll!

Zum Glück siegt noch immer die holde Weiblichkeit und duellirende Furien gehören zu den Ausnahmen.

Auf Frauen letzterer Art, wie sie a. A. im Boulogner Gehölz zu Paris ihr Wesen treiben, hat Ernst Eckstein das schöne Gedicht geschrieben:

Ja wohl, das ist die volle Brust,
Die zarte, marmorbleiche Kehle,
Der Blick so traurig und bewußt;
So reich an Gluth, so arm an Seele!

Das ist die Schulter, weich und rund,
Die Stirne mit dem güld'nen Bande;
Der schlanke Leib, der frische Mund . . .
Sie ist's, die Königin der Schande!

Der Dämon im bekränzten Haar,
Der Satan mit den Pflaumenaugen,
Der Vampyr, den die Nacht gebar,
Uns Mark und Odem auszusaugen!

Verthiert entweiht sie die Natur,
Ihr Herz ist leer, ihr Geist verödet!
Und schöner, schöner wird sie nur,
Je mehr sie schwächt, entnervt und tödtet.

Weh, wenn des Wahnsinns blinde Hand
Dich ihrem Griff anheim gegeben!
Sie hält versengend dich gebannt,
Ihr Kuß vervehmt dein ganzes Leben!

Das amerikanische Duell.

Wir haben Offiziers=, Studenten=, Journalisten=, parlamentarische, Frauen=Duelle u. s. w.; wir verwunden uns mit Rappieren, Degen, Pistolen und anderen Mordinstrumenten, warum sollte nicht auch der Revolver „commentmäßig" werden, wie in Amerika? Zum Glück sind wir noch nicht so weit fortgeschritten, noch nicht amerikanisch genug — vorläufig haben nur manche irre geleiteten Köpfe und bethörte, schwachsinnige Menschen das System des Ziehens der schwarzen Kugel, das sog. amerikanische Duell, sich angeeignet.

Unter allen Auswüchsen unserer modernen Cultur ist diese gräßliche Verirrung eine der abscheulichsten. Mit Recht sagt Ofenheim, daß sie klar und deutlich die cynische Lebensauffassung ausspreche, daß das Leben, wie es zufällig und ohne den Willen des Gezeugten entstehe, auch nicht mehr werth sei, als daß es zufällig und ohne persönlichen Willensakt wieder zu Grunde gehe. Sie ist die absolute Negation jedes individuellen Werthes und somit die gröbste aller Unsittlichkeiten. Das Spiel des amerikanischen Duells ist die letzte Consequenz der amerikanischen Moral, die sich in der bei=

spiellofen Waghalfigkeit und Rückfichtslofigkeit der
Bewohner jenes Welttheils in ihren wirthschaftlichen
und anderen Unternehmungen, in ihrer sonderbaren
Vertrautheit mit den Hochfluthen des Reichthums wie
den Abgründen des ärmlichen Elends documentirt.

In jenem Lande, wo aus aller Herren Länder
allerlei zweideutige Elemente, katilinarische Existenzen
der schlimmsten Sorte zusammenströmen, sind die europäischen Kampfmittel veraltet; dort greift man zum
Messer, Karabiner und Revolver auf offener Straße
und zur schwarzen Kugel im Geheimen.

Die Amerikaner freilich wollen das nicht gelten
lassen, was wir wohl begreiflich finden. Jenes kühne,
vorurtheilslose und ringende Volk jenseits des Oceans
hat es nicht gerne, wenn man in Europa auf die
Schattenseiten seiner wunderbaren Culturentwickelung
hinweist, aber ich meine, daß die „Krankheit des
Jahrhunderts“ von dem urkräftigen Organismus des
amerikanischen Geschlechts schließlich doch überwunden
werden wird, und daß ein offenes Aufdecken des Schadens
zur Heilung unbedingt nöthig ist. Der Amerikaner hat
ebenso viele Fehler wie jeder andere, — nur den einen besitzt
er nicht, den der Heuchelei. Er hat keine Scheingefechte,
keine Salon-Duelle zur Befriedigung der Eitelkeit, aus
Gründen der Spiegelfechterei, sondern er greift zum
Revolver, um anzuzeigen, daß es bei ihm keinen Pardon
giebt, daß es bei ihm auf Leben und Tod geht, und
ebenso bedeutet auch die schwarze Kugel — Vernichtung.
Sagte doch selbst ein amerikanisches Blatt einmal: „Es
sind nicht bloße Renommisten-Duelle, welche der Amerikaner
führt, wie es der deutsche Student oder der Lieutenant
thut; er gebraucht nicht die Waffe, weil Jemand ihn
„touchirt“ hat, indem er gesagt: „Ihr Gesicht gefällt
mir nicht!“ — es sind Streitigkeiten, bei denen der
Haß der Gegner so tiefe Wurzeln geschlagen hat, daß
Beide zusammen auf derselben Erde nicht mehr athmen

können. Sie treffen sich auf der Straße irgendwo, ziehen ihre Revolver, feuern auf einander, das zufällig anwesende Publikum bildet die Zuschauer, und die Sache ist abgemacht. Zu neun aus zehn Fällen, wo ein Erschießen stattfand, hat ein langjähriger, unaus= löschlicher Haß, meistens aus Eifersucht oder Verführung, geherrscht."

Im Uebrigen glauben wir gerne, daß manche Erzählungen von amerikanischen Duellen, in's Ungeheuer= liche aufgebauscht, mehr in der Phantasie der betreffenden Reporter als in der Wirklichkeit ihren Ent= stehungsgrund haben. Gewiß laufen so manche „Räuber= geschichten" mit unter. Ein amerikanisches Duell, von welchem man so oft liest, und bei dem die Duellanten sich ein Bein an einen Baum hätten anbinden lassen, um nicht davon laufen zu können, und dann mit Bowie= Messern aufeinander losgehackt, bis sie sich gegenseitig, wie die beiden bekannten Löwen, „aufgezehrt" hatten, ist wohl nie vorgekommen und nur eine Variation eines Duells, welche Eugen Sue in seinem überspannten Roman „Ces enfants de l'amour" erzählte.

Trotz alledem steht es leider fest, daß die Pest des amerikanischen Duells auch in Deutschland sich einge= nistet hat. Welche Calamität dieselbe geworden ist, be= weist ja schon die Thatsache, daß im Jahre 1886 im deutschen Reichstag der Vorschlag gemacht wurde, das amerikanische Duell durch einen neu zu schaffenden Para= graphen des Reichs=Strafgesetzbuches zu verfolgen!

Staat, Gesellschaft, Familie und Schule — Alles muß hier gemeinsam zusammenwirken, um in der Jugend oder in unreifen Köpfen das Verbrecherische und Unge= heuerliche einer Tödtung durch das Loos zu ver= nichten.

Bisher ist, wie mir's scheint, der schrecklichen Er= scheinung nicht jene ernste und dringende Beachtung

Seitens der genannten Factoren zugewandt geworden, die ihr zu Theil werden muß, wollen wir nicht, daß der Krebsschaden immer mehr um sich frißt und die Grund= festen der Gesellschaftsordnung erschüttert.

Ich weiß wohl, daß gar manches Familiendrama, mancher Selbstmord als eine Folge des amerikanischen Duells hingestellt wird, und daß dieses moderne Verbrechen nur als Deckmantel dient, um die eigentliche Ursache zu verbergen, — aber die durch das amerikanische Duell bereits gefallenen Opfer sind schon ohnehin so zahlreich, daß noch immer ein großer Prozentsatz der durch die schwarze Kugel Dahingerafften übrig bleibt.

Wie es in der Seele eines solchen Unglücklichen, der vom Wahnwitz eines angeblichen Ehrgefühls, eines schmachvollen Genugthungs=Princips geleitet ist, aussehen mag, kann der Leser aus nachstehendem letzten Briefe eines Opfers des amerikanischen Duells ersehen, den die Zeitungen vor geraumer Zeit veröffentlichten und an dessen Echtheit wohl kaum gezweifelt werden kann:

„. . . Noch fünf Minuten — dann ist alles vorüber. Einzig geliebte Mutter, wie wirst du weinen um den Verlust deines Kindes! Du ahnst nicht, daß schon in wenigen Minuten dein Sohn zum Selbstmörder ge= worden ist. Sich selbst tödten zu müssen — das ist ein furchtbares Geschick. Ich fühle, daß ich zittere, aber nicht Feigheit läßt mich erbeben. Ein Gefühl heißer Scham quillt in mir auf — ja, so sehr ich auch ankämpfe gegen diese seltsame Empfindung: es ist Scham über meine Thorheit, die mir das Blut in die Wangen treibt! — In einer wilden Stunde kam es zwischen ihm und mir zum Streit. Meine unselige Heftigkeit riß mich fort, ich beleidigte ihn schwer und tödtlich. Er wurde leichenhaft blaß, aber er verstand sich zu beherrschen. Mit seiner kühlen und gleichgültig klingenden Stimme bat er mich, ihm im Nebenzimmer eine kurze Unterredung zu gewähren. Was er mir sagte, war

klar und verständlich. Für meine Beleidigung gab es
keinen Ausgleich, jede Versöhnung war ausgeschlossen
— nicht einmal im Duell konnte ich ihm Rechenschaft
geben, denn sein verkrüppelter Arm ist unfähig, die
Waffe zu führen. So blieb mir keine Wahl, als seinen
Vorschlag anzunehmen und mit ihm um Tod oder
Leben — zu losen! Das Los entschied gegen mich —
und noch jetzt sehe ich, wie triumphirend es in seinem
Gesicht aufleuchtete, als ich den weißen Zettel zog!
Ich werde mein Ehrenwort einlösen. Ich bin muthig
genug, dem Tod ins Antlitz zu schauen, und doch —
barmherziger Gott, wie gern lebte ich weiter! Drüben
versinkt die Sonne hinter dem Dachfirst, — es ist das
letzte Mal, daß ich die Sonne sehe ... Mutter,
Mutter, vergieb mir!" ..

Das amerikanische Duell ist eine pathologische Erscheinung, mit der sich außer den oben genannten
Factoren auch die Psychologen und Psychiater aufs
gewissenhafteste beschäftigen sollten.

*   *   *

Eine köstliche Persifflage des amerikanischen Duells
veröffentlichte einst ein amerikanisches Blatt in Form
einer Erzählung. Mag hier dieselbe in deutscher Uebersetzung folgen:

„Ohne Zweifel — sie betrog ihren Gatten. Er
hatte die thatsächlichen Beweise in der Hand eines
Bündels rosenrother Briefe, die sammt und sonders
die Adresse trugen:

„Herrn Oberst Davis!"

Der arme Jefferson! Er hatte die Briefe nicht
gesucht, sondern sie zufällig gefunden. Er besuchte seinen
Freund Davis, um in seiner Gesellschaft auf die Jagd
zu gehen. Da jedoch Davis nicht zu Hause war, ging
Jefferson in die Bibliothek und besah sich der Reihe

4*

nach die Prachtwerke. Ein Schubfach stand offen; Jefferson warf einen flüchtigen Blick auf dessen Inhalt und erkannte die Handschrift seiner Frau.

Wer wird es als eine Indiscretion bezeichnen wollen, wenn der Herr Gemahl neugierig ist, zu erfahren, was seine Gattin seinem besten Freunde zu schreiben hat? Jefferson las zuerst den einen Brief, dann den zweiten und schließlich noch den letzten. In diesem Augenblicke trat Davis ein.

— Ich weiß Alles! sagte Jefferson ruhig.

— Ich stehe Dir zur Verfügung! antwortete ebenso gelassen Davis.

Jefferson griff nach seinem Hute. Von einer Jagd konnte nicht mehr die Rede sein; als er sich entfernen wollte, meinte er, sich an seinen Freund wendend:

— Es ist ein zu drolliger Gedanke, Liebesbriefe in einer Bibliothek aufzubewahren!

*   *   *

Am andern Tage brachte der Diener des Oberst diesem zwei Visitenkarten, die eine lautete: Perry, Agent, die andere: Hamilton, Papierfabrikant.

Davis ließ die beiden Herren eintreten.

— Mein Herr, fing der eine an, wir kommen im Auftrage des Herrn Jefferson, um die zwischen Ihnen Beiden schwebende Ehrensache zu arrangiren.

Davis verbeugte sich.

— Herr Jefferson hat die ganze Nacht darüber nachgedacht, wie er den Flecken am Schilde seiner Ehre abwaschen könnte und er ist zu dem Resultate gekommen, daß Sie beide in je einen Luftballon steigen, welche zugleich sich erheben sollten. . . .

— Ein solcher Gedanke kann nur im Gehirn eines Wahnsinnigen entstehen — rief heftig der Oberst. Doch der Papierfabrikant setzte ruhig hinzu:

— In einer Höhe von tausend Metern ladet ein jeder Duellant seinen Revolver und kann so oft schießen, als es ihm beliebt.

— Ist das Alles Ihr Ernst? fragte der Oberst, noch immer zweifelnd.

— Durchaus mein Ernst.

— Aber das ist ja Verrücktheit!

— Wir machen Sie darauf aufmerksam, mein Herr, daß unser Freund Jefferson seine gesunden fünf Sinne hat und daß ich jeden Zweifel darüber als eine persönliche Beleidigung auffassen werde.

— Und wenn ich den Zweikampf unter solchen Bedingungen nicht annehme?

— O, Sie werden ihn annehmen!

— Und wenn ich ihn dennoch zurückweise?

— Dann sind Sie ein Feigling und Elender, und Herr Jefferson wird Sie auf der Straße niederschießen, wie einen tollen Hund.

Nach dieser kleinen Auseinandersetzung war kein Widerspruch mehr möglich und Davis ergab sich.

— Meine Herren — sagte er —, ich kann nicht widersprechen, wenn ich sehe, wie eindringlich Sie das Interesse Ihres Auftraggebers wahrnehmen. Gestatten Sie mir nur, zur Befriedigung meiner Neugierde, an Sie die Frage zu richten: Was hat Herrn Jefferson veranlaßt, eine so absonderliche Form der Genugthuung zu wählen, da es doch noch andere Arten der Satisfaction giebt?

— Jefferson hält die Beleidigung für keine alltägliche und so soll auch die Satisfaction eine außerordentliche sein. Das Duell im Luftballon darf jedenfalls auf Originalität Anspruch machen.

Die Secundanten der Gegner erschienen Tags darauf beim Füllen der Luftballons. Diese beiden waren sich nach jeder Richtung gleich, sowohl was die Einrichtung als die Tragkraft derselben betraf. Die berühmte Firma

Farrel und Comp. verfertigte beide Luftballons und ließ
dieselben in die Nähe der Stadt transportiren, von wo
aus sie sich in die Lüfte erheben sollten.

Die beiden Duellanten nahmen Platz. Die Zeugen
versuchten die letzte Aussöhnung, welche natürlich zu
keinem Ergebniß führte.

— Los! rief der eine Zeuge.

In dem Augenblicke, als man den einen Luftballon
losließ, erhob sich derselbe mit Pfeilgeschwindigkeit in
die Höhe, während der andere in Folge eines unerwarteten
Ereignisses ein wenig zurückblieb.

Zwischen den Bäumen, welche den Platz der
Aufstellung umrahmten, stürzte plötzlich eine junge Frau
hervor, und bevor man sie noch daran hindern konnte,
setzte sie sich in den Ballon des Herrn Davis.

Dann ergriff sie rasch einen der Sandsäcke und
warf ihn heraus, worauf der Luftballon mit Blitzes-
schnelle seinem Zwillingsbruder folgte. Der Himmel
war rein, die Luft unbewegt und die Sonne strahlte im
vollen Glanze.

Die beiden Luftballons hielten bald die gleiche Höhe
ein. In einer Entfernung von 800 Metern von der
Erde geriethen sie in einen Luftstrom, der sie dem
Meere zuführte. Die Insassen ließen den Centralpark,
den schönsten Punkt der Welt, und Newyork mit seinen
2 Millionen Einwohnern hinter sich und leiteten immer
mehr nach dem unermeßlichen Reich der Wellen.

Für Jefferson hatte das wundervolle Panorama, das
sich vor ihm ausdehnte, gar keinen Reiz. Ihm war es, als ob
er in der zweiten Gondel zwei Personen erblickte, doch glaubte
er anfänglich, daß es nur optische Täuschung sei. Aber
nein! jetzt unterschied er ganz deutlich eine Frauengestalt.

Sie wendete soeben ihren Kopf zu ihm und er
erkannte — seine Frau. Das Blut stieg ihm zu Kopfe,
seine Finger umspannten krampfhaft den Revolver und
er schrie seinem Rivalen zu:

— Sind Sie bereit?

— Ja, ich bin es!

Zwei Schüsse erschollen zu gleicher Zeit. Der Oberst zielte auf seinen Gegner, doch drang die Kugel in einer Entfernung von einem halben Fuß nur in die Seitenwand der Gondel, während der Schuß Jeffersons die Hülle des Luftballons traf und darin eine ziemlich große Oeffnung riß.

Der beleidigte Gatte nahm seinen Gegner nicht zur Zielscheibe, da er befürchtete, daß seine Kugel die andere Gestalt treffen könnte. Aus dem Ballon von Davis entströmte das Gas und er begann zu sinken.

Wieder luden und schossen sie. Der Oberst richtete seinen Revolver gegen sein vis-à-vis, aber wieder ging die Kugel fehl.

Während der Ballon Jeffersons in dem Aether verschwand, konnten die beiden Unglücklichen in Davis' Luftschiff schon den Spiegel des Meeres erblicken, das sie verschlingen sollte.

In der Ferne sah man die Felsengruppen von Long-Island. Der Sturm schleuderte die Beiden nach jener Gegend, es erschien fast unvermeidlich, daß sie am Felsen zerschellen und von dort ins Meer geschleudert würden.

— Wir sind verloren! rief verzweifelt der Oberst.

— Aber nicht Beide! erwiderte seine Geliebte; und bevor er sie daran hindern konnte, stürzte sie sich ins Meer.

Auf einige Augenblicke hob sich der Ballon wieder und die Duellanten konnten sich sehen.

Schieß her! rief Davis außer sich, Deine Frau ist in die See gesprungen.

Jefferson blickte ihn kalt an. Dann legte er mit einem Kopfschütteln den Revolver auf den Boden seiner Gondel.

Nicht Großmuth, sondern schlaue Berechnung leitete ihn. Nicht ein plötzlicher Tod durch eine Kugel, sondern ein langsamer Tod sollte den Verführer seiner Frau treffen.

Noch etwa 5 Minuten war der Luftballon des Davis im Meere verschwunden. Der Unglückselige kämpfte kurze Zeit mit den Wogen, dann tauchte er unter.

* * *

Es wurde stockfinstere Nacht und der Ballon Jefferson flog noch immer in der Luft. Des betrogenen Gatten bemächtigte sich anfänglich ein stumpfes Gefühl, aber allmählich erfüllte ihn nach befriedigtem Rachedurst die Lebenslust wieder und er wäre gern auf's Neue unter Menschen gekommen.

Es vergingen bereits drei Tage — er hatte nichts gegessen und getrunken und er verschmachtete fast. Einen Augenblick dachte er auch daran, ob es nicht gerathener wäre, in das Meer zu springen, als elend zu Grunde zu gehen, da erhob sich plötzlich Regen und Sturm, er wurde Meilen weit hinweggeführt und erblickte plötzlich Land vor sich.

Der Ballon sank und auf seinen Hilferuf strömten die Leute herbei.

— Wo bin ich? rief er, mehr todt als lebendig.

— Auf der Felsengruppe der Vermuden, war die englisch gegebene Antwort.

Jefferson hatte in 3 Tagen 750 Meilen in der Luft zurückgelegt und inzwischen auch ein Duell bestanden.

Wer sollte sich daher darüber wundern, daß seine Mitbürger ihn für einen großen Mann hielten und ihn sogar zu ihrem Abgeordneten wählten? . . . Dem Verdienste seine Krone!

Wie ein Duellant im vorigen Jahrhundert bestraft wurde.

Das vorige Jahrhundert ist überreich an Gaunern, Schwindlern, Geistersehern, Schwärmern, Alchymisten, Goldmachern, Astrologen und Zauberern, die Jahre lang eine große Rolle spielten, selbst von Königen und Fürsten hochgeachtet wurden und diese zu täuschen wußten. Im Leben dieser Abenteurer und Hochstapler spielt natürlich auch das Duell eine wesentliche Rolle, denn in gar manchen kritischen Situationen mußte das Schwert oder die Pistole dazu dienen, um die angegriffene „Ehre" dieses oder jenes dunklen Ehrenmannes wieder herzustellen.

Aus der Fülle der Erscheinungen sei hier nur die Geschichte eines einzigen Duellanten hervorgehoben, denn sein Fall machte Jahrzehnte lang von sich reden, beschäftigte die Gerichte und viele Fürstlichkeiten und beweist zugleich, wie befangen das 18. Jahrhundert noch vielfach im Irrwahn und Aberglauben war.

Wir folgen bei der Erzählung dieser cause célèbre in erster Linie den Berichten, welche vor 3 Jahrzehnten Dr. Karl von Weber aus dem Hauptstaatsarchive in

Dresden in seinem höchst interessanten Buch: „Aus vier Jahrhunderten" veröffentlicht hat.

Dem kaiserlichen Rath und Stadtschultheiß Dr. jur. Erasmus von Klettenberg zu Frankfurt a. M. wurde 1680 ein Sohn Johann Hector von Klettenberg geboren, der einen gar romantischen und abenteuerlichen Sinn geerbt hatte.

Die Familie Klettenberg gehörte zu den neuadligen Geschlechtern Frankfurts, und der hoffährtige Johann Hector von Klettenberg suchte durch Hochmuth und Händelsucht zu ersetzen, was ihm an wahrer Aristokratie und edler Gesinnung abging. Er verwickelte sich in Folge dessen in viele Differenzen mit den Behörden; er beleidigte u. A. ein Mitglied des Raths, den alten Herrn von Glauburg, und wurde gezwungen, vor diesem feierliche Abbitte zu thun. Als Klettenberg einst Herrn v. Glauburg in einer Gesellschaft Frankfurts schmähte, wo die ersten Familien versammelt waren, ärgerte das den jungen Herrn von Stallburg, den Sohn sehr reicher Eltern, und dieser bemerkte dem bramarbasirenden Helden unserer Erzählung gegenüber: „er stehe auch seinen Mann."

Die Folge des Streites war ein Duell zwischen den beiden jungen Leuten. Die Eidenau wurde zum Kampfplatz bestimmt. Klettenberg, von seinem älteren Bruder und einem Läufer, der ihm die geladenen Pistolen nachtrug, begleitet, erschien zuerst, kroch durch die den Platz umgebende Hecke, breitete seinen Mantel aus und legte Pistolen und Degen darauf. Als Stallburg mit einigen Freunden erschien, redete dessen Secundant nochmals zur Sühne, aber vergeblich. Klettenberg blieb halsstarrig dabei, Stallburg müsse sich mit ihm schlagen, doch überließ er diesem die Wahl der Waffen, bemerkte aber, daß er seinerseits Pistolen vorziehe, da er nicht gut fechten könne, und daher, wenn der Degen gewählt werden sollte, sich genöthigt sehen werde, „darauf loszu-

stechen." Nach einigen Hin- und Herreden, bei denen
Stallburg die Wahl der Waffen erst ablehnte, dann zum
Degen greifen wollte, endlich aber auch mit dem Kugelwechsel sich einverstanden erklärte, ergriffen die Gegner
die Pistolen, die aber wiederholt versagten. Stallburg
und sein Secundant meinten nun, es sei der Ehre wohl
Genüge geleistet, man könne die Sache wenigstens auf-
schieben, allein Klettenberg wollte davon nichts wissen,
man zog daher jetzt den Degen.

Das Ende des Zweikampfs war, daß Stallburg
von Klettenberg tödtlich verwundet wurde. Jener rief
aus: „Bruder, ich bin gestochen", lief noch einige
Schritte und fiel zu Boden. Klettenberg ging auf ihn
zu und sagte: „Bruder, vergieb mir's", beide schüttelten
sich die Hände — Stallburg verschied kurze Zeit darauf.

Klettenberg wurde bald nach dem Zweikampfe
festgenommen und die Tübinger Juristen-Fakultät erklärte den Duellanten für einen — Mörder. Das
Urtheil lautete dahin, daß „Inquisitus wegen seiner
begangenen Mißhandlung von dem Scharfrichter zur
gewöhnlichen Richtstatt geführt und allda ihm zur wohl-
verdienten Strafe, anderen aber zum abscheulichen
Exempel, mit dem Schwerte vom Leben zum Tode gerichtet werden sollte."

Klettenberg glückte es jedoch, seine Wächter durch
Opium zu betäuben und aus dem Gefängniß zu entfliehen.

Nun beginnt das abenteuerliche, an romanhaften
Episoden überaus reiche Wanderleben Klettenberg's.
Nachdem es ihm gelungen, sich von dem churpfälzischen
Kammerherrn und Oberamtmann Freiherrn Ambrosius
Bernhard von der Reven unter allerlei listigen Vor-
spiegelungen für 2500 Thaler ritterschaftliche Banko-
Briefe zu erschwindeln, reiste er Ende 1710 nach Wien,
um sich dort einen kaiserlichen Schutzbrief zu erwirken,
was ihm auch gelang, nachdem er vor dem Bischof

Baron v. Rommel in Wien zur katholischen Kirche übergetreten war.

Um sich recht viel Geld zu verschaffen und die Dummen zu rupfen, verfiel er auf den Gedanken, Alchymie und Goldmacherkunst zu betreiben. Im Mai des darauf folgenden Jahres finden wir ihn in Wetzlar, wo er einem Kaufmann für die Mittheilung eines alchymistischen Prozesses 700 Gulden ablockte. Vortrefflich verstand er es, sich immer mehr den Ruf eines genialen Goldmachers zu erwerben. Trotzdem er verheirathet war, machte er sich kein Gewissen daraus, die Frau des Nassau-Siegenschen Cabinetsraths Paul Louis de Loys aus Lausanne in doppelter Bigamie zu heirathen, wobei er aber noch zahlreiche andere Verhältnisse hatte.

Im Jahre 1712 blühte ihm in Bremen der Weizen. Dort gelang es ihm, einen alten Rathsherrn, den Licentiat Caspar Meyer, gründlich zu schröpfen. Er versprach dem Rathsherrn, „die Präparation der Universaltinctur, nebst Fixation der Erze und wie aus Markasit (Wismuth) Silber zu extrahiren sei." Nachdem er so 5000 Thaler erpreßt, verduftete er. Er reiste nach Prag, wo er auf großem Fuße lebte, offene Tafel hielt und ein sehr glänzendes Haus machte. Seine Verschwendungssucht führte jedoch bald Ebbe in seine Kasse, und um sich Geld zu verschaffen, übergab er einem Wucherer, Namens Niclas Burger, einige auf Pergament geschriebene, mit großen Siegeln versehene Urkunden, nach deren Inhalt der König von Polen und Churfürst von Sachsen sich als seinen Schuldner in der Höhe einer Summe von 60,000 Thalern bekannte, Urkunden, die Klettenberg natürlich selbst gefertigt hatte.

Er beschwindelte und betrog dann den Herzog Wilhelm Ernst von Sachsen-Weimar und zahlreiche andere Personen in Weimar. Das größte Kunst- und Gaunerstück jedoch, welches er vollführte, war, daß er es durchsetzte, die Aufmerksamkeit des prunkliebenden und geldbedürftigen Friedrich II., Königs von Polen und Churfürsten von Sachsen, auf sich zu lenken.

1713 traf Klettenberg in Dresden ein, wo er viele Jahre hindurch in Glanz und Reichthum leben sollte, um dann freilich desto tragischer zu enden. Er theilte dem Könige mit, daß er im Besitz des Geheimnisses, Gold zu machen, sei und selbst Goldtinctur gefertigt, von der er einen Theil bei seiner Frau zurückgelassen habe, und erklärte sich auch bereit, eine Probe seiner Kunst vor dem Könige abzulegen. Diese Probe ging vor Weihnachten 1713 in der Dresdener Hofapotheke vor sich. Die Operation dauerte von früh 6 Uhr bis Mittag und gelang angeblich vollständig. Der König äußerte, daß „Sie völlig contant wären, und die Sache, wie sie angegeben worden, reell und wahrhaftig sei". Klettenberg schloß unter äußerst günstigen Bedingungen einen Contract mit dem König. Durch ein Rescript wurde ihm die „Ober-, Mittel- und Niederjagd in sämmtlichen Gehölzen zu Senftenberg nebst der Auerhahn- und Birk- hühner-Balz" eingeräumt und angeordnet, daß ihm die- jenigen Zimmer im Schlosse zu Senftenberg, welche er sich aussuchen würde, überlassen werden sollten. Er wurde zum Kammerherrn ernannt, erhielt 3000 Thaler, ein ganz geräumiges Haus stand ihm zur Wohnung, und ein großes Jagdrevier zur Belustigung sowie ein Gehalt von 1000 Thaler monatlich zu Gebote. Er befand sich auf dem Zenith seines Glückes.

Trotz alledem hatte der Emporkömmling, der das Geld zum Fenster hinauswarf, nie baare Summen.

Schließlich geht der Krug so lange zum Brunnen, bis er endlich bricht. Immer mehr stellte es sich heraus, daß er ein Schwindler, Betrüger und Bigamist war. Er hatte den König schon um 60000 Thaler geprellt, als diesem endlich die Augen aufgingen. Er ließ Klettenberg den Kammerherrn-Schlüssel abnehmen. Am 18. März

1719 wurde er auf die Festung Königstein gebracht.
An den Commandanten von Königstein, von Kyaw,
ging der Befehl, den Gefangenen „in genauer Ver=
wahrung und Obhut zu halten und weder vor seine
eigne Person sich mit ihm in einiges Gespräch noch
Umgang einzulassen, noch Anderen, wer es auch sein
möchte, dergleichen in einiger Weise zu verstatten".

Die Anklage des Schöppenstuhles in Leipzig, die
im Juli 1719 erging, ist 27 Bogen lang. Es wird
darin Klettenberg vorgeworfen, daß er den eidlich be=
stärkten Vertrag mit dem König von Polen nicht erfüllt,
„sondern mit Arglist und Betrug gegen denselben gröb=
lich Verbrechen und hierdurch einen schweren Mein Eyd
begangen, mit anderen Personen sich in unterschiedene
Contracte in alchymistischen Sachen sich eingelassen und
doch nichts passiret, mehrere, unter Versetzung werth=
loser Gegenstände, die er für Kostbarkeiten ausgegeben,
betrogen, durch seine Verschwendung in eine große,
über 18000 Thaler betragende Schuldenlast gerathen,
und kein Mittel zur Zahlung zu schaffen wisse, sich
falsche Namen und Titel (Freiherr, czarischer Oberst)
beigelegt, daß er den von Stallburg erschossen, sich der
Strafe durch die Flucht entzogen, seine Frau böslich
verlassen, mehrfachen Ehebruchs und der Bigamie in
hohem Grade verdächtig gemacht, in Senftenberg viel
Unfug zu großem Aergerniß der Leute getrieben, also
dem von Se. H. Majestät ihm allergnädigst mitgetheilten
hohen Charakter sich nicht gemäß bezeichnet, dem
Stadtkoch Dreber eine mit Maslac angefüllte weiße
Mandel in den Mund gesteckt und zu verschlucken ge=
nöthigt" u. s. w.

Während man früher die Auslieferung Klettenbergs
nach Frankfurt a. M. wegen des Duells abgeschlagen
hatte, wurde jetzt dieser dem Rathe zu Frankfurt „zur
Vollstreckung der zuerkannten Strafe des Schwertes,
wenn der Rath, daß er solche wirklich und ohne Er=

zeigung einiger Gnade an dem Klettenberg vollstrecken wolle, Versicherung thue", angeboten. Doch hat der Rath, der König möge in subsidium juris das erkannte Urtel an Klettenberg vollstrecken laffen".

Es wurde nun das Gutachten der Landesregierung über das gegen Klettenberg ferner einzuschlagende Verfahren eingefordert: die Ansichten spalteten sich im Collegium. Nur drei Mitglieder waren der Meinung, das in Frankfurt ergangene Todesurtheil sei sofort zu vollstrecken; die Majorität sprach sich dafür aus, es müffe Klettenberg eine nochmalige Vertheidigung, insbesondere zur Ausführung der Behauptung, daß Stallburg im ehrlichen Duell gefallen sei, nachgelaffen werden. Man ließ nun zunächst die Originaluntersuchungsacten aus Frankfurt a. M. mittheilen, indem bisher blos Abschriften der Erkenntniffe vorgelegen hatten und zog sodann die Sache anderweit in Berathung. Bei diefer gelangte man denn zu dem Conclusum, daß, „dafern Klettenberg zur Behauptung feiner vermeinten Unschuld nichts Neues und Erhebliches anzuführen wiffen sollte, mit Vollstreckung des Urtheils, so ihm zu dem Ende gehörig zu publiziren, nicht weiter anzustehen sei".

Klettenberg wurde nun zum Tode verurtheilt. Die Hinrichtung erfolgte am 1. März 1720. Das Protokoll darüber befagt:

„Als um halb neun Uhr zur Vollstreckung der angesetzten Execution ein Creyß an einem Orte hinterwertts der Vestung bei der fogenannten Königs-Nase durch die Commandirte geschlossen, ein Sarg auch in selbigen gebracht und Arestat Klettenberg, den ein zugegebener Gefreyter beim Arme führen müffen, durch den Leutnant Andrea nebst behörigen Commandirten, in Begleitung des Geistlichen, unter andächtigem Beten geschloffen herbeigebracht worden, so hat sich Arrestat, anfangs in solchem Creyße umb und den anwefenden Pirnaischen Scharfrichter genau angesehen. Der Geist-

liche verrichtete hierauf nochmals sein Gebet mit ihm
und, wie es schien, legte Klettenberg die letzte Confession
stehend ab und da solche zu Ende, fragte er den Scharf=
richter umb den Ort wo er hinkommen sollte, verlangte
auch, daß man dem Scharfrichter einen Dukaten geben
sollte, welches auch durch den Gefreyten Hartmann ge=
schah. Der Scharfrichter wies ihm sodann die Stelle,
welche er wohl betrachtete, inzwischen er durch den
Stecken Knecht losgeschlossen wurde; Arrestat sah sich
hierauf um und fing laut zu reden an. Weil er denn
nun sterben müsse, so declarirte er, daß er als ein guter
katholischer Christ stürbe; er bedanke sich gegen den
Herrn Commandanten und alle Officiers, die ihm allhier
Güte gethan, wollte dabei alle Anwesenden erinnern,
daß sie Gott, dem allmächtigen Gott aller Götter, ver=
trauen und sich auf selbigen alleine verlassen sollten,
denn Menschen könnten hier nicht helfen. Nach Vollendung
solcher Rede ergriff er seine Perrücke und warf sie dem
Sarge zu, maßen er vor seinem Ende verlangte, daß sel=
bige, weil sie aus seinen eigenen Haaren bestände, mit
ihm begraben werden sollte, trat hierauf zurück, zog
selbst seinen Rock aus und ließ auch den dazu aus=
gebetenen Gefreiten Hartmann, welchem er deswegen
1 Species=Thaler zu geben verlanget, vollends sich ent=
kleiden und das Hembde über die Schultern bringen,
kniete alsdann an dem ihm vorhin angezeigten Orte
beherzt und mit unverbundenen Augen nieder, und da
der Geistliche ihm darauf zurief: Herr, Jesu, Dir befehl'
ich meinen Geist in Deine Hände, Herr Jesu, Dir
leb' ich, Herr Jesu, Dir sterbe ich — sonderte der Scharf=
richter durch einen Hieb sein Haupt vom Leibe ab,
worauf der Körper, nachdem er sich verblutet, durch
einige Musquetiers in den Sarg und vollends aus der
Vestung an den dazu bestimmten Ort außerhalb der
Straße hinterwärts des hiesigen evangelischen Kirchhofes
gebracht und allda eingescharrt wurde."

Manche Chronisten betrachten es als einen Beweis der Eitelkeit Klettenbergs, die ihn selbst im Augenblick des Todes nicht verlassen, daß er zu seiner Hinrichtung eine mit Silber gestickte Scharlachrobe angelegt und verlangt habe. In dem Verlangen, man solle ihm seine Perrücke wieder aufsetzen, finden wir nichts Merkwürdiges; dieser letzte Wunsch erklärte sich einfach durch den Umstand, daß die Perrücke, wie unser Protokoll besagt, aus Klettenbergs eigenem Haar gefertigt war. —

Gewiß war der große Schwindler ein großer Sünder — aber seinen Gegner hat er im ehrlichen Zweikampfe, nach allen Regeln der Fechtkunst, getödtet — seine Hinrichtung erscheint daher ungerechtfertigt. Von einem Morde konnte absolut nicht die Rede sein.

Nicht alle Zweikämpfe im vorigen Jahrhundert geschahen so commentmäßig. So fand z. B. fast um jene Zeit, am 15. Mai 1702, auf der Wiese zwischen Lindenau und dem Kuhthurme zu Leipzig zwischen dem Capitain Semer und dem Lieutenant von Schauroth, weil dieser jenem eine Spielschuld von 100 Dukaten auszuzahlen sich weigerte, ein Zweikampf statt, der ein eigenthümliches Licht auf die Formen warf, welche damals bei derartigen Händeln zuweilen gehandhabt wurden. Die Gegner wechselten Kugeln und schossen so lange auf einander, bis dem Capitain die Munition ausging. Bis dahin waren beide unverwundet geblieben. Als der Capitain sich verschossen hatte, ging er dem Lieutenant mit dem Degen zu Leibe. Dieser ließ den Gegner ruhig herankommen und schoß ihm eine Kugel durchs Herz. Von Secundanten und anderen Beiständen, wie sie unsere Zeit bei solchen Ehrenhändeln erfordert, findet sich bei diesem Zweikampf keine Spur.

Quelle in Deutschland.

Heinrich Heine und Salomon Strauß.

Heinrich Heine gab bald nach dem Tode seines ehemaligen Busenfreundes und späteren „intimsten Feindes" Ludwig Börne, über diesen eine Denkschrift heraus, worin er ihn in maßlosester Weise beschimpfte. Gewiß hatte Börne mit Schuld daran, wenn der verbitterte Heine sich an ihm rächte, denn jener führte Jahre lang förmlich Tagebuch über alle Klatschereien, die ihm betreffs des „ungezogenen Lieblings der Grazien" zu Ohren gekommen waren, aber die Insulten, welche der ergrimmte Dichter gegen den edlen Denker und Politiker schleuderte, waren, zumal nach dessen Ableben, so ungeheuerliche, daß die gesammte gebildete Welt von diesem Gebahren angewidert wurde. Wenn man nun auch jene Schmähungen begreifen, aber freilich nicht rechtfertigen konnte, so waren doch die unerhörten Angriffe auf die Ehre einer Dame, welcher Ludwig Börne einst sehr nahe stand, unverantwortlich.

Diese Dame war Jeanette Wohl, die sich später
mit dem Kaufmann Salomon Strauß verheirathet hatte.
Die Invectiven Heines waren um so empörender, als alle
Zeitgenossen darin übereinstimmen, daß die langjährige
Freundin Börnes zu den edelsten deutschen Frauen gehörte.

In der ersten Ausgabe des Heine'schen Börnebuches
befand sich z. B. die folgende Stelle: „Er (Börne) ließ mich
nicht mehr von sich, ich mußte mit ihm in der Stadt
herumlaufen, allerlei Freunde besuchen, auch Freundinnen, z. B. Madame Wohl auf dem Wollgraben.
Diese Madame Wohl auf dem Wollgraben ist die
bekannte Freiheitsgöttin, an welche späterhin die Briefe
aus Paris adressirt wurden.   Ich sah eine magere
Person, deren gelblich weißes, pockennarbiges Gesicht
einem alten Matzenkuchen glich.   Trotz ihrem Aeußeren
und obschon ihre Stimme kreischend war, wie eine
Thüre, die sich auf rostigen Angeln bewegt, so gefiel
mir doch alles, was die Person sagte; sie sprach nämlich
mit großem Enthusiasmus von meinen Werken.   Ich
erinnere mich, daß sie ihren Freund in große Verlegenheit versetzte, als sie ausplaudern wollte, was er ihr bei
unserem Eintritt ins Ohr flüsterte. Börne ward roth
wie ein Mädchen, als sie trotz seiner Bitten mir verrieth, er habe sich geäußert: mein Besuch sei für ihn
eine größere Ehre, als wenn ihn Goethe besucht hätte.
Wenn ich jetzt bedenke, wie schlecht er schon damals
von Goethe dachte, so darf ich mir seine Aeußerung
nicht als ein zu großes Compliment annehmen.   Ueber
das Verhältniß Börnes zu jener Dame erfuhr ich damals
ebenso wenig Bestimmtes wie andere Leute.   Auch war
es mir gleichgültig, ob jenes Verhältniß warm oder
kühl, feucht oder trocken war.   Die böse Welt behauptete,
Herr Börne säße bei Madame Wohl auf dem Wollgraben so recht in der Wolle; die ganz böse Welt
zischelte: es herrsche zwischen beiden nur eine abstracte
Seelenverbindung, ihre Liebe sei platonisch."

Und an einer anderen Stelle heißt es: „Einen
großen, vielleicht größten Einfluß übte damals auf
Börne eine Madame Wohl, eine bereits in diesen
Blättern erwähnte, zweideutige Dame, wovon man nicht
genau wußte, zu welchem Titel ihr Verhältniß zu Börne
sie berechtigte, ob sie seine Geliebte oder bloß seine
Gattin war. Die nächsten Freunde behaupteten steif und
fest, daß Madame Wohl ihm heimlich angetraut sei und
eines frühen Morgens als Frau Doktorin ihre Auf-
wartung machen werde. Andere meinten, es herrsche
zwischen beiden nur eine platonische Liebe, wie einst
zwischen Messer Francesko und Madonna Laura, und
sie fanden gewiß auch eine große Aehnlichkeit zwischen
Petrarcas Sonetten und Börnes Pariser Briefen. Letztere
waren nämlich nicht an eine erdichtete Luftgestalt,
sondern an Madame Wohl gerichtet, was gewiß zu
ihrem Werthe beitrug, indem es ihnen jene bestimmte
Physiognomie und jenes Individuelle ertheilte, was keine
Kunst nachahmen kann. Wenn sich in Briefen nicht
blos der Charakter des Schreibers, sondern auch des
Empfängers abspiegelt, so ist Madame Wohl eine höchst
respectvolle Person, die für Freiheit und Menschenrechte
glüht, ein Wesen voll Gemüth, voll Begeisterung . . .
Und in der That, wir müssen dieser Ansicht Glauben
schenken, wenn wir vernehmen, mit welcher Hingebung
die Dame in bitterer Zeit an Börne festhielt, wie sie
ihm ihr ganzes Leben weihte, und wie sie jetzt, nach
seinem Tode, in trostlosem Kummer verharrt, sich in der
Einsamkeit nur noch mit dem Verstorbenen beschäftigend.
Unstreitbar herrschte zwischen beiden die innigste Zuneigung, aber während das Publikum im Zweifel war,
welche sinnliche Thatsachen daraus entsprungen sein
müßten, überrascht uns plötzlich die Nachricht, daß
Madame Wohl sich nicht mit Börne, sondern mit
einem jungen Mann aus Frankfurt vermählt habe . . .
Die Verwunderung hierüber wird noch dadurch gesteigert,

daß die Neuvermählte nebst ihrem Gatten hierher kam,
mit Börne ein und dieselbe Wohnung bezog und alle
drei einen einzigen Haushalt gründeten. Ja, es hieß,
der junge Gatte habe die Frau nur deshalb geheirathet,
um mit Börne in nähere Berührung zu kommen, er
habe sich ausbedungen, daß zwischen beiden das frühere
Verhältniß unverändert fortwalte. Wie man mir sagte,
spielte er im Hause nur die dienende Person, verrichtete
die roheren Geschäfte und war ein sehr nützlicher Lauf=
bursche für Börne, mit dessen Ruhm er hausiren ging
und gegen dessen Gegner er unerbittlich Gift und Galle
geiferte. In der That, jener Gatte der Madame Wohl
gehört nicht zu der Sorte, die mit der Toleranz in der
Ehe eine gewisse Harmlosigkeit verbindet und dadurch
allen Spott entwaffnet. Nein, er erinnert vielmehr an
jene böse Gattung, wovon in den indischen Geschichten
des Ktesias Erwähnung geschieht. Dieser Autor berichtet
nämlich: in Indien gäbe es gehörnte Esel, und während
alle modernen Esel gar keine Galle haben, hätten jene
gehörnten Esel einen solchen Ueberfluß an Galle, daß
ihr Fleisch dadurch ganz bitter schmecke. Ich hoffe, es
wird Niemand mißdeuten, warum ich obige Particulari=
täten aus Börnes Privatleben hervorhebe. Sie sollen
nur zeigen, daß es noch ganz besondere Mißstände gab,
die mir geboten, mich von ihm entfernt zu halten.
Das ganze Reinlichkeitsgefühl meiner Seele sträubte sich
in mir bei dem Gedanken, mit seiner nächsten Um=
gebung in die mindeste Berührung zu gerathen. Soll
ich die Wahrheit gestehen, so sah ich in Börnes Haus=
halt eine Immoralität, die mich anwiderte.“

Der ganzen unqualificirbaren Verlästerung setzte
aber die Krone die nachstehende abscheuliche Auslassung
auf: „ . . Madame Wohl that sich mit Börne zu=
sammen unter dem Deckmantel der Ehe mit einem
lächerlichen Dritten, dessen bitteres Fleisch ihr vielleicht
manchmal mundete, während ihr Geist sich weidete

am süßen Geiste Börnes ... Selbst in diesem anständig=
sten Falle, selbst in dem Fall, daß dem idealischen Freunde
nur das reine, schöne Gemüth und dem rohen Gatten
die nicht sehr schöne und nicht sehr reinliche Hülle ge=
widmet ward, beruhte der ganze Haushalt auf der
schmutzigsten Lüge, auf entweihter Ehe und Heuchelei ..."

Diese und ähnliche Verunglimpfungen einer ge=
achteten Frau, der intimsten Freundin Börnes, erregten
überall den höchsten Unwillen und schadeten dem bos=
haften Satiriker ganz außerordentlich. Ein furchtbarer
Zeitungsskandal entstand, und die besten Freunde Heines
sagten sich von ihm los. So z. B. Karl Gutzkow,
der in seinem 1840 erschienenen Buch über Börne
Heine sehr übel mitspielte. Man höre nur das Urtheil
Gutzkows über die Heineschen Insulten: „Auch ohne
meine Rüge wird man die Mißhandlung einer edlen,
gebildeten Dame, die Börne in treuer Anhänglichkeit
ihr Leben gewidmet hat, empörend finden. Das Ver=
hältniß Börnes zu Madame W. gehört zu jenen schönen
Begegnungen edler Seelen, die zum Glück der Dichter
und Weisen nicht blos von ihnen nur zum Gegenstand
ihrer schönen Schöpfungen gewählt wurden, sondern
die oft sie selber beglückten und ihnen ihr einsames
Dasein verschönerten. Ganz Frankfurt, hierüber gewiß
competent, stimmt darin überein, daß Börnes Verhältniß
zu Madame W. ein ebenso wohlthätiges für den ver=
lassen und einsam in der Welt stehenden Unverheiratheten,
wie seiner Natur nach rein und sittlich war. Herr
Heine wahrlich sollte Einer der Ersten sein, der das
Poetische einer solchen Beziehung mehr als andere zu
würdigen wüßte. Statt dessen bringt er diese Dame an
den Pranger der Publicität. Er entwürdigt ihr Leben,
er bezweifelt ihre Sittlichkeit, er schändet sie mit der
Lascivität seines gemeinen Witzes. Eine Frau, die ihn
durch nichts gekränkt haben kann als durch ihre liebende
Verehrung für Börne, ihr Gatte, der der dritte in

einem Seelenbunde war, für deffen Verständniß die
alltäglichen Begriffe unferes Lebens nicht ausreichen,
alle diefe Beziehungen werden hier von dem frechen
Spotte des Herrn Heine fo befudelt, daß fie wie die
Cloake eines ebenfo unfittlichen Verhältniffes ausfehen, als
folches in dem Herrn Heine, Zeitungsnachrichten zufolge,
felber leben foll. O, wie tief ift die Würde unferer
Litteratur gefunken! Ein Schriftfteller, der fich einbildet,
„europäifche Momente" errichtet zu haben, kann fich
darin gefallen, kleine Kothhaufen aufzubauen, wie die
Gamins der Straße! Wenn diefer zügellofe Mißbrauch
der Preffe fortfrißt, welches fittliche weibliche Gefühl
wird nicht zittern vor einer Berührung mit Dichtern
und Schriftftellern? Hingebungen, wie fie Goethe,
Bürger, Tieck, Schlegel fanden, werden aus Furcht,
öffentlich gebrandmarkt zu werden, ausfterben und der
Poet wird auch darin der ärmfte fein, daß kein Frauen-
herz mehr feinem Frieden traut und ihm, wie Herrn
Heines, des großen Sittenrichters, Beifpiel lehrt, nichts
übrig bleibt, als eine Wahl unter den Nachtvögeln des
Palais Royal."

Es fteht — trotz der Heinefchen Verläumdungen —
feft, daß das Intereffe, welches Frau Jeanette Wohl-
Strauß und Börne Jahrzehnte lang an einander nahmen,
nicht die Folge einer plötzlichen Ueberrafchung und Ein-
gebung, fondern einer längeren, gemüthlichen Gewöhnung,
einer fittlich reinen Freundfchaft war. Börne traf mit
feiner Freundin auf Reifen zufammen, wohnte in ihrer
Nähe, mifchte nicht felten die beiderfeitigen Exiftenz-
Mittel zu einer gemeinfchaftlichen Kaffe und entbehrte,
wenn ihn fein kranker Körper an das Zimmer oder
Bett feffelte, keinerlei liebevollen Handreichungen, gerade
fo, wie fich nur die Ehe in folchen äußerften Lagen
als eine milde Wärterin und Trösterin zu bewähren pflegt.

Im 62. Bande der Westermann'fchen Monatshefte
hat Gottlieb Schapper-Arndt, ein naher Verwandter der

Frau Strauß, über dieses Verhältniß höchst interessante
Mittheilungen veröffentlicht. Wir erfahren daraus auch,
daß sie ihren späteren Gatten, den jungen Kaufmann
Salomon Strauß, in Folge der Begeisterung des Letzteren
für Ludwig Börne geheirathet habe. Strauß war ein
leidenschaftlicher Theater- und Kunstfreund, dabei liebens-
würdig und charakterfest. Für Börne, mit dem er befreundet war, hegte er eine abgöttische Verehrung. Die
Heirath Jeanettens mit Strauß hatte am 7. Oktober
1832 in Frankfurt a. M. stattgefunden, und sie war eine
glückliche. Außer Heine wagte Niemand — selbst der
erbittertste Feind Börnes nicht — dieses Verhältniß der
Frau Strauß zu Börne, das, wie gesagt, durchaus sittenrein
und makellos, ein ganz und gar freundschaftliches und ideales
war, anzutasten. Sie starb nach langem Leiden am
27. Mai 1861 in Paris, ihr Gatte am 24. Januar
1866 in Frankfurt a. M. Bis zum letzten Athemzuge,
bis über das Grab hinaus dafür besorgt, pflegten sie
Börnes Andenken, nicht in aufdringlicher, reclamenhafter,
aber um so innigerer Weise.

Auf die ruchlosen Schmähungen Heines blieb
Salomon Strauß nichts übrig, als jenen zu züchtigen.
Heine stand im Begriff, eine Reise in das Pyrenäen-
bad Cauterets anzutreten, als am 14. Juni 1841
Salomon Strauß ihm plötzlich an der Ecke der Rue
Richelieu und der Rue St. Marc in Paris mit
injuriösen Worten in den Weg trat. Die Aufregung
des in seiner persönlichen und Familien-Ehre Tief-
gekränkten war eine sehr natürliche, während der Dichter
ihm den Bescheid gab, daß, „wenn man mit ihm zu
sprechen habe, man wohl noch einige Wochen bis zu
seiner Rückkehr warten könne." Da es in den Blättern
jener Zeit hieß, Heine sei ausgerissen, weil er sich
fürchtete, Strauß Genugthuung zu geben, kehrte jener
früher, als er ursprünglich beabsichtigte, nach Paris
zurück.

Die „Ehre" gebot Heine, seinen Beleidiger zu fordern. Seine beiden Cartellträger waren Theophil Gautier und Alphonse Royer. Nach langen und peinlichen Verhand= lungen zwischen den beiderseitigen Zeugen fand das Duell endlich am Morgen des 7. September 1841 im Thale von St. Germain statt.

Heinrich Heine hatte das Verlangen gestellt, daß Pistolen gewählt werden, — diesem Wunsche wurde willfahrt. Die Entfernung war auf 30 Schritte, mit 20 Schritten Barrière, festgesetzt.

Ein reicher Gutsbesitzer aus der Vendée, Herr Tessier do Molo, und der Correspondent der „All= gemeinen Zeitung" in Augsburg, Dr. Heinrich Seuffert, waren Heines Zeugen, während der berühmte Arzt und Republikaner Raspail und Anton Hamberg Salomon Strauß secundirten. Als Arzt fungirte Dr. med. Schuster aus Hannover.

Der bei den vorausgegangenen Verhandlungen als Bevollmächtigter des Herrn Strauß fungirende Schrift= steller Eduard Kollof war der Einzige, der außer den Genannten dem Duell beiwohnte.

Als Heine seinen Platz einnahm, brach er einen Zweig von dem Baume, unter welchem er stand; „ich stellte mich damit", sagte er später zu seinem Freunde Alfred Meißner, als einmal von diesem Duell die Rede war, „gleichsam unter den Schutz der Dreade; wir Poeten sind ein abergläubisches Volk."

Salomon Strauß hatte den ersten Schuß. Seine Kugel streifte die Hüfte Heines und schwärzte die Knochenhaut, ohne jedoch eine ernstliche Verletzung zu bewirken. Heine, an den jetzt die Reihe kam, schoß in die Luft — er wollte augenscheinlich seinen Gegner nicht verletzen und nur der „Ehre" Genüge thun.

Salomon Strauß, tief erbittert über die ihm und seiner Frau sowie Börne angethanen Insulten, verließ den Schauplatz, ohne daß den bei solchen Anläſſen ausgetauſchten Höflichkeitsformen Genüge gethan wurde.

In einem Briefe an Dr. C. Wertheim gab Heine ſpäter Frau Wohl-Strauß eine durchaus revocirende Ehren-Erklärung und verſprach ſämmtliche, jene Dame verletzenden Bemerkungen in einer zweiten Ausgabe des Buches über Börne, ſowie in einer Geſammtausgabe ſeiner Schriften, zu tilgen, — ein Verſprechen, das er auch eingelöſt hat.

Daß Heine im Grunde ein Gegner des Duells war und nur mit ſchwerem Herzen auf die Herausforderung von Strauß einging, wiſſen wir aus zahlreichen Stellen in ſeinen Schriften. Hat er doch einſt ſogar den Zweikampf in einem Gedichte, „Duelle" betitelt, unbarmherzig verſpottet! Daſſelbe lautet:

Zwei Ochſen diſputirten ſich
Auf einem Hofe fürchterlich.
Sie waren Beide zornigen Blutes
Und in der Hitze des Diſputes
Hat einer von ihnen, zornentbrannt,
Den andern einen Eſel genannt.
Da „Eſel" ein Tuſch iſt bei den Ochſen,
So mußten die beiden John Bulle ſich boxen.

Auf ſelbigem Hofe, zu ſelbiger Zeit,
Geriethen auch zwei Eſel in Streit,
Und heftig ſtritten die beiden Langohren,
Bis einer ſo ſehr die Geduld verloren,
Daß er ein wildes J—A ausſtieß,
Und den andern einen „Ochſen" hieß.
Ihr wißt, ein Eſel fühlt ſich touchirt,
Wenn man ihn „Ochſe" titulirt.
Ein Zweikampf folgte, die beiden ſtießen
Sich mit den Köpfen und mit den Füßen,
Gaben ſich manchen Tritt in den Podex,
Wie es gebietet der Ehre Codex.

Und die Moral? Ich glaub', es giebt Fälle,
Wo unvermeidlich ſind die Duelle;
Es muß ſich ſchlagen der Student,
Den man einen „dummen Jungen" nennt.

Wie ernst übrigens Heinrich Heine dieses sein Duell aufgefaßt hatte, bewies ja schon der Umstand, daß er vorher seine langjährige Geliebte Mathilde Murat heirathete, damit seine Ehe, im Falle seines Todes, eine legitime sei, und daß er auch sein Testament machte. Er ließ sich 8 Tage vor dem Zweikampf, am 31. August 1841, in der Kirche St. Sulpice mit seiner treuen Lebensgenossin trauen, zwei Tage später entwarf er sein Testament und setzte Mathilde zu seiner Universal-erbin ein. „Ja, lieber Freund," scherzte er in einem Briefe an Heinrich Laube, „ich lebe jetzt im ernsthaftesten Ehe-stand; ich treibe Monogamie." Und an August Lewald schrieb er ebenso humoristisch: „Daß ich einige Tage vor dem Duell, um Mathildens Position in der Welt zu sichern, in die Nothwendigkeit versetzt war, meine wilde Ehe in eine zahme zu verwandeln, werden Sie erfahren haben. Dieses eheliche Duell, welches nicht früher aufhören wird, bis einer von uns getödtet, ist gewiß gefährlicher als der kurze Holmgang mit Salomon Strauß aus der Frankfurter Judengasse."

Der stets geistreiche Spötter Heinrich Heine konnte selbst beim Duell einen Witz nicht unterdrücken; als die Kugel an seinem Portemonnaie sich breit schlug, meinte er: „Das nennt man gut angelegtes Geld!" Und als er sich verheirathet hatte und aus der Kirche kam, trocknete er sich den Schweiß von der Stirn und rief: „Ich verheirathe mich bei 40 Grad Hundstagshitze, möge mich der allmächtige Gott stets bei gleich erhöhter Temperatur erhalten!"

Das Duell mit Salomon Strauß war und blieb das Einzige im Leben des „ungezogenen Lieblings der Grazien."

*   *   *

Es dürfte von Interesse sein, die Ansichten Heines über das Duell, wie er sie nicht nur in Poesie,

sondern auch in Prosa ausgesprochen, kennen zu lernen.
Trotz seiner Abneigung gegen das Duell, mußte er
sich aber doch, wie wir gesehen haben, schlagen, der
beste Beweis dafür, daß grau alle Theorie und nur
grün des Lebens goldner Baum ist. Die interessanteste
Anschauung findet sich in der Einleitung zu „Kahldorf,
über den Adel — in Briefen an den Grafen M. von
Moltke." Wir lesen dort u. A.:

„Es ist mir unangenehm, Herr Graf, daß ich mich
in meinem letzten Schreiben zu einer gewissen Heftigkeit
habe hinreißen lassen, welche ich mir vornahm, recht
sorgfältig zu vermeiden, als ich mich getrieben fühlte,
Ihren Ansichten über den Adel die meinigen gegenüber=
zustellen. Unaufhaltsam rollt diese Zeit um und mit
uns hinweg und wahrlich, es ist eine Zeit, wo man
keinen Ehrenmann verletzen muß! Trennen Sie daher
die Sache von der Person, trennen Sie meinen Eifer
für die Wahrheit von dieser selbst.

Ich weiß, es würden viele Andere besser gesprochen
haben, als ich; aber sie schweigen und dieses Schweigen
beängstigte mich. Ich mußte reden, so gut ich es ver=
stand; denn „ganz Schweigen", sagt Luther, „ist schlimmer,
als nicht ganz gut reden, wenns Wahrheit gilt." Nicht
Sie selbst, Herr Graf, sind der Gegenstand meiner
Heftigkeit, und so fürchte ich nicht, Ihrem bekannten
ritterlichen Sinne eine Veranlassung gegeben zu haben,
mir noch einen anderen Fehdehandschuh, als jenen
literarischen hinzuwerfen.

Gesetzt aber auch, Herr Graf, Sie fühlten sich doch
gekränkt, beleidigt . . . wie denn? Was würden Sie
sagen, wenn ich Ihren eisernen Handschuh liegen ließe
und stark behauptete, meine Ehre leide darunter nicht?
— Sie würden, wären Sie nicht von den gemeinen
Vorurtheilen Ihres Standes frei, mich, der ich Ihnen
für die angethane Ehrenkränkung ehrenhafte Genug=
thuung verweigerte, nicht nur verachten, sondern auch

Ihre Verachtung durch jedes Mittel zu erkennen geben,
womit der Kühne und der Muthige dem Feigen und
knechtisch gesinnten seine Ueberlegenheit fühlbar macht.
Mit einem Worte: Sie würden mich mißhandeln.

Gemach! Brechen Sie den ewigen Landfrieden
nicht! Haben nicht Ihre Vorfahren alle diese Urfehden
beschwören müssen? Ich halte dafür, daß die Enkel
nicht nur die Rechte ihrer Väter behaupten, sondern
auch ihre Pflichten erfüllen und deren Schwüre heilig
halten müssen. Hat man ihnen nicht das Gesetz ge=
geben, als man ihnen das Schwert nahm? Die „ge=
richtlichen Zweikämpfe", in denen die „Edlen" sich aus=
schließlich die Rechte der Freien anmaßten und jeden
Schimpf durch den Kampf mit dem Beleidiger rein zu
waschen glaubten, wurden meist schon von dem römischen
und kanonischen Recht begraben. In Deutschland soll
der letzte 1650 in Franken vorgekommen sein. Doch
hat noch 1804 ein Freiherr von Linsingen den Reichs=
tag aufgefordert, den Kurfürsten von Hessen anzuhalten,
seine ungegründeten Prätensionen auf Insberg coram
judicio Dei mit der Spitze des Degens wider ihn ver=
fechten zu lassen. . . . Und sollten die Enkel nicht die
Wohlthat dieses Schutzes fühlen, da Sie ja selbst das
gemeine Vorurtheil für den Besitz singulärer Rechte ge=
stimmt und einen vulgären Rechtsirrthum schon für
eine sichere Vormauer ihrer Standesvorrechte halten?

Ich bin mit mir zu Rathe gegangen, wie ich mich
in dieser Verlegenheit benehmen solle. Allein, Herr
Graf, ich gestehe Ihnen offenherzig, diese Berathung
mit mir selbst hat mich in eine neue Verlegenheit ge=
stürzt. Mein fester Grundsatz ist es, mich nie hinter
ein Vorurtheil zu verbergen. Ich bin entschlossen,
jedem Vorurtheil Trotz zu bieten, wo ich es auch treffe,
und höchstens zu schonen, so lange es unschädlich ist.
Nun sage ich mir deutlich, es ist ein Vorurtheil,
die Ehre auf die Spitze des Schwertes zu stellen,

da das Gesetz die Ehre schützt. Ich verachte
alle Autonomie, so lange Gerechtigkeit im
Lande ist. Kein Degen, keine Kugel kann mich
zwingen, dem Ehre zu erweisen, der sie nicht
verdient, und nur die humane Vernunft verbietet mir,
sie dem zu entziehen, der sich selbst ihrer nicht begiebt.

Und dennoch, Herr Graf, kann ich mich hier mit
der Gesetzgebung nicht abfinden, welche lediglich In=
jurien zum Gegenstande ihrer zarten Vorsorge macht,
welche sich auf Worte oder Thaten oder Zeichen zurück=
bringen lassen. Ich durchlaufe meinen Brief an Sie
— ich überlese Ihre Schrift — ich habe ein unheimliches
Gefühl, Ihnen nahegetreten zu sein, und doch, wenn
ichs sagen sollte, als Sie mich durch das Gesetz für
diesen Frevel belangen sollten, ich wüßte es nicht an=
zugeben.

Mich dünkt, Sie haben in Ihrer Schrift eine
wesentliche Sitte, welche wir dem kriegerischen Principe
der gesellschaftlichen Verhältnisse verdanken, worin unsere
Voreltern lebten, völlig und mit Unrecht übergangen.
Wäre der Adel nicht gewesen, hätte das Ritterthum
nicht geblüht, wir würden von dieser Sitte nichts mehr
wissen, und jenes kriegerische Princip, welches die Ehre
des Freien seinem eigenen Schutze anvertraut, würde
die conventionellen Formen unseres gesellschaftlichen
Lebens nicht haben erträglich machen, mildern und aus=
gleichen können.

Es unterliegt keinem Zweifel, daß dieser Ueberrest
des Faustrechts zugleich auch die erste Grundfeste ger=
manischen Gesellschaftslebens war. Die vollständige
Anerkennung der Ehre des freien Mannes war die
unerläßliche Bedingung aller socialen Beziehung der
Freien zu einander, und kraft dieser hohen Bedeutung
der Ehre hat sich dieselbe Bedingung erhalten bis auf
den heutigen Tag, trotz Landfriedens, trotz legislativer
Stümpereien, trotz der gewiß übertriebenen Behauptung,

daß die Ehre schon groß und umfassend genug sei, welche der Freie vom Gesetz erhalten kann.

Somit kann Ihnen denn meine Verlegenheit nicht entgehen. Ich muß bekennen, daß ich die Ehre vor dem Gesetze nicht in dem Maße geschützt finde, wie ich als Sohn Germaniens sie mir zu denken von Jugend auf gewöhnt bin, und es bleibt mir nichts übrig, als da eine sittliche Grenze der Macht der Staatsgesetzgebung anzunehmen, wo die höhere Autonomie der Ehre ihren Anfang nimmt. Diese Autonomie ist so zart, sie ist so inwendig in die Brust des gebildetfühlenden Mannes begründet, daß schwerlich ein allgemeines Gesetz sie jemals ganz beseitigen wird. Nur das Recht, Schieds- und Ehrenrichter zu wählen in Fällen, die, gleich dem unserigen, Herr Graf, eine höchst private, aber doch durch eine öffentliche Autorität gesicherte Ausgleichung verlangen könnten, würde uns als billigen und gebildeten Männern genügen können; sonst aber nichts als Waffen. Allein — haben wir ein solches Recht? Würde man uns nicht wegen Mittelgerichtsbarkeit und Verlust von Sporteln und Stempeln in Anspruch nehmen? Sind unsere „ordentlichen" Richter nicht auch einst jung gewesen, wie Paulus sagt, und wissen sie daher nicht, über zarte Ehrensachen uns gehörig ins Klare zu setzen? — Ja wohl, sie sind jung gewesen und sind froh, daß sie so alt sind, um den Plackereien der Ehre wegen überhoben zu sein! Wahrlich, Herr Graf, ich dächte, wir vertrügen uns um unseren Streit . . ."

Karl Ludwig Friedrich von Hinkeldey und Hans von Rochow.

Einer der thatkräftigsten und schneidigsten Polizei-Prä-
sidenten Berlins war Karl Ludwig Friedrich von
Hinckeldey, der 1848 sein Amt angetreten hatte.
Er schuf in seiner Stellung mit der ihm eigenthümlichen
rücksichtslosen Energie viele heilsame Verbesserungen, so
z. B. die neue Feuerwehr, mehrere sanitätspolizeiliche
Baugesetze, die Herstellung der Bade- und Wasch-
anstalten, die Einrichtung der Speiseanstalten, die Ge-
sindeherbergen für dienstlose weibliche Dienstboten. Er
gründete ferner 1852 in Berlin die Hinkeldey-Stiftung
für hilfsbedürftige Bürger. In Anerkennung seiner
Verdienste wurde er 1853 General - Polizeidirector.
Seine Entschiedenheit war aber nicht immer frei von
einer gewissen Gewaltsamkeit. Nicht allein über das
städtische und bürgerliche Leben der preußischen Hauptstadt übte er eine gewisse Dictatur, sondern er beanspruchte

6*

auch, daß sogar die Ministerien und Gerichte sich seiner Auffassung der allgemeinen Wohlfahrt beugten. Es entstanden dadurch zuweilen allerlei Frictionen, zumal er auch dem Adel zumuthete, auf seine Ausnahmestellung zu verzichten.

Was heutzutage eine Unmöglichkeit wäre — da der Polizeipräsident der unbedingte Untergebene des Ministers des Innern ist —, war damals nichts ungewöhnliches; zwischen dem Chef der Polizei und dem des Ministeriums des Innern, Herrn von Westphalen, kam es oft zu Meinungs= verschiedenheiten. Jener war z. B. dagegen, wenn dieser auf eigene Faust Zeitungen confisciren ließ und wenn sich der Minister an maßgebender Stelle darüber beschwerte, verfocht Hinckeldey die Ansicht, daß ungerechte Confiscationen dem Ansehen der Behörden schaden. Er allein hielt sich befugt, über das Rechte und Zweck= mäßige zu entscheiden und confiscirte bald die liberalen, bald die conservativen Blätter. Bei seiner Beschlag= nahme von Zeitungen wollte er zugleich das Urtheil der Staatsanwaltschaft bestimmen und erwirkte ein Circularschreiben des Justizministers an die Staats= anwaltschaften vom 25. Nov. 1851, daß, wenn die Polizei als eine bei der Beschlagnahme mitwirkende Behörde die Ansicht vertrete, daß die Schrift strafbaren Inhalts sei, doch immer Einiges für die Strafbarkeit sprechen müsse.

Aus den von Dr. Leopold Auerbach heraus= gegebenen „Denkwürdigkeiten des Geh. Regierungsraths Dr. Stieber" wissen wir, daß Hinckeldey ein durchaus edler und gerader Charakter war; und Wollheim de Fonseca berichtet in seinen „Erinnerungen eines patrio= tischen Reptils" viele interessante Züge aus dem Leben des viel angefeindeten Mannes. Hinckeldey z. B. gab nichts auf anonyme Denunciationen und übte wiederholt Humanität, wo es nur anging. In Sachen der Ehre verstand er keinen Spaß und war allezeit bereit, dieselbe mit der Waffe in der Hand zu vertheidigen. So kam es auch zu dem Duell mit Herrn von Rochow.

Sein ritterlicher Sinn verführte ihn zu einer einseitigen Auffassung des Standesbewußtseins — seine Ehre sollte stets und überall unangetastet bleiben.

Ueber die Geschichte dieses Duelles ist erst vor wenigen Monaten, anläßlich der Wahl des Herrn von Rochow-Plessen zum Vicepräsidenten des preußischen Herrenhauses, mehr Licht gekommen, und zwar durch den Duellgegner Hinckeldeys selbst.

Man hatte bisher geglaubt, daß Hans von Rochow es war, der den General-Polizeidirector forderte, aber das Gegentheil ist der Fall.

Der Chef der Berliner Polizei hatte im Sommer des Jahres 1855 den Auftrag erhalten, darüber zu wachen, daß das Hazardspiel auch in den Kreisen der höheren Gesellschaft möglichst unterdrückt werde, daß insbesondere zwei dem ersteren bezeichnete, dem Offizierstande angehörende Personen womöglich „in flagranti" dabei betroffen werden möchten, und daß dadurch Veranlassung genommen werden könnte, diesen Personen den Aufenthalt in Berlin zu versagen. Zur Ausführung dieses Auftrages ordnete Herr von Hinckeldey an, daß am 23. Juni des gedachten Jahres die Polizei in Thätigkeit trete. Der Polizei-Lieutenant D. drang am Abend dieses Tages mit einer Anzahl Schutzmänner in das Hotel du Nord ein, woselbst eine geschlossene Gesellschaft — der sogen. Jockey-Club — sich für die Tage der Berliner Pferderennen und des Wollmarktes alljährlich zu vereinigen pflegte. Die Absicht des Herrn von Hinckeldey mißlang. Die beiden gesuchten Officiere befanden sich nicht in dieser Gesellschaft, und die anwesenden Herren — Gutsbesitzer, deren Gäste, auch fremde, Oesterreicher und mecklenburgische Herren, sowie Officiere der Berliner Garnison — wurden durch das Benehmen des Polizei-Lieutenants D., welcher

Arreſtation und Abführung der Anweſenden nach dem Molkenmarkt androhte, auf das äußerſte gereizt und beläſtigt. Der damalige Lieutenant Hans von Rochow befand ſich gleichfalls in dem Saal; er legitimirte ſich als Mitglied des Herrenhauſes und bot ſich an, die Namen ſämmtlicher Anweſenden dem Polizei-Lieutenant zu Protocoll zu geben, was auch geſchah.

Hans von Rochow fühlte ſich in ſeiner Ehre ge= kränkt und war natürlich bemüht, ſich Genugthuung zu verſchaffen.

Am Tage darauf erſuchte er den General= Polizeidirektor von Hinckeldey ſchriftlich, ihm zu geſtatten, ſich perſönlich bei letzterem über den Vorfall vom Abend zuvor beſchweren, gleichzeitig aber um Auf= klärung bitten zu dürfen, was die Veranlaſſung zu jener außergewöhnlichen Maßregel ſeitens der Polizei ge= geben habe. Herr von Hinckeldey antwortete darauf umgehend, daß er bereit ſei, Herrn von Rochow und gleichzeitig den Grafen P. um 6 Uhr Abends deſſelben Tages zu empfangen. (Letzterer hatte denſelben Wunſch, wie Herr v. R., durch dieſen ausſprechen laſſen.) Die verabredete Zuſammenkunft fand zu der bezeichneten Zeit in der Amtswohnung des Herrn von Hinckeldey ſtatt. Nachdem Herr von Rochow und Graf P. dem letzteren über den Vorgang des Abends zuvor in dem „Hotel du Nord“ genau und gewiſſenhaft berichtet hatten, ergriff dieſer das Wort: Durch einen beſtimmten Befehl ſei er veranlaßt worden und gezwungen ge= weſen — wie geſchehen — zu handeln; die Veran= laſſung zu demſelben böten zwei (oben angedeutete) Perſön= lichkeiten, welche er bei dem Hazardſpiel hätte betreffen laſſen wollen. Hätte — ſo fügte Herr von Hinckeldey hinzu — der betr. Beamte dabei ſich Ueberſchreitungen zu Schulden kommen laſſen, ſo gäbe er die Verſicherung, daß derſelbe ſtreng beſtraft werden würde. Schließlich wiederholte Herr von Hinckeldey den Wortlaut des ihm ertheilten Befehls.

Unmittelbar nach dieser Unterredung wurde von Herrn von Rochow und dem Grafen P. ein Protokoll aufgesetzt, in welchem der Wortlaut der Aeußerungen des Herrn von Hinckeldey festgestellt wurde. Das Protokoll ist von beiden Herren unterschrieben und in zwei Exemplaren von jedem derselben aufbewahrt worden. Herr von Rochow begnügte sich jedoch bei der erhaltenen „Aufklärung" nicht, sondern reichte eine Beschwerde über den betr. Vorfall bei dem Minister-Präsidenten von Manteuffel und dem Minister des Innern von Westphalen, dem Vorgesetzten des General-Polizeidirektors von Hinkeldey, ein.

Herr von Westphalen erwiderte darauf — auch im Auftrage des Ministers von Manteuffel — unter dem 25. August 1855 wörtlich: . . . . „Indem ich den Anlaß ergreife, um auszusprechen, wie sehr ich die gesetzlich nicht gerechtfertigten Ueberschreitungen der Amtsbefugnisse, welche sich der Polizei-Lieutenant D. hat zu Schulden kommen lassen, mißbillige und die der betheiligten Gesellschaft widerfahrene verletzende Belästigung bedauere, bemerke ich, daß das hiesige Polizei-Präsidium, als die zum dienstlichen Einschreiten zunächst berufene Disciplinar-Behörde, den 2c. D. wegen seiner Ueberschreitungen bereits mit einer Geldstrafe von 20 Thalern belegt und ihn außerdem unter Ertheilung strengen Verweises in ein anderes Revier der Stadt versetzt hat. — Ich habe jedoch die Thunlichkeit einer Verfolgung der Angelegenheit und insbesondere die Nothwendigkeit einer weiteren Versetzung des 2c. D. aus Berlin in nähere Erwägung gezogen und werde das danach Geeignete seiner Zeit verfügen. Ew. Hochwohlgeboren wollen hieraus die Gewißheit entnehmen, daß die dem 2c. D. zur Last fallenden Ausschreitungen nach ihrer vollen

Bedeutung gewürdigt werden. Berlin, den 25. August 1855. gez.: Der Minister des Innern v. Westphalen."

Da Herr von Hinckeldey jene zwei Personen namhaft gemacht hatte, welche Veranlassung zu dem Einschreiten der Polizei gegeben haben sollten, so fühlte Herr von Rochow — auch schon im Interesse der kompromittirten Gesellschaft — sich verpflichtet und bewogen, beide Herren zu benachrichtigen, ihnen überlassend, nach ihrem Ermessen zu handeln. Der Eine von ihnen — Stabsoffizier a. D. — trug in Folge dessen bei dem damaligen Kommandanten von Berlin, General-Major v. Sch., an, dem betreffenden Ehrenrath diese Angelegenheit zur weiteren Untersuchung vorlegen zu wollen.

Hierauf erhielt der Antragsteller nachstehenden Bescheid: „Ew. Hochwohlgeboren erwidere ich auf das gefällige Schreiben vom 18. d. M. ganz ergebenst, daß der General-Polizeidirektor von Hinkeldey mir die amtliche Erklärung abgegeben hat, er könne bestimmt versichern, dem Herrn v. R. folgende Erklärung nicht gemacht zu haben (es folgt der Wortlaut der von Herrn von Rochow und dem Grafen P. am 24. Juni entgegengenommenen und sofort von ihnen schriftlich festgestellten Auslassungen des Herrn von Hinckeldey, welche dem Antragsteller wörtlich mitgetheilt worden waren). Es ist hiernach nur anzunehmen (so lautet das qu. Schreiben weiter), daß die ganze Angelegenheit auf einem Mißverständniß beruht, und kann ich daher Ihrem Antrage, dieselbe dem betreffenden Ehrenrathe vorzutragen, keine Folge geben. Berlin, den 21. Dezember 1855. gez.: Der General-Major und Kommandant v. Sch."

Abschrift dieses Schreibens erhielt Herr von Rochow durch den Adressaten sofort zugeschickt.

Nach der Darstellung des Herrn von Rochow, dem wir für die Richtigkeit der hier mitgetheilten Schrift-

stücke und Schlußfolgerungen die Verantwortlichkeit über=
lassen müssen, standen sich hier zwei Aussagen gegen=
über; die eine Herrn von Rochows, die andere —
amtliche und bestimmte — des General=Polizeidirektors
von Hinckeldey; Herr von Rochow war wohl be=
rechtigt in dieser „amtlichen Erklärung" die Beschul=
digung zu erkennen, eine Unwahrheit verbreitet zu haben
— welcher Vorwurf ihm um so belastender erscheinen
mußte, als der Wortlaut jener „Aeußerungen" die
Wiederholung eines Befehls enthielt, welcher dem
Herrn von Hinckeldey von höchster Stelle ertheilt
sein sollte.

Herr von Rochow reichte in Folge dessen bei dem
Vorgesetzten des Herrn General=Polizeidirektor von
Hinckeldey, dem Minister des Innern von Westphalen,
unter dem 14. Januar 1856 eine Eingabe ein, in
welcher er den Minister ersuchte, den Herrn von
Hinckeldey zu veranlassen, eine Deklaration zu jener
„amtlichen Erklärung" an den General=Major v. Sch.
abzugeben, welche geeignet wäre, die Ansicht des Herrn
von Rochow und des Grafen P., dahin gehend, daß
Herr von Hinckeldey amtlich eine Lüge ausgesprochen
habe — ändern zu können. Auf eine ausweichende
Antwort des Herrn Ministers vom 20. Januar 1856
wiederholte Herr von Rochow am 26. Januar sein Ge=
such mit dem Hinzufügen, daß er der Ansicht sei, der
Herr Minister müßte dann wenigstens aus der schweren
Beschuldigung, welche darin enthalten wäre, daß v. R.
den General=Polizeidirektor von Hinckeldey einer amt=
lichen Lüge bezichtigt habe und welche Anklage zu be=
weisen er in der Lage sei — Veranlassung nehmen,
diese Sache als Vorgesetzter des Herrn von Hinckeldey
weiter zu verfolgen — wenn auch nur in des Letzteren
Interesse. Er — Herr von Rochow — könne auch
jetzt sich nicht bewogen finden, diesen Konflikt
auf einem anderen, als dem amtlichen Wege

zum Austrag zu bringen. Am 4. März erwiderte hierauf der Minister, „daß nach wiederholter Prüfung er keine Veranlassung habe, jene Angelegenheit im amtlichen Wege weiter zu verfolgen."

Inzwischen hatte Herr von Hinckeldey an höchster Stelle sein Abschiedsgesuch eingereicht und ließ Herrn von Rochow am 6. März 1856 zum Zweikampf fordern durch den Geh.-Rath v. M., Mitglied des Herrenhauses. Als Grund zu dieser Forderung gab Letzterer an: Herr von Hinckeldey habe erfahren, daß von Rochow ihn einer amtlichen Lüge bezichtigt habe. Herr von Rochow verweigerte die Annahme der Forderung, da er in der Lage sei, seine Behauptung beweisen zu können und erst nach mehrfach wiederholter, dringender Aufforderung — vermittelt durch Geh.-Rath v. M. — erklärte er sich bereit, dem Verlangen des Herrn von Hinckeldey nachzugeben — die Erklärung abgebend, daß seine Ansicht (auch nach dem Stattfinden eines Duells) über die Auslassung des Herrn von Hinckeldey gegen den General v. Sch. sich nicht ändern könne, die Lage des zum Zweikampfe Auffordernden sich daher nicht verbessern würde. Wenn er, v. R., sich trotzdem zu einem Entschlusse bewegen ließe, welchen zu fassen er seinem besten Freunde abgerathen haben würde, so geschöhe dies aus Rücksicht und aus Entgegenkommen gegen die Auffassung des Herrn von Hinckeldey über die standesmäßige Erledigung des bestehenden Konfliktes; er wolle daher lieber zu oft, als auch nur ein Mal zu wenig persönliche Genugthuung gewähren, wenn solche von ihm gefordert werde.

Der Geh.-Rath v. M. suchte in Folge dieser Erklärung zwar noch zu vermitteln und Herrn von Rochow zu bewegen, die Beschuldigung des Ausspruches einer amtlichen Lüge seitens des Herrn von Hinckeldey zurückzunehmen — er vermochte Herrn von Hinckeldey, zu diesem Zwecke eine seine frühere amtliche Aussage re-

vocirende Erklärung abgeben zu wollen. Diese Bemühungen scheiterten jedoch an der Weigerung des Herrn
von Hinckeldey, eine solche — von Herrn von Rochow
acceptirte — Erklärung entweder schriftlich oder, wie
letzterer es verlangte, wenn mündlich — dann vor zwei
Zeugen — niederzulegen. Nur in solcher Form glaubte
Herr von Rochow davon Gebrauch machen zu können.

Da obiger Bericht bisher keine Entgegnung in der
Presse gefunden, wird man wohl an dessen Authenticität
nicht zweifeln können.

So erlebte man denn das Schauspiel, daß der Chef
der Polizei, dessen Aufgabe es sein muß, Duelle zu ver-
hüten, resp. zur Anzeige zu bringen, selbst zur Waffe
griff, um sich Satisfaction zu verschaffen.

Wer aber wird deshalb auf ihn einen Stein werfen
wollen? Seine persönliche und amtliche Ehre war
aufs heftigste angegriffen worden — es blieb ihm nur
die Pistole übrig, um mit derselben seine Amtsführung
und Pflichterfüllung zu vertreten. Er dachte gewiß
wie der poetische Verherrlicher des Duells, Moritz
Graf Strachwitz, der den Zweikampf folgendermaßen
besungen:

> Wem je im Grimm, wem je im Groll
> Die blaue Stirnenader schwoll,
> Wem je das Aug' in Wuth geflammt,
> Wem je den Arm der Muth gestrammt,
>
> Wer je ein Schwert mit Händen griff,
> Wem je ein Schwert im Hiebe pfiff,
> Wer je der Klinge fest und traut
> Ins zornige blaue Aug' geschaut:
>
> Der nimmt den Streich und rächt sich gleich,
> Und gält' es Erd' und Himmelreich,
> Für scharfes Wort den scharfen Stahl,
> Und gält es Fluch und Höllenqual.

Unmittelbar, bevor Hinckeldey zum Duell sich begab, richtete er ein Schreiben an Se. Majestät den König Friedrich Wilhelm IV., in welchem er diesen um Verzeihung bat, daß er, ohne vorher die allerhöchste Genehmigung eingeholt zu haben, die Herausforderung angenommen habe. Doch gelangte dieser Brief erst nachdem das Duell stattgefunden in den Besitz des zu Charlottenburg residirenden Königs.

Der Zweikampf, welcher am 10. März 1856 Vormittags 10 Uhr in der Jungfernhaide in Charlottenburg vor sich ging, wurde mit Pistolen geführt. Er löfte den eben skizzirten Conflikt in hochtragischer Weise durch den Tod eines treuen Dieners seines Königs und Herrn.

Der Secundant Hinckeldeys war der wiederholt erwähnte Geheimrath M. (Münchhausen). Er brachte auch unmittelbar nach dem Duell die erschütternde Nachricht vom Tode des General-Polizeidirektors dem König und überreichte Sr. Majestät zugleich im Namen des Verstorbenen den Schlüssel zu einer im Arbeitszimmer Hinckeldeys befindlichen Cassette, in der sich die eigenhändigen Briefe des Königs an den Polizeipräsidenten befanden. Im Auftrage des Monarchen veranlaßte Stieber noch an demselben Tage die Zusendung der Cassette an den König Seitens der Hinterbliebenen. Außer den Briefen erhielt die Cassette noch einige Briefe Hinckeldeys über Dienst- und Familienangelegenheiten.

Groß war die Erbitterung in Berlin, als dieses Duell bekannt wurde, denn Hinckeldey war, trotz seiner Strenge, eine sehr bekannte und beliebte Persönlichkeit. Alles wehklagte über den Verlust des „Vaters Hinckeldey.“

Die Leichenfeier am 13. März gestaltete sich zu einer außerordentlich imposanten. Der König Friedrich Wilhelm IV., der den Erschossenen ungemein hoch schätzte, fuhr nach dem Kirchhof, um dort dem Verstorbenen die letzte

Ehre zu erweisen. Nach der Leichenfeier kam Se.
Majestät nach dem Charlottenburger Schloß in sehr
gedrückter Stimmung und zog sich den ganzen Tag über
von seiner Umgebung zurück, diesen Tag dem Andenken
seines treuen verstorbenen Rathgebers widmend.

„Se. Majestät war," schrieb am anderen Tage der
Geh. Kämmerer Schöning an Stieber, „wie einem nicht
entgehen kann, tief, tief niedergebeugt, wenngleich sonst
nicht unwohl. Gestern Abend legte sich der Herr schon
um 11 Uhr zu Bette, das ist eine so frühe Zeit, wie —
sofern er munter und also nicht krank ist — noch nie
vorgekommen. Er war aber auch zu erschöpft. Heute
früh äußerte Se. Majestät gegen mich: „Gestern die
Familie zu sehen, ist herzzerreißend gewesen."

In den ersten Tagen nach dem Ableben Hinckeldeys
forderte der König alsbald das Staatsministerium auf,
Vorschläge darüber zu machen, was zur Erhaltung der
Wittwe und Kinder ausgesetzt werden müßte.

In der Jungfernhaide und in Rummelsburg wurden
1857 Hinckeldey Denkmale errichtet.

Auch dieses Duell bestätigt, wie so manche andere
in diesem Buche behandelte Zweikämpfe, die Wahrheit
des Wortes Paolo Ferraris: „Die Basis des Duells
bildet die unbezwingliche Macht menschlicher Leidenschaft,
fest in einander gequaderte Vorurtheile seine bombenfesten
Mauern und die Furcht vor der Welt sein kupfernes Dach."

Einen schönen Zug echter Weiblichkeit und edlen
Sinns bot die Gattin des so tragisch verstorbenen
Berliner Polizeipräsidenten. Sie war großmüthig genug,
am Todestage ihres Gemahls, den König Friedrich
Wilhelm IV. um Gnade für den in Magdeburg, in
allerdings nur leichter Festungshaft, sitzenden Hans von
Rochow zu bitten. Seine Majestät erfüllte diese Bitte
und theilte dies in einem Schreiben an Frau von

Hinckeldey mit, welches nach verschiedenen Seiten hin
von Interesse ist, namentlich bezüglich des innigen
Verhältnisses, welches den König mit seinem getreuen
Hinckeldey verband. Nachstehendes ist der getreue, auch
die orthographischen Eigenthümlichkeiten und besonderen
Betonungen wiedergebende Wortlaut: „Potsdam, den
20. März 1857. Sie haben, meine theure gnädige
Frau, dem verehrten, unvergeßlichen Namen Ihres
seeligen Gemahls einen neuen, seiner würdigen Glanz
zugedacht, indem Sie an seinem Todestage um Be-
gnadigung dessen bey mir gebeten haben, durch dessen
Hand Ihnen, Ihren Kindern, dem Preußischen Adel,
den ächten Patrioten und meinem eigenen Herzen eine
unheilbare Wunde geschlagen worden ist! Es giebt einen
Schmerz, gnädige Frau, der nach meinem Gefühl nur
durch Erhöhrung auch sehr kühner Bitten zu ehren ist.
Wer Ihren seeligen Mann gekannt hat, wie ich es das
Glück gehabt habe, der wird es vollkommen begreifen, daß
Sie in seinem Geist und Sinn, aus Liebe und Treue zu ihm
an diesem 10. März so, wie Sie es gethan, gebeten
haben — und der wird mich verstehn, wenn ich um
Sie und sein Andenken zu ehren zu schwach bin, um
dieser Bitte zu widerstehn, trotz aller gewichtigen Bedenken,
die sich dem entgegenstämmen. Herr von Rochow ist
also von heute frey — wenn auch von meinen Residenzen
und Hoflager verwiesen — er ist frey durch Sie allein
und weiß das auf meinen Befehl. Sollten die Kohlen,
die Ihre Hochherzigkeit auf sein schuldiges Haupt sammelt,
ihm brennender als seine Haft seyn, so ist das weder
Ihre noch meine Schuld. Er kann — wenn er es
vermag — des Trostes, den Sie, gnädige Frau, wörtlich für ihn erbeten haben, wieder genießen: „Den
Trost der ungestörten Wiedervereinigung mit Weib und
Kind." Möge er erkennen, welch durch und durch
treues, seiner Pflicht, seiner Ehre, seinem Könige und
Lande, vor Allem aber: seinem göttliche Heilande treues

Herz durch ihn stille steht. Ja, möge diese Erkenntniß
es bewirken, daß er von heute an der letzte von Hinckeldeys Feinden gewesen sey! Auch diesen unschätzbaren
Lohn Ihrer edlen That wünscht Ihnen, meine theure
gnädige Frau, Ihr ergebenster, aufrichtigster Verehrer
und Diener F. W."

Edwin Freiherr von Manteuffel und Karl Twesten.

Der verstorbene Statthalter von Elsaß-Lothringen, Edwin Freiherr von Manteuffel, war, wie man weiß, Anfang der Sechziger Jahre Chef des preußischen Militair-Kabinets und hatte als solcher großen Einfluß auf die militärische Reorganisation seines Vaterlandes.

Sein Hauptstreben war damals u. A. darauf gerichtet, das Officiercorps zu verjüngen und überalternde Generäle und Regiments-Commandeure, die an das Herbeigebrachte eingelebt, jeder Neuerung feindlich waren, aus demselben zu entfernen.

Die oppositionelle Presse tadelte dies sein Vorgehen, aber mit Unrecht, denn der Erfolg der Feldzüge von 1866 und 1870/71 hat bewiesen, daß die Auswahl zu den höheren Officieren durchaus glücklich war.

Zu seinen heftigen Gegnern gehörte auch der damalige Stadtgerichtsrath Karl Twesten, ein Sohn des berühmten Theologen und Professors an der Berliner Universität. Derselbe hatte im April 1861 anonym eine

Broschüre: „Was uns noch retten kann" erscheinen
lassen. In derselben wurde auch das Militär-Kabinet
scharf kritisirt; der Chef desselben, Freiherr von Manteuffel, wurde als ein Mann geschildert, der die
militärischen Personalien nur aus der Perspective des
Hofes betrachte, denn von der Armee hätte er längst nichts
mehr gesehen. Laune und Nepotismus wurden ihm auch
vorgeworfen. Manteuffel wurde verglichen mit Graf
Grünne in Wien, der das Commando in Italien dem
Grafen Gyulay übergab. Der Verfasser fragte darin,
ob es auch in Preußen einer Schlacht bei Solferino be-
dürfen würde, „um den unheilvollen Mann aus der
unheilvollen Stellung zu entfernen."

Als Herr von Manteuffel in Erfahrung brachte,
daß Karl Twesten der Verfasser der schneidigen Broschüre
sei, schrieb er ihm am 24. Mai, ihn ersuchend, die
Wahrheit der Annahme von seiner, Twestens, Autorschaft zu bestätigen. Twesten erwiderte darauf, daß dies
allerdings der Fall und daß er übrigens gern bereit sei,
ihm über die Motive, welche ihn bei der Abfassung der
betreffenden Stelle geleitet hätten, nähere Auskunft zu
ertheilen.

Der General von Manteuffel dankte in einem
Schreiben von dem nämlichen Tage für die offene Antwort, welche ihm auf seine Anfrage ertheilt worden
sei und bemerkte, daß ihm jetzt nicht eine anonyme
Schrift, sondern der Herr Stadtgerichtsrath Twesten
gegenüberstehe, der öffentlich über ihn geurtheilt und
seinen Namen der öffentlichen Mißachtung Preis gegeben
habe. Er ersuche ihn ergebenst, die Stellen der frag-
lichen Broschüre, welche auf den Seiten 81 und 82
stehen und welche über seine Person und seine dienstliche Wirksamkeit urtheilen, durch eine öffentliche Erklärung
zurückzunehmen.

Twesten erwiderte wörtlich: Er habe nicht anonym
geschrieben, um eine Verantwortlichkeit abzulehnen, sondern

nur, weil er dies für die Wirkung der Schrift zweck-
mäßiger halte. Er bitte den Herrn General überzeugt
zu sein, daß er nicht in der Absicht geschrieben, einen
hochstehenden und charaktervollen Mann anzugreifen —
nur von Angriffen könne die Rede sein, nicht von
Mißachtung —, er habe gegen eine Einrichtung
geschrieben, welche er mit vielen Anderen für gefährlich
und unheilvoll halte und er habe es für nothwendig
gefunden, unter den jetzigen Verhältnissen die Aufmerksamkeit darauf zu lenken; freilich könne man nicht gegen Insti-
tutionen auftreten, ohne über Personen zu urtheilen, aber
zurücknehmen könne er nichts von dem, was er gesagt habe.

Darauf wurde am 25., wenige Stunden nach Ab-
sendung dieses Briefes, Twesten durch zwei Generäle,
nachdem dieselben den nochmaligen vergeblichen Versuch
gemacht hatten, die geforderte Erklärung zu erbringen,
eine Forderung überbracht, das Duell auf den 27. festgesetzt und dem von Twesten bezeichneten Cartellträger
an dem dazwischen liegenden Sonntag die Mittheilung
der näheren Bestimmungen gemacht.

Die Forderung lautete auf 15 Schritt Barrière mit
3 Schritt Distanz und Fortsetzung des Duells, bis der
Beleidigte erkläre, Satisfaction zu haben.

Das Duell fand also am 27. Mai 1861, Nachmittags zwischen 3 und 4 Uhr, bei Potsdam in der
Nähe der Schießstände des Gardejägerbataillons statt.
Vor Beginn desselben versuchten nochmals die beiderseitigen
Secundanten, eine gütliche Ausgleichung herbeizuführen und
sie vereinigten sich zu dem Ende über eine von Twesten
abzugebende Erklärung des Inhalts, daß er nach eingehender Prüfung sich überzeugt, daß die von ihm in
seiner Schrift über die dienstliche Wirksamkeit und Stellung
des Herrn Generals von Manteuffel gemachten Angaben
auf einer nicht hinlänglich genauen Kenntniß der Verhältnisse beruht haben. Twesten glaubte indessen die
Ausstellung dieser Erklärung ablehnen zu müssen, weil,

wie er seinen Zeugen gegenüber äußerte, jede derartige Erklärung den Charakter des Gezwungenen an sich habe, weil er sich dadurch moralisch vernichte und es sich hier nur darum handle, das Prinzip zu constatiren, daß Jeder, der sich herausnehme, in einer politischen Schrift sich über militärische Einrichtungen, über die Stellung und Wirksamkeit des Militairs auf eine unliebsame Weise zu äußern, mit der Pistole zurückgewiesen werde.

Nachdem die Aufstellung erfolgt und das Zeichen gegeben war, avancirte Twesten bis zur Hälfte der Distanz und zielte, während Manteuffel auf seinem Platze beharrte. Erst als Letzterer gleichfalls die Pistole anlegte, gab Twesten in der Meinung, daß a tempo geschossen würde, Feuer; die Kugel ging dicht am Auge des Generals vorüber, aber sie traf ihn nicht. Dieser senkte die Pistole, trat hart an die Barrière und sagte Folgendes: „Herr Twesten, Sie haben sich in der ganzen Angelegenheit als ein Ehrenmann benommen; es ist ungewöhnlich in einem solchen Augenblick, seinen Gegner noch anzureden; ich habe indessen keine Rancüne gegen Sie, bin es jedoch meiner Stellung und meiner Ehre schuldig, von Ihnen eine widerrufende Erklärung zu fordern und frage Sie daher, ob Sie nicht noch jetzt zur Ertheilung derselben sich bereit erklären wollen?"

Twesten erwiderte: „Herr General, ich habe bereits erklärt und ich wiederhole es, daß es mir nicht in den Sinn gekommen ist, die Ehrenhaftigkeit Ihres Charakters anzugreifen und Ihnen irgend welche persönliche Beleidigung zuzufügen; was ich in der Schrift gesagt habe, habe ich nach Inhalt und Form für angemessen erachtet, ich halte es noch dafür und mag von dem Gesagten kein Wort zurücknehmen."

Manteuffel trat hierauf von der Barrière wieder in seine ursprüngliche Stellung zurück, zielte und schoß. Twesten ließ den rechten Arm sinken; die Hand bedeckte sich mit Blut, worauf Manteuffel erklärte: „Es ist gut!

Ich hoffe, es ist nicht von Bedeutung. Jetzt, Herr
Twesten, geben Sie mir Ihre Hand!"

Dieser erwiderte: „Herr General, die Rechte kann
ich Ihnen nicht mehr geben, hier nehmen Sie meine
Linke."

Es fand sich, daß die Kugel beide Knochen des
Unterarms zerschmettert hatte.

Der General begab sich sogleich nach dem Duell
zu Sr. Majestät dem König, legte die Sachlage und
den Vorgang dar und trug selbst auf sofortige und
strenge Untersuchung an, — da er selbst in seiner
Stellung stets gegen die Duelle in der Armee
rücksichtslos eingeschritten sei. Der König will-
fahrte seinem Wunsche, während Twesten für die Dauer
der gegen ihn schwebenden Untersuchung, auf An-
ordnung des Justizministers, vom Amte suspendirt wurde.

Manteuffel wurde zu einer kurzen Festungsstrafe
(3 Monate) verurtheilt, welche er in Magdeburg ab-
büßte, während der richterliche Spruch über Twesten
bis zur Krönung des Königs sich hinzog und er also
der Amnestie verfiel.

Es wäre bei der Geneigtheit des Königs, die Be-
stätigung des kriegsgerichtlichen Urtheils zu verschieben,
dem General von Manteuffel gewiß ein Leichtes gewesen, ebenso straflos zu bleiben, doch war er der Ansicht, daß er nur dann, dem Wunsche des Königs gemäß,
im Militär-Kabinet verbleiben könne, wenn er die
Folgen seines Handelns getragen habe und dem Gesetze
dadurch Genüge geschehen sei. Nach Verbüßung seiner
Strafe blieb Manteuffel noch bis zum Juni 1865 Chef
des Militärkabinets.

*   *   *

Die Frage, ob Karl Twesten das Duell hätte ablehnen sollen, beschäftigte die Tagespresse des Jahres 1861 in außerordentlicher Weise. Zahlreiche Artikel wurden pro und contra geschrieben. Die Liberalen, die Parteigenossen Twestens, verargten es ihm sehr, daß er den Zweikampf nicht zurückgewiesen habe. So schrieb z. B. die „Berliner Volkszeitung" (Freitag, 31. Mai 1861, Nr. 124) u. A.: „.. Vor Allem haben wir in aller Strenge und ohne alle Rücksicht auf die vortrefflichen Gesinnungen des Herrn Twesten diesem zu sagen, daß er seine Standesehre nicht gewahrt hat! — — Seine Pflicht wäre es gewesen, jede Provocation zu dem Duell durch die Erklärung zu beantworten, daß er die Ehre habe, dem Stande des Bürgerthums anzugehören, der sich glücklich der Barbarei des Faustrechts entwunden hat. — — Er hätte wohl schonend hinzufügen können, daß er die Begriffsverwirrung Sr. Excellenz des Chefs des Militär-Cabinets, General-Majors Freiherrn von Manteuffel, der über persönliche Ehre und deren Wahrung noch ungefähr so denke, wie ein Schemelbeinkämpfer, zu entschuldigen wisse durch den unglücklichen Umstand, daß er einmal durch Fügung einem Stande angehöre, wo Abirrungen von den richtigen Vorstellungen unserer cultivirten Zeit nicht selten seien; indessen hätte Herr Twesten in ruhiger, entschiedener und belehrender Weise darthun müssen, daß er wohl solche Abirrung der Begriffe bedaure, aber daß die Ehre es ihm ebenso verbiete, mit einer Kugel wie mit einem Knüttel oder sonst einem in ungebildeten Zuständen gebräuchlichen Handwerkszeug einen Streit über Ehre ausmachen zu wollen. Daß ein so gebildeter Mann wie Twesten nicht so gehandelt, deutet darauf hin, daß er schwach genug war, die Ehre seines civilisirten Standes hintenanzusetzen den bemitleidenswerthen uncivilisirten Vorurtheilen des Standes seines Gegners, und hierin hat er sich eine Schwäche zu Schulden kommen lassen, die öffentlich gerügt zu werden verdient, weil sie einem socialen Mißstand verrotteter Zeiten Vorschub leistet."

Aber auch die Collegen Twestens ergriffen, nachdem das Berliner Criminalgericht in seinen Erkenntnißgründen ausführte, daß Twesten sich durch Zurückweisung des Duells in den Augen seiner Standesgenossen blamirt hätte, in dieser Angelegenheit öffentlich das Wort. So erklärte z. B. der K. Kreisrichter forstmann in Zeitz:

„Gegenüber der Motivirung des K. Stadtgerichts in Berlin in der Untersuchungssache wider den Stadt-gerichtsrath Twesten, erkläre ich hiermit, daß Twesten keineswegs in meiner Achtung verloren haben würde, wenn er die Herausforderung des Herrn Generalmajors von Manteuffel zum Duell abgelehnt hätte. Ich fordere meine Collegen auf, sich dieser Erklärung anzuschließen."

In ähnlichem Sinne äußerte sich Kreisgerichtsrath Meltzbach in Wartenburg in Ostpreußen, indem er erklärte:

„Von dem Gesichtspunkte aus, daß der Mißbrauch des Duells nur durch dieselbe öffentliche Meinung zu beseitigen ist, welche ihn eingeführt hat, erkläre ich, daß Niemand in meiner Achtung verlieren würde, welcher eine Herausforderung zum Duell ablehnt. Da-gegen erkläre ich, daß ich in überall gleicher Lage mit Herrn Stadtgerichtsrath Twesten die Herausforderung des Herrn Generalmajors von Manteuffel zum Duell als letztübrige Alternative ebenfalls angenommen hätte, und zwar zufolge desselben Gerechtigkeitszuges, in folge dessen es auch Herrn K. Twesten klar wurde, daß er in der bekannten Broschüre keinen rein objektiven Stand-punkt eingehalten hatte. Und von diesem Standpunkte aus begegnet man zugleich in dem gedachten Urtel des K. Stadtgerichts zu Berlin nur einer unantastbar freien Motivirung."

Kreisgerichtsrath Eyssenhardt in Liegnitz ver-öffentlichte Nachstehendes:

„Ich schließe mich der Erklärung meines Collegen
Forstmann in Zeitz unbedingt an, indem meiner
Ueberzeugung nach, mehr Muth dazu gehört, herrschenden Vorurtheilen mannhaft entgegenzutreten und demzufolge von Exklusiven und Nicht-
exklusiven verhöhnt zu werden, als dazu: auf
die Mensur zu treten und sein bischen liebes
Leben in die Schanze zu schlagen."

Kreisrichter Vogt in Kaukehmen meinte:

„Als Standesgenosse des Herrn Kreisgerichtsraths
Twesten erkläre ich gegenüber der Begründung des wider
ihn ergangenen Straferkenntnisses, daß mich der Twesten-
Manteuffelsche Handel angenehmer berührt haben würde,
wenn derselbe mit Zurückweisung der Herausforderung
geendet hätte. Viele meiner Collegen befinden sich in
dem gleichen Fall."

Gewiß wird man noch heute diese richterlichen
Urtheile über das Duell mit Interesse lesen! — —

Da in diesen Auslassungen wiederholt auf den
Prozeß gegen Twesten Bezug genommen wird, mag
dessen schließlich hier noch etwas detaillirter gedacht werden.

Derselbe kam am 24. September 1861 in Berlin
vor der zweiten Deputation des Criminalgerichts zur
Verhandlung. Eine Beweisaufnahme fand nicht statt,
da Twesten die Richtigkeit der in der Anklage-
schrift enthaltenen Thatsachen zugab. Er erklärte: es
komme ihm weniger auf die juristische, als vielmehr
auf die moralische Würdigung der Sache an. Bei der
Abfassung seiner Schrift habe er durchaus kein persön-
liches, sondern nur ein politisches Interesse verfolgt. Es
habe ihm fern gelegen, Herrn von Manteuffel beleidigen
zu wollen. Wenn er denselben einen unheilvollen Mann
genannt habe, der einen unheilvollen Einfluß übe, so
habe er diesen Ausdruck nur im Gegensatz zu dem
Begriffe heilsam gewählt, also nur sagen wollen,
daß er den Einfluß des Generals nicht für heilsam

halte. Wenn er letzteren mit Graf Grünne in Wien verglichen, so habe er damit auch nur seine Tendenzen andeuten wollen, denn von der Person des Herrn Grafen sei nichts Unehrenhaftes bekannt, was den Vergleich mit ihm zu einem beleidigenden machen könnte. Da er, der Angeklagte, sich somit keiner Beleidigung des Herrn von Manteuffel bewußt gewesen, so habe er auch seine Behauptungen über ihn nicht zurücknehmen können; eine solche Zurücknahme hätte er als elend und absurd betrachtet. Das Duell habe er, obwohl er es für ein veraltetes Vorurtheil halte, nicht ablehnen können, weil man sonst gesagt haben würde, daß die Schriftsteller nur feige Großsprecher seien, und weil es außerdem in politischen Dingen allgemein als zulässig gelte. Seine Stellung als Richter hätte ihn davon nicht abhalten können, weil er sich nicht als solcher, sondern in seiner Eigenschaft als Staatsbürger geschlagen habe. Er sei der Geforderte, er der Verwundete gewesen, er glaube also, auf mildere Strafe Anspruch machen zu können.

Das Gericht erkannte nach dem Antrag des Staats=anwalts Schelling auf 3 Monate Einschließung. Der Präsident Stadtgerichtsrath Busse führte aus, daß der General Manteuffel von Twesten durch die Broschüre ent=schieden beleidigt gewesen sei, wenn dies vielleicht auch nicht in der Absicht des Verfassers gelegen habe. Das Duell sei zwar verboten, gelte aber in politischen Dingen im praktischen Leben als zulässig, und der Angeklagte habe sich ihm nicht entziehen können, weil er annehmen mußte, daß er dadurch in der Achtung seiner Standesgenossen verlieren würde!

Ferdinand Lassalle und Jankó von Rakowicz.

Wie bei so vielen Duellen in alter und neuer Zeit, so war auch bei dem Duell, welches vor 24 Jahren zwischen Ferdinand Lassalle, dem Ahnherrn der deutschen Socialdemokratie, und dem Bojaren Jankó von Rakowicz in Genf sich abspielte, das Weib die Haupttriebfeder des blutigen Spiels. Dieses Weib hieß Helene von Dönniges, ein schönes, üppiges und verführerisches Wesen, geistreich, witzig, pikant, aber schwach von Charakter. Es machte ihr Vergnügen, mit Herzen zu spielen, und lediglich ihrem wankelmüthigen zweideutigen Benehmen ist es zuzuschreiben, daß der 39jährige Agitator, Volksredner und Philosoph sein Leben beschloß, bevor er die Ziele, welche er sich gesteckt, erreicht hatte.

Die moderne Socialdemokratie liebt es, Ferdinand Lassalle zu vergöttern und ihn als das Ideal eines großen Mannes hinzustellen. Allerdings gehörte der

Stürmer und Dränger der socialen Bewegung zu den
merkwürdigsten Menschen unseres Jahrhunderts, aber sein
Charakter erweckt nichts weniger als Sympathie. Maßlos eitel, genußsüchtig, von brennender Ehrsucht erfüllt,
dabei reich und stets die höchste Eleganz in seinem
Aeußern zur Schau tragend, betrachtete er die Frauen
nur als einen schönen Zeitvertreib, als duftende Rosen,
die er allezeit zu pflücken bereit war. Eroberungen zu
machen, wurde ihm nicht schwer, denn eine bestrickende
Persönlichkeit unterstützte ihn in seinen Bewerbungen um
die Gunst der Frauen, — allerdings waren jene Damen
keine unerreichbaren Festungen, und nicht immer bedeutete
es einen Sieg, derartige Eroberungen zu machen.

Verschmähte Liebe einer- und beleidigter Stolz
andererseits zwangen ihn zum Zweikampf, obschon er
ein entschiedener Gegner des Duells war und obschon
das Object, um welches die beiden Nebenbuhler stritten,
keineswegs des Schweißes der Edlen für werth erachtet
werden konnte. Freilich — was fragt die Leidenschaft
des in seiner Eigenliebe gekränkten, vom Weibe ver-
rathenen Mannes um die moralische Qualität der Eris?
Die herrlichsten Grundsätze halten nicht Stich, wenn das
Temperament, das heiße Blut in Frage kommt:

> Leidenschaft ist wie Wasserfall,
> Der von dem Felsen stürzt mit Toben,
> Titanisch stürmt der wilde Schwall,
> Und braust und glänzt und ist zerstoben.

Ein tragischer Liebesroman voll ergreifender Scenen
hatte sich im August 1864 in Genf abgespielt und mag
auf Grund des mir vorliegenden reichen Materials derselbe hier näher geschildert werden.

Im Frühjahr 1864 kam Ferdinand Lassalle wiederholt mit den Gerichten in Conflict. Namentlich wurde
er wegen seiner aufreizenden Reden und Flugschriften
angeklagt. Nicht immer hatte er so viel Glück, wie

am 12. März 1864, als er von den Richtern freigesprochen wurde, trotzdem der Staatsanwalt gegen ihn
eine Strafe von drei Jahren Zuchthaus, 100 Thalern
Geldbuße und fünfjähriger Polizeiaufsicht beantragt hatte.
Wegen einer am Rhein gehaltenen Rede: „Die Feste,
die Presse und der Frankfurter Delegirtentag" wurde er
zu sechs Monaten Gefängniß verurtheilt und zahlreiche
andere Verurtheilungen standen ihm bevor. Diese Prozesse
sowie seine rastlose Agitationsthätigkeit und sein flottes
Leben hatten seine Nerven derartig angriffen, daß er sich
nach Ruhe sehnte. Er war des Kampfes herzlich müde.
An seinen Generalbevollmächtigten schrieb er in jener
Zeit: „Ich bin todtmüde, und so stark meine Organisation ist, so wankt sie bis in ihr Mark hinein. Meine
Aufregung ist so groß, daß ich keine Nacht mehr schlafen
kann! Ich wälze mich bis 5 Uhr auf dem Lager und
stehe mit Kopfschmerz und tief erschöpft auf. Ich bin
überarbeitet, überangestrengt, übermüdet in furchtbarem
Grade. Die wahnsinnige Anstrengung, den Bastiat-
Schulze (das Phamphlet gegen Schulze-Delitzsch) außer
und neben allem Andern in diesen Monaten auszu-
arbeiten, die tiefe und schmerzliche Enttäuschung, der
fressende innere Aerger, den mir die Gleichgültigkeit und
Apathie des Arbeiterstandes in seiner Masse genommen
einflößt — Beides zusammen war selbst für mich zu
viel! Ich treibe ein metier de dupe und ärgere mich
innerlich zu Tode, umsomehr als ich diesem Aerger
nicht Luft machen kann und ihn nach innen würgen, oft
noch das Gegentheil behaupten muß."

Er mußte sich also vor Allem erholen und beschloß, nach der Schweiz zu reisen. Zunächst begab er
sich nach Leipzig und dann nach dem Rhein, wo er seine
„Heerschau" über seine Getreuen hielt. Merkwürdiger
Weise hatte er schon damals Todesahnungen. Sehr
bezeichnende Daten berichtet darüber Paul Lindau, welcher
in Düsseldorf mit Ferdinand Lassalle bekannt geworden

war. Als jener ihn zur Eisenbahn begleitete und ihm
zurief: „Auf Wiedersehen, Herr Lassalle!" antwortete
dieser: „Wer weiß? Ein Jahr, oder auch nur ein halbes
Jahr, kann ich mich der Freiheit nicht berauben lassen!
Ich halte es einfach nicht aus! Lieber expatriire ich.
Ich bin nervös ganz herunter. Rigi-Kaltbad wird
mich hoffentlich wieder brauchbar machen." Als Kaufmann L., der Kassirer des allgemeinen deutschen Arbeiter-
vereins in Düsseldorf, mit ihm auf der Eisenbahn von
Düsseldorf nach Elberfeld fuhr, sagte Lassalle ihm, daß,
wenn er nicht mehr wäre, Bernhard Becker sein Nach-
folger werden müßte, und schon vorher hatte er den
Düsseldorfer Mitgliedern im Vereinslocal zugerufen:
„Nächstes Jahr werdet Ihr dieses Local schwarz aus-
schlagen!"

In Rigi-Kaltbad, wo er im Juli 1864 eintraf, sollte
ihn die Nemesis in Gestalt der Helene von Dönniges
ereilen, sollten sich seine trüben Ahnungen erfüllen.

Diese Dame hat im Jahre 1879 ihre Memoiren
unter dem Titel: „Meine Beziehungen zu Ferdinand
Lassalle" herausgegeben, worin sich Wahrheit und
Dichtung in wunderlichster Weise vereinigt. Es ist ihr
aber darin wohl zu glauben, wenn sie sagt, daß sie es
war, die sich Lassalle zuerst genähert habe. Als er
eines Tages eifrig mit Schreiben beschäftigt war, trat
ein Bauernbursche bei ihm ein, der ihm sagte, daß eine
Dame ihn zu sprechen wünsche; diese Dame war —
Helene von Dönniges. Sie erzählt, daß sie von dem
Anblick und der Rede des großen, schlanken und schönen
Mannes mit dem römischen Cäsarenkopf sofort fascinirt
gewesen sei. Sie hatte das Gefühl, als sei Alles auf
der Welt plötzlich gleichgültig geworden, verschwunden
und nur er und sie allein seien der Beachtung werth.
Wenn man Frau Helene glauben dürfte, wäre Lassalle
auch sofort Feuer und Flamme gewesen. Er habe gefühlt, als sei Alles erst jetzt Ordnung in seinem Leben, als

sei er ein Element gewesen, dem zur vollen Entwickelung noch etwas, eine unbestimmte Kleinigkeit gefehlt, diese Ergänzung, dies Bischen Nothwendige habe er nun gefunden. . . Diese letztere Hypothese der genannten Dame möchte ich doch nicht unterschreiben. Wir wissen, daß Lassalle bei all' seiner Leidenschaftlichkeit nicht so rasch sich ver- liebte und daß er bezüglich der Frauen epikuräischen Grundsätzen huldigte. In einem Briefe an seine damals 60jährige Freundin, die bekannte Gräfin Hatzfeld, äußert sich Lassalle über diese Begegnung u. A. also: „Vor- gestern sitze ich beim scheußlichsten Wetter — das hier auch ohne Unterbrechung Tag für Tag fortgedauert hat, doch heut' ist es ein Bischen besser — in meinem Zimmer und schreibe — ich muß hier leider wieder Tag für Tag von Morgens bis Abends ununter- brochen schreiben — als ein Bauernbursche herein- kommt und sagt: An der Terrasse hielte eine Dame, die mich zu sprechen wünsche. Ich rieth, — ja, ich wußte gar Niemand, auf den ich rathen sollte! Ich nahm also Hut und Rock und eilte hinunter. Da hält hoch zu Roß mit einer Engländerin, einer Amerikanerin und einem Franzosen — wer? Helene, der Goldfuchs! Sie hatte von Holthoff — dem Freunde und Rechts- anwalt Lassalle's — brieflich erfahren, daß ich auf Rigi- Kaltbad bin und hatte sofort mit Freundinnen eine Rigi- Parthie organisirt, um mich auf Kaltbad abzuholen. Natürlich stürmte ich mit auf den Kulm hinauf, wo wir alle übernachteten . . ." Immerhin hatte der „Goldfuchs" auf den für Frauenschönheiten so sehr empfänglichen Lassalle einen tiefen Eindruck gemacht.

Helene von Dönninges war die Tochter eines bairischen Diplomaten, dessen Haus in München den Mittelpunkt des künstlerischen und literarischen Lebens von Isarathen bildete. Schon frühzeitig lernte die schöne junge Dame in Berlin den Bojaren Janko von Rakowicz kennen, der sie aufrichtig liebte. Diese Bajuvarin hatte

etwas Walkürenhaftes — auf feurigem Renner zu
reiten, war ihr ein Hochgenuß, und sie suchte durch
allerlei Sportvergnügungen die Blicke der Herrenwelt
auf sich zu lenken, — was ihr nur allzuleicht gelang,
denn ihre schöne Figur und ihr goldblondes Haar
bildeten eine gar mächtige Anziehungskraft. Sie imponirte
auch Cassalle, der Helene bald „Du" nannte und sie so
behandelte, als wäre sie seit Jahren seine Verlobte.
Von ihren Beziehungen zu Janko von Rakowicz hatte
Helene anfänglich ihrem neuen Herzenskönig nichts erzählt
— sehr begreiflich, nur das eine ließ sie durchschimmern,
daß ihre Eltern in eine Verbindung mit dem Demagogen,
der überdies in den berüchtigten „Kassettendiebstahl"
verwickelt war, schwerlich einwilligen werden. Immer
mehr entwickelte sich im Herzen Cassalles die Liebe zu
dem „Goldfuchs", und die Hindernisse, welche sich einer
Verheirathung mit dem schönen Weibe entgegenstellten,
reizten noch mehr seine Begierde. Er wollte im Sommer
die Eltern Helenens besuchen und sie durch seine be=
zaubernde Gabe, die Menschen zu beherrschen und zu
fesseln, für sich gewinnen. Während Cassalle in Rigi=
Kaltbad weilte und Helene in Wabern neben Bern zur
Herstellung ihrer Gesundheit sich aufhielt, entwickelte sich
zwischen beiden ein sehr reger und liebeglühender Brief=
wechsel. Aus der Fülle dieser Briefe seien nur —
auszugsweise — die nachstehenden mitgetheilt. Helene
schreibt — Wabern, 26. Juli — u. A.:

„ . . . Als ich Sie verließ und zum letzten Male
Ihre Lippen meine Hand berührten, da sagte ich mir,
daß, ehe ich Waeggis verlasse, mein Entschluß für's
Leben gefaßt sein soll. Eh bien! c'est fait . . .

Und nun wissen Sie auch mit Ihrem schönen herr=
lichen Geiste und Ihrer so großartigen, aber mir lieben
Eitelkeit, wie mein Entschluß lautet: Ich will und
werde Ihr Weib sein! — Sie sagten mir gestern
Abends: „Sagen Sie mir nur ein vernünftiges, selbst=

ſtändiges Ja — et je me charge du reste." — Gut, mein Ja iſt da — chargez vous donc du reste, nur mache ich ein paar ganz kleine Bedingungen, — et les voilà! Ich will, denken Sie, das Kind ſagt: ich will — ich will alſo, daß wir Alles verſuchen, was in unſern Kräften ſteht, und in Ihren Kräften, mein ſchöner ſataniſcher Freund, ſteht ja ſo ungeheuer viel, um auf eine anſtändige, vernünftige Weiſe zu unſerem Ziele zu gelangen, d. h. alſo: Sie kommen zu uns, wir verſuchen die Eltern ebenſo für Sie einzunehmen, als — — und ſo ihre Einwilligung zu bekommen. Wo nicht, ſind und bleiben ſie unerbittlich, auch wenn wir Alles gethan haben, was wir thun konnten — eh bien! alors tant pis! ſo bleibt noch immer Egypten. Dies meine Bedingung. Und hier die zweite: ich will und wünſche, daß dann die ganze Sache ſo raſch als möglich geht, denn ich kann wohl den Nebel und Regen von heute früh aushalten, ohne ſehr krank zu werden — aber noch viele ſo aufregende Tage und ungewiſſe quälende Stimmungen, wie ich ſchon um dieſer unſerer Sache willen durchgemacht habe, das, mein Freund, halten meine Nerven nicht aus . . . Ich weiß, daß die Hinderniſſe, die wir zu überſteigen haben, ſehr, ja rieſengroß ſind, aber dafür haben wir auch ein großes Ziel und Sie einen rieſengroßen Geiſt, der mit Gottes Hilfe die Felſen zu Sand und Staub zermalmen wird — ſo daß ſelbſt mein ſchwacher Athem ihn wegzublaſen vermag. Mir bleibt von allem das ſchwerſte Stück — ich muß mit kalter Hand ein treues Herz (Janko von Rakowicz), das mir mit wahrer Liebe ergeben iſt, tödten, ich muß mit kraſſem Egoimus einen ſchönen Jugendtraum vernichten, der, verwirklicht, das Glück, das Lebensglück eines edlen Menſchen machen ſollte. — Glauben Sie mir, das wird mir furchtbar ſchwer, aber ich will jetzt, und ſo will ich denn um Ihretwillen auch ſchlecht werden."

In einem anderen Schreiben Helenens von Mittwoch, 3. August 1864, heißt es:

„. . . Ich muß die Nähe und Allgewalt meines Herrn und Gebieters fühlen, um nicht zu weichen, um nicht auch Anderen gegenüber zu sein, wie Dir — das Kind. Aber ich fühle Dich und Deine Liebe — und so fürchte ich nichts mehr und bin jetzt und für immer Dein Weib, Dein Kind, Deine Dich anbetende Sache.

Sage mir nur auf einem kleinen Zettel, daß Du mich liebst! Denn ich, Ferdinand, ich liebe Dich ja so sehr!

Es ist geschehen — sie haben gesprochen — — mein Vater hat erklärt: „ich wäre seine Tochter nicht mehr!" und was nun geschieht — Gott weiß, er will, ich soll sein Haus nicht verlassen, ehe ich Dein Weib bin! . . ."

Aus der Liebesidylle entwickelte sich allmählig die Tragödie, in welcher Ferdinand Lassalle schmählich zu Grunde gehen sollte.

Lassalle hatte augenscheinlich die ernsteste Absicht, sich zu verheirathen. Er war an die Vierzig, er hatte gelebt und geliebt — sogar in ausgiebigster Weise — und die Sehnsucht, eine Familie zu gründen, wurde immer lebhafter in ihm — überdies hatte Helene auf eine Mitgift von 70,000 Thalern zu rechnen, ein Umstand, den der Agitator angesichts seiner damaligen finanziellen Deroute gleichfalls im Auge behalten haben mochte. Daß die Eltern der Dame diesem Roman einen so hartnäckigen Widerstand entgegensetzen würden, hatte er nicht gedacht, zumal, wie wir aus dem Angeführten ersehen haben, er der glühenden Liebe seines „Goldfuchses" sich versichert glaubte. Er schrieb in diesem Sinne der Gräfin Hatzfeld, welche der Vermählung abgeneigt war, u. A.: „Es ist wirklich ein nicht geringes Glück, in einem Alter von doch schon 39^1/$_2$ Jahren ein Weib zu finden, so schön, von so freier und zu mir assender Persönlichkeit, ferner, das mich so liebt und endlich, was bei mir absolute Nothwendigkeit, ganz in meinen Willen aufgeht."

Helene war am Mittwoch, den 3. August, von Wabern nach Genf zu ihren Eltern abgereist, um deren Einwilligung zu ihrer Verbindung mit Lassalle zu erlangen. Aus dem oben mitgetheilten Brieffragment erkennt man, daß ihre Bemühungen fruchtlos waren. Lassalle war bereits in Genf und logirte in der Pension Bovet, in der Nähe der Wohnung des Herrn von Dönniges; man kann sich seine Stimmung denken, als er den Verzweiflungsbrief seiner Verlobten erhielt. Bevor er jedoch noch einen Entschluß fassen kann, erscheint schon Helene selber in seiner Wohnung. Sie ist in der größten Aufregung. Sie wirft sich verzweiflungsvoll, nachdem sie ihm ihr Leid geklagt, aufs Bett und ruft: „Ich bin das unglücklichste Geschöpf auf der Welt. Hier hast Du meine Sache; mache mit mir, was Du willst."

Augenscheinlich hatte die romantisch veranlagte, liebeglühende Helene erwartet, daß sie der „stolze Aar" entführen und ihre hilflose Lage benutzen werde, statt dessen suchte er sie zu beruhigen, sprach sehr vernünftig — fast spießbürgerlich — und führte sie in die Arme der ihre Tochter suchenden Mutter zurück.

Der „stolze Aar" benahm sich wie ein gewisses Grauthier. Kein Weib auf Erden verzeiht es dem Manne, wenn es verschmäht wird, geschweige denn eine Helene von Dönniges, die — wie Lassalle einmal an Frau von Hatzfeld schreibt — sehr viel „Natur" in sich hatte! Eugen Dühring äußert sich hierüber in seiner „Kritischen Geschichte der National-Oekonomie und des Socialismus" zutreffend: „Da Lassalle der Dame gegenüber, die ihn im entscheidenden Augenblicke zu der bei der Sachlage durchaus nothwendigen Flucht mit ihr aufgefordert und sich seinem Schutz rückhaltslos

Kohut: Das Buch berühmter Duelle. 8

anvertraut hatte, die ärgste Betise beging, die sich
denken läßt, so verlor er von nun an deren Affection.
Nicht ganz unerfahren, scheint sie den richtigen Schluß
gezogen zu haben, daß ihr Bewerber nicht aus
nachhaltiger, naturwüchsiger Leidenschaft agire. Sie
war in Genf aus der Wohnung ihrer Eltern, an deren
Einwilligung sie verzweifeln mußte, zu ihrem Heros ge-
flohen, hatte ihr Schicksal ihm völlig anvertraut — und
siehe da, der große Mann, der starke Geist mit dem
losgebundenen Leben hinter sich, der Held der Arbeiter-
bewegung, der eigenhändige Träger des Stockes von
Robespierre, der neue Jacobiner, der gewaltige Politiker
und zugleich feine Diplomat, legte hier ein Hauptzeugniß
aller seiner großen Eigenschaften ab, indem er die
Dame fein säuberlich zu ihrer Mutter in die Ge-
fangenschaft zurückführte, der sie sich im richtigen
Vorgefühl der sonst unabwendbaren Eindrücke und
Folgen entzogen. Die Verschmähung eines solchen Ver-
trauens, verbunden mit der beschämenden Lection, die
in der Verwerfung ihres Schrittes lag, verträgt kein
Weib."

Bald bereute er seinen unüberlegten Schritt — aber
es war zu spät. Die Liebe Helenens hatte er für immer
verscherzt.

Tags darauf statteten Graf Kayserlingk, der
Schwager Helenens, und ein Verwandter der Familie,
Dr. Arndt, Mitarbeiter an der Monumenta Germaniae,
Lassalle einen Besuch ab, um diesen zu einer Verzicht-
leistung auf Helene zu bewegen. Sie drohten auch mit
Unannehmlichkeiten, denen sich Lassalle kraft der von
Dönniges eingenommenen politischen Stellung aussetzen
würde. Lassalle ließ sich jedoch nicht einschüchtern,
sondern schrieb Herrn von Dönniges zwei Briefe, ihn
um eine Unterredung bittend, aber er erhielt keine
Antwort. Um in seiner peinlichen Lage treue Freunde
zur Seite zu haben, ließ er den Oberst Rüstow, Ritter

des militärischen Ordens von Savoyen, aus Zürich
kommen; es handle sich, wie er ihm schrieb, „um
einen rein persönlichen Dienst, aber um Leben und Tod."
Daß Lassalles Stolz tödtlich verletzt war, ersieht man
aus seinem Briefe an die Gräfin Hatzfeld vom
4. August, wo es heißt: „Noch viel mehr, als des
Mädchens Verlust, zerbricht mich meine Gimpelei.
Wenn ich sie nicht durch Sieg ausgleichen kann, verachte ich mich selbst für immer auf das schnödeste."

Helene hatte sich von Lassalle vollständig losgesagt,
ihren Vater um Verzeihung gebeten und war von Genf
abgereist. Von Bern aus schrieb sie am 9. August an
den Rechtsanwalt Holthof in Berlin, um bei diesem
Alles zu widerrufen, was sie ihm früher über ihr Verhältniß zu Lassalle mitgetheilt hatte. Vergebens schrieb
Lassalle an seine treulose Geliebte, daß er sie „wahn-
sinnig liebe" und daß sie ihm eine — wenn auch letzte
— Unterredung gewähren müsse — er erhielt keine
Antwort und so beschloß er, „dem rasend geliebten
Weib" nachzureisen, weil er sie in München vermuthete.
Da er ihrer hier nicht habhaft werden konnte, begab er
sich wieder nach Genf zurück. Dort übersandte ihm der
inzwischen aus Zürich herbeigeeilte Freund Rüstow
folgendes Schreiben:

„Sr. Wohlgeboren Herrn Lassalle!

Nachdem ich mich von ganzem Herzen und in
tiefster Reue über die von mir unternommenen Schritte
wieder mit meinem verlobten Bräutigam Herrn Jankó
von Rakowicz ausgesöhnt und dessen Liebe und Verzeihung wieder gewonnen habe; nachdem ich davon auch
Ihrem Rechtsanwalt Herrn Holthof in Berlin Nachricht
gegeben habe, bevor ich dessen abmahnenden Brief erhielt, — erkläre ich Ihnen freiwillig und aus voller
Ueberzeugung, daß von einer Verbindung zwischen uns
nie die Rede sein kann, daß ich mich von Ihnen in

8*

jeder Beziehung lossage und fest entschlossen bin, meinem verlobten Bräutigam ewige Liebe und Treue zu widmen.

Helene von Dönniges."

Dieses Billet ließ an Deutlichkeit nichts zu wünschen übrig. Doch Lassalles Stolz war tödtlich verwundet. Schmerzlich bewegt, ruft er aus: „Ich Unglücklicher! Ich hätte nicht verdient, auf eine so Unwürdige zu treffen."

Der Oberst Rüstow bot Alles auf, um Helene für Lassalle wieder zu gewinnen; er sprach mit dem alten Dönniges, mit Helene, mit Jankó von Rackowicz, den man inzwischen aus Berlin hatte kommen lassen, um ihn mit dem „Goldfuchs" zu verheirathen, aber all das fruchtete nichts. Die falsche Geliebte haßte jetzt Lassalle ebenso glühend, wie sie ihn vor dem 4. August, als er sie, „die Sache", verschmähte, geliebt hatte. Die schönsten Declamationen verfingen bei ihr nicht — und sie lachte nur, als sie die pathetischen Worte las: „Ich bin mit Demantketten an Dich geschmiedet. Ich leide tausendmal mehr als Prometheus am Felsen. Aber wenn Du meineidig wirst, nach so vielen Eiden und solcher Liebe gegenüber, so wäre die Menschennatur entehrt, man müßte verzweifeln an jeder Wahrheit, jeder Treue; Lüge wäre Alles, was existirt."

Am 19. August traf die Gräfin Hatzfeld in Genf ein, und es begann der Kampf des Weibes gegen das Weib, der die ohnehin schon trostlose Angelegenheit Lassalles vollends compromittiren mußte. Ihre Einmischung in diese Angelegenheit war um so verhängnißvoller, als sie in der Familie Dönniges ohnehin sehr schlecht angeschrieben war. Ueberdies benahm sich die Gräfin in der ganzen Affaire sehr zweizüngig und trug nicht unwesentlich zu dem tragischen Untergang Lassalles bei.

Wie die Sachen lagen, konnte nur eine blutige Lösung die Katastrophe zum Abschluß bringen.

Der Gedanke an Rache beherrschte nun vollends die Seele Lassalles — er befand sich in einer an Wahnsinn grenzenden, fieberhaften Stimmung; er war verrathen, betrogen, beschimpft, in seiner Eitelkeit wie in seinem Mannesstolz aufs Empfindlichste getroffen. — Was blieb ihm sonst übrig, als zu rasen wie Ajax? Alle Berichte stimmen darin überein, daß er, als er sah, daß sein Spiel ganz verloren war, gleich einem verwundeten Tiger im Zimmer herumgerannt sei, sich die Haare ausgerauft und Aeußerungen ausgestoßen habe, wie: „Mir, an mir sollte man ungestraft solches Spiel getrieben haben! Gegen mich sollte man solche Beleidigungen gewagt haben! Mich sollte man mit solcher Lächerlichkeit, mit solchem Hohn und Spott bedecken können! Ich sollte von einer solchen Dirne hintergangen und verspottet sein! Ich sollte mit solchen miserablen Gegnern und Hindernissen, die jeder dumme Junge überwunden hätte, nicht fertig geworden sein! Ich muß Rache haben!"

Zuerst erkor er sich den Vater Helenens zum Gegenstand seiner Wuth — von ihm hatte er ja einen Korb bekommen und so forderte er ihn zum Duell heraus, wie aus nachstehendem Brief ersichtlich ist:

„Genf, 26. August.

Herrn von Dönniges, Hochwohlgeboren.

Nachdem ich durch den Bericht des Oberst Rüstow und des Dr. Haenle vernommen habe, daß Ihre Tochter Helene eine verworfene Dirne ist und es folgeweise nicht länger meine Absicht sein kann, mich durch eine Heirath mit ihr zu entehren, habe ich keinen Grund mehr, die Forderung der Satisfaction für die verschiedenen mir von Ihnen widerfahrenen Avancen und Beleidigungen länger zu verschieben und fordere Sie daher auf, mit

den beiden Freunden, die Ihnen diese Erklärung über=
bringen, die erforderlichen Verabredungen zu treffen.

F. Lassalle."

Gleichzeitig sandte er auch seinem Nebenbuhler Jankó
von Rakowicz eine höhnische Zuschrift. Dieselbe lautete:

"Genf, 26. August.

Herrn von Rackowicz, Hochwohlgeboren.

Nachdem Sie durch den Oberst Rüstow zum Theil
über das zwischen mir und Frl. Helene von Dönniges be=
stehende Verhältniß unterrichtet worden sind, würde es
Ihnen vielleicht auffallend erscheinen können, nicht von
mir aufgesucht und über die Uebernahme der eigen=
thümlichen Rolle, die man Ihnen zugetheilt hat, zur
Rede gestellt zu werden.

Zur Erklärung dessen übersende ich Ihnen Abschrift
der Sie interessirenden Stelle eines Briefes, den ich
soeben an Herrn v. Dönniges zu richten mich genöthigt sah.

Sie ersehen daraus, daß Sie in mir keineswegs
mehr einen Rivalen haben, und daß ich Ihnen gern
ein Glück von nun an ungetheilt gönne, auf das ich
meinestheils nach den heute erlangten Ueberzeugungen
freudig verzichte.

Mit aufrichtiger Theilnahme

F. Lassalle."

Auf diese ungeheuerliche Provocation mußte natürlich
ein Duell folgen. Die beiden Freunde, welche Lassalle
als Secundanten dienen sollten, waren Oberst Rüstow
und Oberst Johann Philipp Becker. Letzterer versagte
jedoch Lassalle den Dienst und so erkor dieser den un=
garischen Grafen Bethlen an dessen Statt.

Ueber die Präliminarien des Duells hat Oberst
Rüstow s. Z. einen Bericht erstattet, dem wir Folgendes
entnehmen:

„Noch an demſelben Abend (26. Auguſt) ging ich
zweimal in das Haus des alten Dönniges, fand ihn
aber nicht. Am 27. Vormittags begab ich mich zum
General Bethlen, um mit ihm zu Dönniges zu gehen,
er konnte mich aber nicht begleiten und ich kehrte deshalb
in das Hotel Victoria (dort wohnte die Gräfin Hatzfeld) zu=
rück, um zu ſehen, ob mittlerweile dort eine Botſchaft von
Seiten des alten Dönniges eingetroffen ſei. Im Salon der
Frau Gräfin Hatzfeld fand ich Laſſalle, der mich bald auf
ſein Zimmer führte. Er wollte mir mein Ehrenwort
abnehmen, mit der Frau Gräfin nichts über die ganze
Angelegenheit zu reden, was ich jedoch entſchieden ver=
weigerte. Er theilte mir darauf mit, daß am Morgen
Graf Kayſerlingk und Dr. Arndt bei ihm geweſen ſeien,
um ihn im Namen des Herrn von Rackowicz zu fordern.
Ich erklärte, auf dieſe Forderung könne er ſich nicht
einlaſſen, ehe der alte Dönniges ihm Genugthuung ge=
geben. Laſſalle antwortete, mich bei meiner Freund=
ſchaft beſchwörend, es dürfe unter keinen Umſtänden
eine Zögerung eintreten; um zwölf Uhr würden Kayſer=
lingk und Arndt wieder bei ihm ſein, um mich zu
treffen. Zur angegebenen Stunde kamen die beiden
Herren und machten mir, nachdem ſich Laſſalle entfernt,
ihre Mittheilung. Ich wies nachdrücklich auf die Priorität
des alten Dönniges hin, aber man zeigte mir an, daß
dieſer in aller Eile nach Bern entflohen ſei und die
Vertretung der Familienehre ſeinem künftigen Schwieger=
ſohne anvertraut habe. Man äußerte das Verlangen, daß
das Duell noch am ſelben Abend — 27. — ſtattfinden
ſolle. Hiergegen proteſtirte ich auf das Entſchiedenſte,
hervorhebend, daß ich in ſo kurzer Zeit den zweiten
Secundanten nicht zur Stelle haben könne. Man kam zu
keinem definitiven Beſchluß und ſchließlich wurde verabredet,
daß die Herren um 3 Uhr in meine Wohnung kommen.
Nachdem die Herren ſich entfernt, erſtattete ich Laſſalle
Bericht über die Zuſammenkunft. Nochmals brachte

ich die Prioritätsfrage vor und drang auf Ablehnung der Forderung Rackowicz's. Lassalle wies aber mit Heftigkeit jeden Aufschub zurück. Ich erwiderte, die Sache habe keine solche Eile, Bethlen schien ebenfalls einen Aufschub zu wünschen — doch Lassalle wollte auf nichts hören und forderte mich peremptorisch auf, für den nächsten Morgen Alles für das Duell anzuordnen."

Um 3 Uhr Nachmittags erschienen Graf Bethlen, Graf Kayserlingk und Dr. Arndt in der Wohnung Rüstow's. Dieser versuchte ein Arrangement zu bewerkstelligen, doch bestand die Gegenpartei auf folgenden Bedingungen: Abbitte auf Seiten Lassalles und Rückgabe der Briefe Helenens. Natürlich wiesen dies die Secundanten Lassalles zurück. Da dieselben jedoch die Hoffnung auf eine gütliche Beilegung noch immer nicht aufgeben wollten, veranlaßten sie, daß Abends 8 Uhr eine nochmalige Zusammenkunft bei Rüstow festgesetzt werde. Hierauf wurde der Modus des Duells, für den Fall, daß es stattfinden sollte, festgesetzt. Die Secundanten Rackowicz's bestanden auf gezogenen Pistolen, diejenigen Lassalles auf glatten, und der Vorschlag der letzteren ging durch.

Natürlich waren alle Versuche, die Angelegenheit gütlich beizulegen, fruchtlos; und so wurde das Duell auf den 28. August, Morgens 9 Uhr, festgesetzt.

Nur mit großer Mühe konnte Rüstow ein paar glatte Pistolen auftreiben.

Vergebens rieth Rüstow schon am 27. August Lassalle, sich etwas einzuschießen und bezeichnete ihm den Ort, wo dies geschehen könne. Dieser erklärte das aber für „dummes Zeug" — Herr v. Rackowicz war anderer Ansicht. Er feuerte an diesem Nachmittag 150 Uebungsschüsse ab. Eine eigenthümliche Gefaßtheit bemächtigte sich Lassalles. Am Vorabende des Duells depeschirte er noch an Holthof:

„Completteste, unglaublichste Indignität der Person bewiesen, habe selbst verzichtet. Sistiren Sie alle weiteren Schritte.

Wenn Sie jemals die Geschichte genau erfahren, stehen Ihnen Haare zu Berge. Meinen tiefgefühlten Dank an Gneist für sein ritterliches Benehmen. Ferdinand."

Zur Sicherstellung der Secundanten schrieb Lassalle folgenden Zettel: „Aus gewissen Veranlassungen habe ich meinem Leben durch einen Pistolenschuß ein ·Ende gemacht."

Das Duell selbst ging folgendermaßen vor sich:

Nach 6½ Uhr morgens (28. Aug. 1864) fuhr Lassalle mit seinen beiden Secundanten und Herrn von Hofffstetten, den er für alle Fälle mitnehmen wollte, nach Carrouge, einer Vorstadt von Genf, ab. Hier sollten sich die Parteien um 7½ Uhr treffen. Vor der Abfahrt übergab Lassalle dem Secundanten Rüstow sein Testament, das dieser im Falle eines unglücklichen Ausgangs der Gräfin Hatzfeld zur Beförderung an die Genfer Justiz übergeben sollte, was auch geschehen ist.

Vor 7 Uhr war man in Carrouge. Unterwegs bat Lassalle den Oberst Rüstow, er möge doch bewerk= stelligen, daß das Duell auf französischem Boden statt= finde, damit er doch in Genf bleiben und die Angelegen= heit mit dem alten „Ausreißer" erledigen könnte. Diese Sicherheit Lassalles war dem Secundanten doch zu arg. Er bemerkte ihm, daß er auf der Mensur nicht allein stehe, daß jede Kugel treffen könne. Man dürfe einen Gegner nicht verachten. Aber die Worte Rüstows machten auf den Agitator gar keinen Eindruck. Da die Gegenpartei noch nicht da war, trank Lassalle, der gar keine Aufregung zeigte, eine Tasse Thee.

Um 7½ Uhr erschien Jankó von Rackowicz mit seinen beiden Secundanten und in Gesellschaft des Dr. Seiller, der einen passenden Ort kannte. Sie fuhren voraus und Lassalle mit seinen Freunden folgte ihnen.

Hofffstetten blieb in Carrouge zurück, er sollte in einer Droschke nachfahren. In der Nähe des Platzes, den Dr. Seiller im Auge hatte, stieg man aus und ging durch das Gebüsch, bis man an Ort und Stelle war.

Es wurden mehrere Schüsse vereinbart, d. h. es sollte so lange geschossen werden, bis einer der Gegner gefallen war. Rüstow wurde durch das Loos bestimmt, für den ersten Schuß zu laden und das Commando zu geben.

Die Parteien wurden nun auf die Mensur gestellt, während Rüstow lud. Man ermahnte ihn von mehreren Seiten, je recht accentuirt und laut zu commandiren. Für jeden Schuß waren 20 Secunden gegeben, welche von dem ladenden Secundanten dadurch zu markiren waren, daß er beim Anfang 1, bei 10 Secunden 2, bei 20 Secunden drei commandirte. Rüstow beobachtete die Vorsicht, vorher noch „Achtung" zu rufen.

Er gab das Commando 1. Kaum 5 Secunden später fiel der erste Schuß und zwar von Seiten des Herrn v. Rackowicz. Unmittelbar nachher, es verging nicht eine Secunde, antwortete Lassalle.

Er schoß vorbei. Er hatte den Tod schon im Leibe. Es war ein Wunder, daß er überhaupt noch hatte schießen können.

Nachdem er gefeuert, trat er unwillkürlich 2 Schritte links. Nun erst hörte Rüstow — denn er hatte auf die Uhr sehen müssen —, wie Jemand — entweder Graf Bethlen oder Dr. Seiller — Lassalle fragte: „Sind Sie verwundet?"

Darauf antwortete dieser: „Ja."

Man führte ihn sogleich auf eine Decke, wo man ihn hinstreckte und ihm zugleich den ersten Verband anlegte.

Während des Duells wurde zwischen den beiden Duellanten kein Wort gewechselt und nach Beendigung desselben verließ Rakowicz mit seinen Secundanten den Schauplatz, während Dr. Seiller und Rüstow

Lassalle zu einer Kutsche führten und ihm hinein halfen. Bethlen fuhr mit Hofstetten in der Droschke zurück, in welcher der Letztere gekommen war.

Rüstow ließ den Kutscher die Wege einschlagen, wo es kein Pflaster gab. Nur 200 Schritte weit hatte man über Steine zu fahren.

Lassalle war unterwegs sehr still, nur als man über das holprige Steinpflaster kam, sprach er von dem Schmerze, den ihm die Wunde verursache und fragte, ob man bald zu Hause sein werde.

Alsbald stellte es sich heraus, daß die Wunde tödtlich war.

Wie die Gräfin Hatzfeld später erzählte, sprach Lassalle in den drei Tagen, da er an seiner Wunde darniederlag, kein Wort. Nur einmal ist er vom Schmerz emporgeschnellt und hat stürmisch zu trinken verlangt. Ihm wurde, wie das bei Duellverwundungen zu geschehen pflegt, so viel Opium zur Stillung seines Schmerzes eingegeben, daß er fortwährend davon betäubt war. Obgleich ihn mehrere berühmte Aerzte behandelten, konnte er doch nicht gerettet werden, denn seine Wunde war absolut tödtlich. Am 31. August hauchte der merkwürdige Mann seinen Geist aus. Der „herrliche Aar" hatte die Flügel gesenkt und die Arbeiter, welche später zu seinem Grabe in Breslau wallfahrten, sangen das Lied:

In Breslau ein Kirchhof,
Ein Todter im Grab;
Dort schlummert der Eine,
Der Schwerter uns gab.

Es möge hier noch ein anderer kürzerer Bericht über die Vorgänge beim Duell Platz finden:

„... Kurz nach 8 Uhr waren die Vorbereitungen zu Ende. Lassalle stand mit der linken Schulter etwas nach vorn gebeugt; — in dem Augenblicke, als er losdrücken wollte, blitzte Rakowicz's Pistol auf, eine

Kugel drang Laſſalle von der linken Seite her an der tiefſten Stelle in den Unterleib, zerriß alle edlen Theile und drang an der rechten Seite wieder heraus. Der in demſelben Moment von Laſſalle abgefeuerte Schuß hatte nicht getroffen. Laſſalle hielt ſich noch einige Zeit aufrecht, er wurde ins Hotel gebracht, ſchleppte ſich, was bei den erhaltenen Wunden faſt unmöglich ſcheint — ſelbſt die Treppe hinauf, brach aber dann zuſammen und wurde zu Bette gebracht.''

Intereſſant iſt, was die Urheberin des Duells, die edle Helene, in ihren Memoiren augenverdrehend über dieſen Zweikampf ſagt: „ . . . Laſſalle wird natürlich Jankó tödten. Das verſtand ſich für mich ſo von ſelbſt, ſtand ſo unabweisbar, ſo gewiß feſt, wie für die Anderen das Duell. Ich fühlte nicht einmal Mitleid mit ihm, meinem einzigen Freund; ich ſah es eben als nothwendig an; er mußte ſterben und das konnte mich vielleicht zum Glücke führen! Der Gedanke ſcheint heute auch mir herzlos, grauſam, aber damals hatte ich nur eine Idee; wie komme ich am ſchnellſten zu Laſſalle? Außerdem betrachtete ich Jankó als mir gehörend, als mein Ding, als eine Stufe, um dieſen meinen genannten Zweck zu erreichen! — Ich rechnete weiter: „wenn Jankó todt iſt und ſie bringen ihn zurück, ſo entſteht große Aufregung, Niemand paßt auf mich auf, ich entwiſche — und bin bei Laſſalle, bei ihm auf immer!'' So fand ich mich nicht nur leicht in dies Duell, ſondern ich war gewiſſermaßen zufrieden damit. Daß es anders als auf die gedachte Weiſe enden konnte, das kam mir auch nicht einmal wie eine traumleichte Ahnung. Laſſalle muß leben! Jankó untergehen! — Wir glauben ja immer nur, was uns zu unſern Plänen am beſten paßt . . . Da wurde die Thür aufgeriſſen. Jankó ſtand vor mir. Ich war ſo überraſcht, daß ich nicht ſprechen konnte, nur flüchtig dachte: „Alſo fand das Duell gar nicht ſtatt — und Alles bleibt beim

Alten!" — Er kam auf mich zu, nahm meine Hände und frug diese küssend: „Freust Du Dich, daß ich lebe?"

Mechanisch antwortete ich: „O ja, — gewiß!"

„Aber, was wirst Du thun, wenn ich Dir sage, daß Lassalle verwundet ist?"

Ich lachte auf — alles dies fast unbewußt und ich sagte: „Das würde ich nicht glauben."

Traurig flüsterte er: „Aber es ist so — ich habe ihn verwundet, ohne es zu wollen — und hoffentlich nur leicht!"

„Du ihn? Das muß freilich sehr leicht sein!" meinte ich höhnend und mürrisch: „Geh — laß mich allein!"

Was soll ich von den nächsten Tagen berichten? Ich hörte um mich her flüstern, hörte ab und zu Worte, wie: er hat Schmerzen — er hat viel Opium erhalten, — aber die Gespräche hörten auf, wenn ich dazu kam und in mir wurde Alles starr und leblos, bis auf den Haß gegen die Eltern, der sich erst von da ab zu voller Stärke ausbildete; hatten sie doch das Duell producirt durch ihr abscheuliches Handeln und hatten sie doch statt des Vaters, den unschuldigen, nichts Unedles wollenden Jankó vorgeschoben — ihm die ungewohnte Waffe in die Hand gezwungen.

So kam der dritte Morgen! — Da kam Jankó um 10 Uhr zu mir und bat mich, ihm in den Garten zu folgen: „Ich habe Dir Schweres zu sagen — hier kann ich nicht."

Ich hatte ihn nicht angesehen und folgte ihm nur gleichgiltig herunter. Er führte mich zu einer Bank; ich wunderte mich über sein langes Schweigen und schlug die Augen zu ihm auf — da erst sah ich, daß er geisterhaft bleich war.

„Nun?" frug ich.

Und sorglos brachte er hervor: „Lassalle ist todt."

Was ich da empfand — ich weiß es eigentlich nicht. Zuerst, denke ich, glaubte ich es nicht, — dann,

als er es mir ausführlicher berichtete, stieß ich ihn
zurück und ächzte: „Geh — geh — dann haß ich dich
auch!" — Und dann wurde alles in mir still, so still,
als ob mit dieser Nachricht auch ich — wenigstens mein
wahres, wirkliches Ich gestorben sei. —

So war es wohl auch. Ich habe mich von dieser
Empfindung erst Monate nachher — ganz habe ich
mich nie davon erholt." — —

Es bedarf wohl nicht erst der ausdrücklichen Be=
tonung, daß diese „Rettung" Frau Helenen durchaus
mißglückt und ein Gemisch von Redensarten und Schön=
thuerei ist. Am Schlagendsten widersprechen ihren Phrasen
die Thaten.

Schon ein halbes Jahr nach dem Tode Lassalles
wurde Helene die Gattin des angeblich von ihr ge=
haßten Bojaren — 5 Monate darauf freilich wurde sie
schon Wittwe; der „Mann mit dem dunklen Teint und
den schwarzen Haaren", der mit einem Fingerdruck den
„Dichter, Denker und Staatsmann" geworfen, sollte
sich seines Triumphes nur flüchtige Zeit erfreuen.

„Ein Gladiator, der mit Lächeln auf den Lippen
sterben wird," hatte Heinrich Hein'e den 19 Jährigen
prophetisch genannt. Dieser Gladiator ist aber nicht
im Kampfe um die edlen Güter des Lebens gefallen —
doch ist immerhin ein bedeutender Mann mit ihm er=
loschen und sein tragisches Ende versöhnt uns einiger=
maßen mit all' den Excessen dieses maßlosen Titanen,
der — im Bewußtsein seiner Kraft — die der guten
Sitte und Moral gezogenen Schranken oft in frevel=
hafter Weise durchbrach.

Otto von Bismarck und Rudolf Virchow.

Eine kraftstrotzende Natur, eine angeborene Tapferkeit, ja Heldensinn, ein ausgeprägtes Standesbewußtsein und der höchste Begriff von Ehre —
diese Momente mußten dazu beitragen, daß der junge
Otto von Bismarck, der jetzige Fürst und Reichskanzler, sich von Niemand beleidigen ließ und gar oft
mit der Waffe in der Hand Genugthuung verlangte.
Die Biographen des größten Staatsmanns unseres
Jahrhunderts wissen darüber manche höchst interessante
Geschichten zu berichten.

Es ist bekannt, daß er sein erstes Duell in Berlin ausfocht, bevor er als Student nach Göttingen kam. Sein
damaliger Gegner war ein junger Mann, Namens Wolf,
und dieser stritt, gleich den alten Parthern, nur fliehend,
aber er stritt doch. Bei dieser ersten „Paukerei" Bismarck's
scheint es etwas uncommentmäßig zugegangen zu sein,
denn der damals schlanke und schmächtige junge pom-
mersche Edelmann wurde am Bein verwundet, während
er dem Monsieur Wolf die Brille abhieb.

In Göttingen freilich sollte es ganz anders kommen — der flotte, forsche und schneidige Corpsbursche duellirte sich dort nach allen Regeln des Studenten-Comments! Jene Lebenszeit Bismarcks hat G. Schwetschke in seinem lustigen Epos: „Bismarckias" in köstlicher Weise besungen:

Abgeschüttelt von den Sohlen
Ist der Schulstaub; hohe Wogen
Tragen jetzt das Schiff des Jünglings.
Alle Anker sind gelichtet,
Alle Segel aufgezogen
Und der Burschenfreiheit Flagge
Lustig flatternd zeigt die Inschrift:
„Nitimur in vetitum."

Schöne Tage wilder Freiheit!
Fröhlich sammelt ihr die Jünger
Der kastilischen neun Schwestern
Auch in andrer Götter Hallen.
An den duftenden Altären
Eines Bacchus und Gambrinus,
Edler Säfte milder Spende,
Opfert froh der Neophyt.

Auch des kampfesfrohen Mavors
Heiligthum erschließt sich prangend.
Hört ihr dort den Schall der Waffen?
Hört ihr dort des Kampfes Tosen?
Hei, wie blitzen scharfe Klingen,
Hei, wie pfeifen Terz und Quarten,
Wie so Mancher haut so Manchem
Ueber's Maul und wird gehau'n.

Und so schlang ein rother Faden,
Nämlich das von Blut und Eisen,
Damals schon durch uns'res „Burschen
Erdenwallen" sich; es melden
Göttingen, Berlin und Greifswald
Kühnen Muthes hohe „Thaten,
Von vergangner Jahre Tagen",
Wie einst Ossian es sang.

Zuerst wurde er von 4 Studenten vom Corps der Hannoveraner gefordert, weil er mit dem epitheton ornans: „Dummer Junge" einen der flotten Corps-studenten, der sich über seinen Anzug lustig gemacht, benannt hatte. Doch kam es zu keinem Duell, denn die vier Corpsbrüder revocirten. Der „Fuchs" Bismarck sprang bei den Hannoveranern ein, worüber die Braun-schweiger, bei denen dieser die Waffen belegt hatte, so wüthend wurden, daß der Consenior der Braischweiger Bismarck forderte; es ging bald los, und der Herr Consenior wurde mit einem „Blutigen" quer durch das breite Gesicht abgeführt.

Diesem ersten Duell folgten in Göttingen allein einige zwanzig andere. Bismarck focht sie alle glücklich aus und ward nur in einem einzigen durch das ab-springende Stück der Klinge seines Gegners verwundet. Die Narbe sieht man noch immer auf der Wange des Herrn Reichskanzlers. Doch galt nach strengem Pauk-comment dieser „Blutige" nicht, da er eben nur durch das abspringende Stück der Klinge verursacht worden, und er wurde auch, zum großen Verdruß des Gegners, für ungültig erklärt.

Doch hatte kein einziges Duell solches Aufsehen gemacht als das — beabsichtigte, welches zwischen dem Ministerpräsidenten Otto von Bismarck und dem preußischen Abgeordneten Rudolf Virchow im Jahre 1865 stattfinden sollte, aber zum Glück nicht vor sich gegangen ist.

Obschon wir in dieser Blättern nur von aus-getragenen Zweikämpfen erzählen, so mag doch dieser Herausforderung, welche Wochen lang die Presse des In- und Auslandes beschäftigte, hier Erwähnung geschehen.

In der Sitzung des preußischen Abgeordneten-hauses vom 2. Juni 1865 war es bei der Berathung der Marinevorlage zu heftigen Aeußerungen Seitens des Abgeordneten Virchow gegen den Ministerpräsidenten

O. v. Bismarck gekommen. Die Virchow'schen Aeußerungen bezogen sich auf die Erklärung des Ministerpräsidenten, daß der Commissionsbericht über die Marinevorlage eine indirecte Apologie Hannibal Fischers sei und lauteten nach dem stenographischen Bericht wörtlich wie folgt: „Gegenüber der Behauptung bin ich genöthigt, Ihnen einige Stellen des Berichtes unmittelbar vorzuführen, von denen ich in der That nur annehmen kann, daß der Herr Ministerpräsident sich nicht Mühe genommen, den Bericht ganz zu lesen, indem ich vielleicht voraus= setzen darf, daß es ihm genügt hat, den Schluß, soweit er sich gerade um die schwebende schleswigholsteinsche Frage bewegt, seiner Prüfung zu unterziehen. Aber wenn er ihn gelesen hat und sagen kann, es seien keine solche (anerkennenden und sympathischen) Erklärungen darin, so weiß ich in der That nicht, was ich von seiner Wahrhaftigkeit denken soll."

Diese brüsque Aeußerung mußte begreiflicher Weise den Ministerpräsidenten verletzen. In der That tauchten bald Gerüchte darüber auf, daß Herr von Bismarck die Angelegenheit auf persönlichem Wege weiter ver= folgen wolle.

Die Verhandlungen zwischen Bismarck und Virchow wurden in dieser Angelegenheit durch Herrn v. Hennig, den Vertreter des berühmten Berliner Pathologen und Parlamentariers, und den Legationsrath Herrn v. Keudell, den Repräsentanten des Minister=Präsidenten, geführt.

Diese Duellaffaire kam einige Tage darauf, am 8. Juni, auch im Abgeordnetenhause durch Herrn von Forckenbeck, den jetzigen Berliner Oberbürgermeister, zur Sprache. Er nahm natürlich für seinen Freund und Gesinnungsgenossen Virchow Partei, indem er u. A. ausführte: er wolle nicht untersuchen, wie Jemand zu einer Handlung gezwungen werden könne, die durch das Gesetz, die Moral und die gesellschaftliche Anschauung

verboten ist, aussprechen aber wolle er, daß die Ehre
des Ministers mit seinem Erscheinen im Hause unter
der Geschäftsordnung desselben stehe, und daß deshalb
ein Abgeordneter seine Pflichten verletze, wenn er außerhalb des Hauses einen Streit erledigen wolle, der durch
Aeußerungen von der Tribüne herab herbeigeführt sei.
Der Minister dagegen verübe das schwerste Attentat
gegen die Privilegien des Hauses, wenn er die Rede-
freiheit des Abgeordneten beeinträchtige und ihn wegen
seiner Aeußerungen im Duell verantwortlich machen
wolle. Das Duell könne und dürfe daher nicht stattfinden, der Präsident des Hauses habe die Freiheiten
des Landes wie die Rechte des Hauses zu schützen und
er ersuche ihn daher, in dieser Beziehung den geeigneten
Ausspruch zu thun.

In dieser „schneidigen" Tonart ging es dann weiter.

Der Präsident Grabow stellte sich auf den Standpunkt
Forckenbecks, indem er die Erwartung aussprach, daß
sich jeder Abgeordnete der Geschäftsordnung des Hauses
fügen werde und daß im vorliegenden Falle die Sache
mit der Erklärung des Präsidiums ihre Erledigung gefunden habe.

Der Kriegsminister Herr v. Roon meinte dagegen,
der durch den Abgeordneten Forckenbeck zur Sprache
gebrachte Fall entzöge sich zwar jeder Discussion Seitens
des Ministeriums; in seiner doppelten Eigenschaft als
Abgeordneter und Minister müsse er aber gegen die
Meinung protestiren, daß die persönliche Ehre jedes
im Hause Anwesenden durch die Geschäftsordnung zu
wahren sei. Die persönliche Ehre sei das Schönste
des Menschen, dessen Sicherung ihm allein obliege,
und keine Macht der Erde könne Jemanden
über eine ihm widerfahrene Beleidigung hin-
wegsetzen. Er, obgleich Soldat, sei keineswegs ein
unbedingter Anhänger des beregten Auskunftsmittels;
er sei aber der Ansicht, daß ein Mann, der seine Ehre

9*

angegriffen glaube, sich keinem Ausspruche zu unterwerfen habe. Reiche das Wort des Herrn Präsidenten
aus, dem Herrn Ministerpräsidenten das zu geben, was
er verlangen könne, so sei die Sache erledigt. Das sei
aber, nach seiner Ansicht, nicht der Fall, und wenn, dem
Ausspruche des Hauses gemäß, der Abgeordnete Virchow
nicht geneigt sei, die Erklärung abzugeben, die man
von jedem Ehrenmanne verlangen könne, so müsse er
natürlich dem Ministerpräsidenten die Maßregeln anheim-
stellen, die er für nöthig erachte. Werde Jemand durch
technische Mittel herausgefordert, so müsse ihm die Wahl
des zur Ausgleichung führenden Weges überlassen bleiben
und wollte das Haus dem Abgeordneten Virchow durch
einen Beschluß verbieten, auf irgendwelchem Wege
Genugthuung zu geben, so würde es damit seiner Ansicht
nach seine Competenz überschreiten.

Dieselbe Ansicht wie der Kriegsminister vertrat auch
die conservative Partei, deren Sprecher der Abgeordnete
von Blankenburg war. Er erklärte, daß er mit
den Deductionen des Präsidenten Grabow nicht einverstanden sei, daß vielmehr Jeder einer im Hause
ausgesprochenen Beleidigung außerhalb des Hauses die
Folge geben dürfte, welche passend scheine.

Die Linke und die katholische Partei standen auf
Virchow's Seite; so meinte der Abgeordnete Schulz-
Borken: wenn das Haus einen Beschluß fassen wolle,
daß das Duell überhaupt sowohl den geltenden Straf-
gesetzen als aller Gesittung und Religion in schnödester
Weise Hohn spreche und daher kein Staatsbürger, am
wenigsten ein Mitglied des Abgeordnetenhauses, dazu
gezwungen werden dürfe, — so würden seine katholischen
Freunde mit Freuden einem solchen Beschlusse zustimmen.

Der Abgeordnete von Saucken-Julienfelde warnte
das Haus vor einem Beschlusse, der das Gewissen einer
Minorität verletze, welche nun einmal mit dem Vor-

urtheil behaftet sei, daß ein Duell unter Umständen
nicht vermieden werden könne.

In der That wurde kein derartiger Beschluß gefaßt,
wohl aber hob der Präsident Grabow nochmals hervor,
daß er bei seiner Meinung beharre. Er müsse abwarten,
welche weitere Deutung man diesem Ausspruche zu geben
gedenke. Er habe innerhalb des Hauses die Geschäfts=
Ordnung des Abgeordnetenhauses zu leiten und er hoffe,
daß Virchow, der damals abwesend war, in dem vor=
liegenden Fall sich der Geschäftsordnung des Abgeordneten=
hauses fügen werde.

Tags darauf fragte der Kriegsminister brieflich bei
Virchow an, ob er glaube, daß er in Folge dieser Ver=
handlungen jeder weiteren Erklärung oder Genugthuung
sich enthoben erachte, worauf Virchow erwiderte, daß
er das Duell allerdings ablehne, nach wie vor jedoch
geneigt sei, die von Herrn v. Bismarck gewünschte
Erklärung im Hause abzugeben, sobald der Minister=
präsident seinem — Virchow's — Verlangen entspreche,
wobei er dem Chef der Regierung die Feststellung des
Wortlauts der Erklärung überlassen wolle.

Nachdem Virchow im Parlament am 17. Juni die
Versicherung abgegeben hatte, daß er weit davon entfernt
gewesen, den Ministerpräsidenten beleidigen zu wollen,
vielmehr in der von ihm — Virchow — fest geglaubten
Thatsache, daß Bismarck den betreffenden Commissions=
bericht nicht gelesen, eine Entschuldigung erblickt habe,
erklärte er sich bereit, die — angeblich injuriöse —
Aeußerung zurückzunehmen, falls Herr v. Bismarck
zuvor verspreche, daß er mit Bezugnahme auf Hannibal
Fischer weder ihn, den Referenten, noch die Commissions=
mitglieder habe beleidigen wollen.

Mit dieser Ehrenerklärung Virchows gab sich Herr
von Bismarck zufrieden. Der Kriegminister theilte dem
Abgeordneten mit, daß der Herr Ministerpräsident auf
eine weitere Satisfaction verzichte.

Wenn es zu keinem Duell kam, so trug dazu das maßvolle Benehmen des leitenden Staatsmannes sowohl wie das des Professors Virchow bei. Eine gewisse Presse that wahrlich alles Mögliche, um die Leidenschaften zu schüren und auch in Volks- und Wahlversammlungen wurde heftig pro und contra agitirt.

Daß übrigens in der Duellfrage selbst Mitglieder des linken Centrums auf dem Standpunkt Roons standen, bewiesen die Aeußerungen von Bockum-Dolff's und Stavenhagen's. Letzterer, ein Generalmajor a. D., gest. 30. März 1869, meinte u. A.: „. . Ich will zugeben, daß es Vorurtheile sind, von denen hier die Rede ist, aber wenn man mit gewissen Vorurtheilen alt geworden ist, so nimmt man sie mit ins Grab hinein. Ich für meine Person bin nicht der Ansicht, daß ich durch die Verfassung oder durch die Geschäfts- ordnung verpflichtet werden könnte, die Wahrung meiner eigenen Ehre in irgend einem Falle von einem Beschlusse dieses Hauses abhängig zu machen."

*   *   *

21 Jahre später, in der Sitzung des Reichstages vom 13. Dec. 1886, bildete die Duellfrage wieder den Gegenstand einer parlamentarischen Debatte. Von den Ministern war es diesmal weder der Herr Reichskanzler, noch der Herr Kriegsminister, der zu Worte kam, sondern der Minister des Innern, Herr v. Puttkamer. Der Centrumsabgeordnete Reichensperger brachte nämlich einen Antrag und einen Gesetzentwurf bezüglich des Duells ein. Die Debatten waren so interessant, daß es sich wohl verlohnt, auf dieselben hier mit einigen Worten zurückzukommen. Reichensperger ließ sich über das sog. amerikanische Duell vernehmen und sein Gesetzentwurf wendete sich gegen diese schreckliche Ausartung des Zwei- kampfs. Es stellte sich nun heraus, daß im Parlamente die

Gegner des Zweikampfes ebenso stark vertreten waren
als dessen Freunde. Reichensperger stellte folgende Anträge:
Der Reichstag wolle beschließen: 1) die Erwartung
auszusprechen, daß die verbündeten Regierungen dem
immer weiter um sich greifenden Duellunwesen mit
entsprechendem Nachdruck sowohl auf autoritativem
Wege, wie durch disciplinäre und strafgerichtliche Re-
pression entgegenwirken werden; 2) dem nachfolgenden
Gesetzentwurfe die verfassungsmäßige Zustimmung zu
ertheilen:

Gesetz, betreffend die Ergänzung des Strafgesetz-
buchs für das Deutsche Reich vom 15 Mai 1871.

Einziger Artikel. Hinter dem § 210 des Strafgesetz-
buchs wird der folgende neue § 210a eingestellt:

§ 210a. Wenn zwei oder mehrere Personen
übereingekommen sind, daß ein im voraus bestimmter
Zufall darüber zu entscheiden habe, welcher von ihnen
sich selbst tödten soll, so sind dieselben mit Zuchthaus
bis zu fünf Jahren oder mit Gefängniß bis zu drei
Jahren zu bestrafen. Hat sich infolge eines solchen
Uebereinkommens ein Theil selbst getödtet, so tritt Zucht-
hausstrafe bis zu zehn Jahren oder Gefängnißstrafe bis
zu fünf Jahren ein.

Die Aufforderung zu einem solchen Uebereinkommen
ist als Versuch zu bestrafen. Die Theilnehmer unter-
liegen den Bestimmungen der §§ 48 und 49 des Straf-
gesetzbuches.

Als Gegner des Duells kamen einige Mitglieder
des Centrums und der Fortschrittspartei zu Worte; der
Herr Minister des Innern und die Herrren v. Reinbaben
und Freiherr Langwerth von Simmern hingegen
sprachen sich nicht so entschieden dagegen aus. Herr Reichensperger sagte u. A.: „. . Die Duelle widersprechen der christ-
lichen Moral, sie stehen im Widerspruch mit den Gesetzen . . . Ist denn überhaupt der Muth ein Maßstab der Ehre? Wäre das der Fall, dann müßte der

Mann, der auf schmalem Seil über den Niagara gegangen ist, der ehrenvollste Mann der Welt sein. Während unsere Gesetze das Duell verbieten, betrachtet man es im Heere als unerläßlich; nach Mittheilungen der Presse seien Freiwillige nicht zu Reserve-Officieren befördert worden, wenn sie sich als Gegner des Duells erklärt hatten. Die Praxis widerspricht also völlig der Theorie des Gesetzes . . . Wo bleibt das Ehrgefühl bei der Bestimmungsmensur, wenn Studenten sich gegenseitig das Gesicht zerschlagen, die sich vorher nie gesehen? Das ist eine grundsätzliche Rauferei. Wo bleiben unsere Gesetze, wenn ein Staatsanwalt es ausgesprochen hat, es sei Pflicht jedes ehrenwerthen Mannes, sich dem Duell zu unterziehen, nur müsse er dann auch den Muth haben, sich den gesetzlichen Folgen zu unterziehen? Ich kann nur sagen, daß dies eine Verkennung des sittlichen und ethischen Charakters des Strafgesetzes ist."

Ebenso äußerten sich die Herren Dirichlet und Möller. Dagegen meinte Herr von Reinbaben: „Es wäre doch noch gänzlich verfehlt, wenn man Duelle auf die gleiche Stufe stellen wollte, wie Todtschlag und Körperverletzung. Wenn es sich um meine moralische Existenz handelt, kann ich nur allein, ohne fremde oder gerichtliche Hilfe, für sie eintreten, und dafür ist das Duell da. Kann ein Mann, dessen Frau oder Tochter verführt wird, seine Familienehre durch eine dem Verführer aufzulegende Geldbuße sühnen? Nein, meine Herren, in solchen und ähnlichen Fällen ist das Duell eine zwingende Nothwendigkeit, wir müssen nur sorgen, daß es nicht in frivole Spielerei ausartet."

Und Freiherr von Simmern meinte: „Ich bin kein Freund der Pistolen-Duelle und glaube, daß diese durch strengere Strafbestimmungen wesentlich vermindert werden würden. Dagegen kann ich mich nicht so sehr gegen die Bestimmungsmensuren aussprechen, denn

einmal feftigen fie die Männlichkeit der jungen
Leute und anderfeits find fie weniger lebensgefähr-
lich. Ich fehe auch gar nicht ein, warum das Recht
der Forderung nur den Großmächten gegen einander zu-
ftehen foll. Diefe Menfuren bilden ein wirkfames
Gegengewicht gegen die Genußfucht der jüngeren Leute,
und fie repräfentiren ein gut Stück altgermanifchen kor-
porativen Lebens."

Befonders bemerkenswerth waren die Ausführungen
des Herrn von Puttkamer. Der Herr Minifter bemerkte u. A.:

„Wenn Sie meine private Anficht vernehmen wollen,
fo will ich Ihnen nicht vorenthalten, daß ich in diefen
beiden Anträgen nur einen zwar fehr wohlgemeinten,
aber, wie ich glaube, völlig erfolglofen Verfuch erblicken
kann, ein großes Problem zu löfen, an deffen Löfung
fich fchon Jahrhunderte vergeblich abgemüht haben.
Denken Sie an die Richelieufchen Duellmandate, denen
doch an Schärfe und Schneidigkeit gewiß nichts fehlte,
und durch welche die Duellwuth nicht nur nicht vermindert, fondern fogar erheblich vermehrt worden ift.
Alfo, wenn man diefem Gegegenftand mit Strafgefetzen
beikommen will, fo ift zu befürchten, daß man auf einen
falfchen Weg geräth." *)

Das Ergebniß der Reichstagsdebatte war, daß die
Reichenfpergerfchen Duellanträge einer Commiffion von
14 Mitgliedern überwiefen wurden. Inzwifchen aber
wurde, wie man weiß, der Reichstag aufgelöft, ohne daß
derfelbe in der Duellfrage einen Befchluß gefaßt hätte.

Gewiß wird diefes Problem gelegentlich wieder
den Reichstag befchäftigen, ob aber das Parlament
darüber bindende Befchlüffe faffen wird, kann füglich bezweifelt werden.

Die Duellwuth ift eine fociale Krankheit — nicht
Grundfätze, fondern Temperament, gefellfchaftliche Stellung,

---

*) Vgl. oben, S. 7 ff.

Standesbewußtfein und Leidenfchaften find hier maß-
gebend. Haben doch, wie wir wiffen, felbft fo erklärte
Gegner des Duells, wie Heine und Laffalle, zur Waffe
gegriffen, als es galt, eine brennende Schmach zu fühnen.
Die ftrengften ftrafgefetzlichen Verbote würden hier nichts
nützen, — hier gälte alsdann der Satz: „nitimur in
vetitum!"

Quelle in Oesterreich-Ungarn.

Allgemeines.

Im alten Kaiserstaate diesseits der Leitha — im eigentlichen Oesterreich — herrschen von jeher strenge Duellgesetze, in folge dessen kommen dort Zweikämpfe unter Bürgerlichen nicht so oft vor, und werden die Ehrenhändel zumeist nur von den Officieren der Armee ausgetragen. Die Rencontres werden daher mit Vorliebe jenseits der Leitha, wo man hinsichtlich des Duells viel nachsichtiger denkt, auf ungarischem Boden, ausgefochten. Ein beliebter Rendez-vous-Ort der Duellanten ist die ungarische, nicht weit von Wien entfernte Stadt Preßburg. Das berühmteste österreichische Duell, welches 1866 in Preßburg vor sich ging, war dasjenige des Generals fleischhacker, Platzcommandanten von Wien, der von seinem Gegner, — gleichfalls österreichischer General — erschossen wurde. Der Zweikampf war die folge einer Hänselei fleischhackers wegen der Niederlage bei Königgrätz, wodurch sich ein Brigade-General beleidigt gefühlt hatte. Da selten unversöhnlicher Haß das Motiv der Herausforderungen bildet, geschieht den tapferen Helden selten was Leids, vielmehr sind diese zumeist in der glücklichen Lage, schon mit dem nächsten Zuge nach Oesterreich zurückreisen zu können.

Doch sind auch in diesem Jahrhunderte auf öster-
reichischem Boden einige Duelle vor sich gegangen, welche
sehr tragisch geendet haben. So hat z. B. im Jahre
1875 in Prag der Zweikampf Kolowrat-Auersperg
stattgefunden, wobei letzterer getödtet wurde.

Im vorigen Jahre fand zwischen dem Lieutenant
G. und dem Baron W. in einem Walde in Graz ein
Pistolen-Duell statt, der mit dem Tode des Letzteren endete.
Eine Stunde später schlug sich derselbe Lieutenant bereits
mit einem Grafen B., wobei Letzterer einen Säbelhieb
davontrug. Ursache der beiden Duelle war ein schönes
Mitglied — natürlich weiblichen Geschlechts — des
Grazer Stadttheaters.

Es würde mich zu weit führen, wollte ich hier all'
die außerordentlich zahlreichen Officiersduelle auch nur
flüchtig schildern; besonders in der alten guten Zeit
waren die Zweikämpfe unter den Officieren gang und
gäbe, da es einst gewissermaßen zum guten Ton gehörte,
daß ein neu ernannter oder versetzter Officier mit sämmtlichen Kameraden des Regiments einen Strauß auszu-
fechten hatte, um dadurch seine Bravour und „Schneidigkeit" zu bewähren.

Ich verdanke die Kenntniß eines solchen besonders
charakteristischen Falles der Güte des k. ungarischen
Hauptmanns und Professors am k. reformirten Gym-
nasium zu Budapest, Herrn Géza von Kacziány. Derselbe schreibt mir darüber:

Der ungarische Garde-Oberlieutenant: Alexius
von Forró, Sprößling einer alten, siebenbürgischen
Adelsfamilie, wurde, nach abgelegtem Dienste in der
Garde, in Folge seines eigenen Ersuchens in's heimische
Székler Husaren-Regiment versetzt, um seiner Besitzung
näher zu sein und deren Verwaltung selbst in die Hand
nehmen zu können. Die Gardisten hatten damals noch
den Vorzug, das Regiment zur Fortsetzung ihres Dienstes
selbst wählen zu können. Forró, ein Athlet und ge-

fürchteter Haudegen, kam in der Garnison an, stellte sich
seinem Commandanten vor, erhielt von demselben die
Eintheilung in die 1. Escadron und begab sich in seine
Wohnung. um sich's dort behaglich einzurichten. Am
anderen Tage, als er noch zu Bette lag und in einem
Buche las — er hatte deshalb den Beinamen: Der
„Philosoph-Rittmeister", denn er war nie ohne ein Buch
zu sehen —, traten bei ihm zwei jüngere Officiere ein.
Nach gegenseitiger Vorstellung ersuchte sie Forró, Platz
zu nehmen und mit ihm sein bald ankommendes
Déjeuner zu theilen. Diese wiesen seine freundliche Einladung zurück, erklärten ihm vielmehr, daß sie sich durch
seine Versetzung beleidigt fühlten, da sie dadurch im
Avancement übergangen worden seien. Sie müßten ihn
deshalb ersuchen, ihnen zu erklären, ob er gesonnen sei,
ihnen Satisfaction zu geben oder nicht; im ersteren Falle
würden sie die nöthigen Secundanten und alle erforderlichen Vorkehrungen zum Duell u. s. w. besorgen.

Forró legt das Buch gemüthlich aus der Hand,
streckt seine Füße aus dem Bette und schlüpft in die
Pantoffeln, erhebt sich, wie er war, im tiefsten Negligée,
ergreift einen Säbel, welcher trophäenartig mit anderen
Waffen an der Wand hing und sagt zu dem ihm am
nächststehenden Officier:

„Sehr schön! Also ziehen Sie vom Leder und vertheidigen Sie sich!" Der betreffende Officier, an den
diese Anrede gerichtet war, erhob Einwendungen. Es
gehe ohne Formalitäten nicht, er werde sich allerdings
duelliren, denn er sei ja deshalb gekommen, aber nicht
auf solche Art. Vergebens, Forró zwingt ihn, den
Säbel zu ziehen. Nach kurzem Zweikampf erhält der
erstere Officier seine tüchtige Wunde am Gesicht und
wird kampfunfähig. Nun kommt sein Kamerad, der
gleich einer Salzsäule dagestanden hatte, an die Reihe,
der von Forró gleichfalls einen gründlichen Schmiß zur
freundlichen Erinnerung davonträgt.

Der „Philosoph-Rittmeister" warf den Säbel weg und klingelte seinem Burschen:

„Pista, bring' schnell Charpie, frisches Wasser und Handtücher!" Eine abgetragene „Unaussprechliche" wurde in aller Schnelligkeit zu Charpie und Verband umgewandelt, und die zum Glück nur leichten Wunden wurde gewaschen und verbunden.

„Nun, Kameraden, — sagte Forró ganz gemüthlich — jetzt theilt mein bescheidenes Frühstück mit mir! Es ist sehr gesund, vor dem Frühstück ein wenig Bewegung zu machen, das Essen schmeckt dann um so besser! Pista, bring' noch Teller und Bestecks für die Herren Officiere!"

Die „Herren Officiere" hatten aber keine Lust, die Gäste des Herrn von Forró zu sein, sondern empfahlen sich schleunigst.

„Es hat mich sehr gefreut, Kameraden, Euch kennen zu lernen.— meinte Forró beim Abschied derselben in seiner aufrichtigen, cordialen Weise —, und falls die anderen Kameraden sich gleichfalls beleidigt fühlen sollten, bitte ich, ihnen nur zu sagen, daß ich stets, besonders vor dem Frühstück, aber auch auf die Dauer, bereit bin, solche gymnastische Uebungen mitzumachen. Die Sache ist ungemein appetitfördernd!"

Es braucht wohl nicht erst bemerkt zu werden, daß der Rittmeister nach dieser Affaire Seitens der übrigen Kameraden ganz unbehelligt blieb, da Niemand ihm bei seinen „gymnastischen Uebungen", worin er solche Virtuosität bekundete, secundiren wollte. Er war übrigens einer der liebenswürdigsten und beliebtesten Officiere im Regiment. Einige Jahre nach diesem lustigen, humoristischen Rencontre brach die ungarische Revolution von 1848 aus; Forró schloß sich der nationalen Regierung an und erwarb sich besonders in der Organisation des Széklerthums gegen die Oesterreicher und Russen große Verdienste.

* * *

Die österreichischen Officiersduelle werden meistens in aller Stille ausgetragen und nur spärliche Nachrichten bringen darüber in die Oeffentlichkeit; besonders wird das Geheimniß gewahrt, wenn es sich um hohe Persönlichkeiten handelt. So schwebt z. B. darüber noch dichtes Dunkel, wie der genannte Zweikampf zwischen dem Fürsten Auersperg und Graf Kolowrat, welche Beide Officiere waren, vor sich ging; ebenso wenig weiß man von dem Duell Edelsheim-Máriássy. Bekannt ist nur, daß dieser Ehrenhandel in Folge eines Wortwechsels in der Herbstmanöver-Conferenz ausgefochten wurde, wobei der commandirende General Baron Edelsheim-Gyulay eine lebensgefährliche Wunde davon trug und nur seiner abgehärteten und unverwüstlichen Manneskraft die Erhaltung seines Lebens zu verdanken hatte.

Einer der sensationellsten Zweikämpfe war derjenige von Schleyer-Bolgár, welcher in der Wiener Reitlehrer-Schule ausgefochten wurde. Franz von Bolgár, K. und K. Oberlieutenant a. D. und verantwortlicher Redakteur der „Militair-Zeitung" — gegenwärtig ungarischer Reichstag-Abgeordneter — veröffentlichte gegen den Obersten Schleyer, den neuernannten Commandanten des eben damals — 1884 — aufgestellten K. und K. Telegraphen- und Eisenbahnregiments, einen Artikel, worin das Verhalten des Obersten gegen die ihm untergebenen Officiere einer scharfen Besprechung unterzogen wurde.

Der schwer beleidigte Oberst ließ den Redacteur durch seine Secundanten um den Namen des Verfassers des betreffenden Artikels ersuchen; da jedoch Bolgár diese Nennung verweigerte, erhielt er von Schleyer eine Herausforderung. Der Zweikampf fand am folgenden Tage statt, wobei sich die Gegner zum ersten Male sahen. Als die beiden Parteien sich gegenseitig begrüßten, lüftete Bolgár den Hut und stellte sich dem Obersten vor.

— Nun, wer ich bin, das werden Sie vielleicht wissen —-, meinte dieser in gereiztem Tone.

Hierauf erfolgte zwischen den Gegnern ein kurzer, aber sehr heftiger Wortwechsel; alsdann begab sich jeder zu seinen Secundanten und das Duell begann. Die Distanz von 25 Schritten wurde abgemessen und mit geladenen Pistolen in der Hand stellte man die Gegner auf ihre Posten. Das Signal wurde gegeben; der erste Schuß gebührte dem Oberst; er schoß, doch traf seine Kugel nicht. Nun feuerte Bolgár aufs Geradewohl und Schleyer stürzte leblos zusammen. Die Kugel war ihm in die Stirne gedrungen; schon nach einigen Secunden gab der Verwundete seinen Geist auf.

Das unglückliche Opfer der „Ehre" wurde mit großen militairischen Ehren bestattet. Selbst Se. K. und K. Hoheit der Kronprinz Rudolf ließ sich bei der Leichenfeier vertreten, da der getödtete Oberst ein sehr tüchtiger und wissenschaftlich gebildeter Officier, auch längere Zeit hindurch Professor an der Kriegsschule war. Der Oberlieutenant, welchen übrigens das Militairehrengericht vollkommen freisprach, mußte von seinem Redactionsposten zurücktreten; er übersiedelte nach seiner Heimath Budapest, wo er noch ist, eine Militair-Zeitung: „Katonai Lapok" herausgiebt und als Abgeordneter im ungarischen Reichstage den Eisenstadter Wohlbezirk vertritt.

Ein blutiges Pistolenduell fand am 28. Februar 1887 in Budapest in der Rákoser Militairschießstätte zwischen dem ehemaligen Artillerieofficier und gegenwärtigen Eisenbahnbeamten Andráskay und dem Husaren-Oberlieutenant Püspöky statt. Die Entfernung war auf 25 Schritte mit doppeltem Kugelwechsel festgesetzt. Beim ersten Kugelwechsel streifte die Kugel Andráskays einen Finger der linken Hand des Gegners, Puspökys Kugel traf nicht. Beim zweiten Gange versagte die Kugel des Letzteren, während diejenige Andráskays seinem Gegner in die Stirn fuhr, so daß dieser zusammensank. Den Anlaß zum Duell gab eine politische Differenz, die bekannte Jansky-Affaire.

Wollten wir auch nur einen geringen Theil der Jahr aus Jahr ein in Budapest und Ungarn überhaupt stattfindenden Duelle beschreiben, so müßten wir dicke Bände füllen, denn wie Deutschland und Frankreich, so ist auch Ungarn das klassische Land der Zweikämpfe. Dort duellirt Alles; der Officier, der Student, der Journalist, der Advocat, aber auch der Kaufmann. Die Spalten der Blätter sind fast jeden Monat mit der Beschreibung eines sensationellen Ehrenhandels gefüllt. Mit allen Einzelheiten und Ausschmückungen werden diese oft höchst albernen und lächerlichen Affairen behandelt, so daß man gern wünschte, die ungarische Nation wäre bei all' ihrer Ritterlichkeit nicht so heißblütig und die Zeitungen weniger klatschsüchtig und skandallüstern. Wochenlang wird in der „Gesellschaft" von nichts Anderem gesprochen, als von der mehr oder weniger pikanten Ehrensache, und die Presse behandelt dieselbe mit einer Ausführlichkeit und Umständlichkeit, als handelte es sich um die wichtigste Haupt- und Staatsaffaire.

Die ungarischen Duelle lassen sich in drei Kategorien eintheilen; diese sind: 1) politische Duelle; 2) solche, bei denen irgend eine Frau im Hintergrunde steht, wo also das Wort gilt: „Cherchez la femme", und 3) die Jogászen-Duelle, d. h. Studenten- und s. g. „Hühneraugenkämpfe", wobei es sich um Kleinigkeiten handelt, die nur aus Prahlerei, Eitelkeit und Reclamesucht ausgefochten werden. Gegen die letztere, unglaublich verächtliche und widerwärtige Art der Duelle kämpft seit Jahrzehnten die aufgeklärte und gebildete ungarische Gesellschaft und die anständige Presse vergebens — wir unterlassen in

unferem Buche von denfelben Notiz zu nehmen, da
wir keineswegs gewillt find, für die Bramarbaffe und
Worthelden unwillkürlich Reclame zu machen.

Aus der Fülle der der erfteren Kategorie angehören-
den Zweikämpfe feien hier nur z w e i hervorgehoben, welche
f. Z. das größte Auffehen hervorgerufen haben und die
noch jetzt hohes Intereffe beanfpruchen dürfen.

Graf Victor Zichy-Ferraris und Graf Károlyi.

Die ungarische Aristokratie und Gentry zeichnet sich durch eine in Ehrensachen sehr empfindliche Haltung aus. Jene hohen Magnaten und vornehmen Cavaliere haben natürlich ihre noblen Passionen, aber wenn die Ehre in Frage kommt, sind sie von skrupulöser Genauigkeit und Gewissenhaftigkeit, und so mancher Träger eines berühmten aristokratischen Namens mußte für eine nicht ganz korrekte oder unanständige That im Duell mit dem Leben büßen.

Einer der blaublütigsten Cavaliere war auch Graf Victor Zichy-Ferraris, Mitglied des Oberhauses, Obergespan und schließlich auch Unterstaatssecretair. Ein hochbegabter, strebsamer und ehrgeiziger Mann, machte er vor seinem Eintritt in das Ministerium den Tanz um das goldene Kalb mit und ließ sich in Geldgeschäfte ein, die ihm zwar Hunderttausende einbrachten, aber nicht ganz reinlich und zweifelsohne waren. Als im Jahre 1879 vor dem Wiener Schwurgericht der Prozeß gegen die Ordensschacherer Sonnenberg und Schweizer schwebte, machte der Wiener Staatsanwalt Soos in seiner Anklage eine Aeußerung, welche dahin gedeutet wurde, daß auch Graf Victor Ferraris bei der Ordensvermittelung seine Hand im Spiele gehabt und dabei eine unrühmliche Rolle gespielt habe. Dies veranlaßte den ungarischen Abgeordneten und Publizisten Johann von Asbóth, in dem ungarischen Blatte: „Magyarország" die heftigsten Angriffe gegen den Grafen Zichy-Ferraris zu veröffentlichen und bezüglich dessen geschäftlichen Praktiken mit Baron Victor von Erlanger und verschiedenen Banken und Actiengesellschaften „Enthüllungen" zu machen, die in den weitesten Kreisen Ungarns und des Auslandes das peinlichste Aufsehen erregten und den bloßgestellten Grafen schließlich veranlaßten, von seiner amtlichen Stellung zurückzutreten, denn sowohl der ungarische Premierminister Se. Excellenz Koloman von Tisza als auch selbstverständlich der ruhmreiche König Franz Joseph von Ungarn kann keinen Beamten im Dienste dulden, dessen Ehrenschild nicht ganz makellos ist, obschon alle Beschuldigungen sich nicht auf den Staatssecretair, sondern auf den Privatmann bezogen hatten.

Der Graf mußte aber auch aus dem Pester Jockey-Club austreten. Ebenso wurde er aus dem „Nationalcasino," welches die Blüthe der ungarischen Aristokratie zu seinen Mitgliedern zählt, in dessen Sitzung am 28. Dec. 1879 mit 26 gegen 7 Stimmen, hinausballotirt. Diese Ausschließung ging hauptsächlich in Folge der Initiative der Grafen Stephan Károlyi und Elemér Bathhányi vor sich.

Dem in solcher Weise compromittirten Grafen Victor Zichy-Ferraris blieb nichts anderes zur Herstellung seiner „Ehre" übrig, als einen seiner Hauptgegner, den Grafen Stephan Károlyi zu fordern.

Noch vor einem Jahre gehörte Zichy-Ferraris zu den einflußreichsten und gesuchtesten Cavalieren der Hauptstadt. Wenn er in seinem einspännigen Cabriolet dahin fuhr, bildete er den Gegenstand des Neides und der Bewunderung des Publikums; alle Frauen sympathisirten mit dem galanten und schönen Mann, und alle Männer erkannten willig seine hervorragende geistige Begabung an — und nun war er ein Geächteter. Nicht nur den Staatsdienst mußte er quittiren, sondern auch die gute Gesellschaft gab ihm den Laufpaß und zwei solche vornehme Cirkel der höchsten Aristokratie, wie der Jockey-Club und das Nationalcasino, ertheilten ihm einen moralischen Fußtritt! Das Leben hatte für ihn keinen Werth mehr und nur durch ein Duell konnte er sich einigermaßen in den Augen der „oberen Zehntausend" rehabilitiren.

Er hatte schon vorher den genannten Journalisten Johann von Asbóth, der ihn so schonungslos angegriffen, zum Zweikampfe herausgefordert, aber dieser nahm die Herausforderung nicht an; mehr Glück hatte er mit dem Grafen Stephan Károlyi.

Die Präliminarien des Duells waren die folgenden: Am 5. Mai 1880 erschien in den Budapester Blättern eine „Erklärung" des Grafen Zichy, worin er den Grafen Károlyi für einen „Verläumder" und „Feigling" declarirte, weil dieser ihn aus dem National-casino hinausballotiren ließ. Tags darauf erwiderten die Herren, welche den Antrag Károlyis im National-casino unterstützt hatten: Graf Aurel Dessewffy, Graf Elemér Batthányi, Graf Koloman Almássy jr., Graf Moritz Esterházy, Baron Siegmund Uechtritz, Nicolaus und Ernst Blaskowitsch, Béla von Pázmándy und Alex. von Majthényi, daß, da Graf Victor Zichy-Ferraris Handlungen gegen die Ritterlichkeit verstießen, er satisfactionsunfähig sei und Niemanden beleidigen könne, und so könnten sie auch durch seine Erklärung den Grafen Károlyi nicht für beleidigt erachten, seien vielmehr der

Ansicht, daß Graf Zichy keine Genugthuung gegeben werden dürfe.

Zichy, der à tout prix sein Duell haben wollte, replicirte darauf, indem er den Grafen Károlyi nochmals für einen „Feigling" erklärte, denn nur ein „Feigling" lasse sich und seine Ehre durch Andere vertheidigen.

Schwerlich hätte Károlyi auch diesmal den ihm so herausfordernd hingeworfenen Handschuh aufgenommen, wenn nicht plötzlich der Wiener Jockey-Club, dessen Mitglied er war, ihm gedroht hätte, ihn aus seiner Mitte auszustoßen, wenn er sich mit dem Grafen Zichy nicht schlage — so blieb ihm nichts anderes übrig, als zur Pistole zu greifen.

So nahm denn Graf Károlyi die Herausforderung des Grafen Zichy an. Das Duell fand am 24. Mai 1880 in einem Walde bei Preßburg statt. Die Zeugen des Grafen Zichy waren die Grafen Alexander Zichy und Heinrich Chorinski, die des Grafen Károlyi die Grafen Alexander Károlyi und Béla Széchényi. Es wurden 15 Schritte Distanz vereinbart. Zuerst schoß Zichy, traf aber seinen Gegner nicht, aber auch dieser verfehlte jenen. Dann schossen sie aufs Neue, wobei die Kugel Károlyi's Zichy mitten in der Brust traf und ihn tödlich verwundete. Der Schwerkranke wurde in das Palais seiner Eltern in der Damjanicsgasse in Budapest transportirt, dort starb er nach viertägigen entsetzlichen Qualen am 28. Mai 1880.

Und siehe da! Dieselbe Gesellschaft und dieselbe Presse, welche den Unglücklichen in den Tod hetzte, vergoß jetzt Krokodilsthränen, betrauerte seinen Tod aufs Schmerzlichste und wußte von ihm nur Gutes und Schönes zu sagen . . . Ein Ekel erfaßt uns, wenn wir an diese Tartüfferie denken!

Theilweise hat auch politischer Haß und wilder Fanatismus den Grafen in der Blüthe seines Lebens — er war erst 38 Jahre alt — und in der Fülle seiner Thätig= keit dem Untergange geweiht. Wenn wir auch die Fehler und Schwächen des Unglücklichen nicht in Abrede stellen wollen, so waren doch diejenigen, welche damals ihr „Kreuzige“gegen ihn riefen, keineswegs befugt, sich über ihn als Sittenrichter aufzuwerfen, ihnen war vielmehr das geschäftliche Treiben des Staatssecretairs vor dem An= tritt seiner amtlichen Stellung ein bequemer Vorwand, um dem Tisza'schen Kabinet eins zu versetzen, — wie wenig ihnen aber bisher diese Minirarbeit genützt hat, beweist der Umstand, daß dieses Ministerium trotz alledem noch immer besteht, vom Vertrauen der großen Mehrheit der Ungarn getragen wird und voraussichtlich erst mit dem Tode des genialen und thatkräftigen Staatsmannes Koloman von Tisza enden wird, unter dessen Regime Ungarn im europäischen Staatenconvente eine so hervorragende Stellung einzunehmen das Glück hat.

Ich erwähne noch, daß gegen den Grafen Károlyi Seitens des Budapester Gerichtshofes sofort die Unter= suchung eingeleitet wurde. Infolge deren wurde er zu 2 Jahren Gefängniß verurtheilt. Se. Majestät der Kaiser und König Franz Joseph I. begnadigte ihn später.

Baron Isidor Majthényi und Julius Verhovay.

Verschiedene Angriffe in der Presse gegen einen hochstehenden Magnaten wegen dessen finanziellen Praktiken und geschäftlichen Unternehmungen bildeten im
selben Jahre die Ursachen eines anderen Duells zwischen
dem Baron Isidor Majthényi und dem Journalisten Julius Verhovay.

Der Letztere, im Jahre 1880 auf der Höhe seiner
Volksthümlichkeit stehend, um einige Jahre später als
antisemitischer Agitator und in Folge seiner Criminal-
Affairen von aller Welt befehdet zu werden, veröffent-
lichte in seinem Blatte heftige Angriffe gegen den Grafen
Paul Festetitsch, weil dieser allerlei unerlaubte finanzielle
Operationen unternommen haben sollte.

Der Angegriffene war auf Reisen und verlangte keine
Genugthuung, statt seiner erschienen die Secundanten des
Barons Isidor Majthényi auf der Redaktion des „Függet-
lenség", um im Namen ihres Auftraggebers für die dem

Grafen angethanene Beleidigung Rechenschaft zu fordern. Weder die Secundanten, die Herren Baron Sigmund Uechtritz und Gabriel v. Beniczky, noch Baron Majthényi wurden in dem Artikel auch nur mit einer Silbe gekränkt. Der Herausforderer war von dem Grafen Festetitsch weder zu einer Vertretung beauftragt, noch mit ihm bekannt — trotzdem fühlte sich Majthényi veranlaßt, Verhovay zu provociren, denn die freimüthige Sprache des radicalen Blattes gegen einen Standesgenossen verdroß ihn sehr, und dem frechen Zeitungsschreiber sollte der Mund gestopft werden — durch eine Kugel.

Der provocirende Brief, den die genannten beiden Secundanten Majthényi's Verhovay vorlasen, um diesem die Waffe in die Hand zu drücken, lautete also:

„Den Herren Baron v. Uechtritz und Gabriel

von Beniczky.

Da mich die durch den Herrn Julius Verhovay bezüglich der Person des Grafen Paul Festetitsch mitgetheilten Daten in keiner Weise davon überzeugt haben, daß jener Herr berechtigt gewesen wäre, in seinem Blatt so niedrige Angriffe zu veröffentlichen, ersuche ich Euch, Herrn Verhovay zu erklären, daß ich seine Ausbrüche für widerwärtige Verläumdungen und ihn für einen Verläumder betrachte. Wäre in Herrn Verhovay soviel Ehrgefühl, daß er für diese meine Aeußerung persönliche Genugthuung verlangte, dann bitte ich Euch meine Sache und meine Person zu vertreten.

Budapest, 8. Januar 1880.

Baron Jsidor Majthényi."

Der heißblütige Journalist ging in die Falle und er forderte seinen Beleidiger auf Pistolen.

Das Duell fand am 11. Januar in Budapest statt. Die Zeugen Verhovay's waren die Abgeordneten Baron

Arpád Mednyánsky und Béla von Komjáthy und die=
jenigen Majthényis die beiden schon genannten Herren.
Da die Secundanten in ganz Pest keine neuen Pistolen
auftreiben konnten, wurden schon gebrauchte benutzt.
Die Bedingungen waren: 25 Schritt, wobei jeder das
Recht hatte, 5 Schritte vorwärts zu gehen. Sie mußten
in derselben Minute schießen. — Verhovay beharrte beim
Duell auf seinem Platze, Majthényi ging aber einige Schritte
vor, dann erhoben Beide ihre Pistolen und schossen gleich=
zeitig. Verhovay brach zusammen, die Kugel war in seine
Brust gedrungen, während sein Gegner unverletzt blieb.

Monate lang schwebte Verhovay zwischen Leben
und Tod, aber schließlich wurde er wieder ganz her=
gestellt.

Die Nachricht von dem Duell erregte in Budapest
das größte Aufsehen und gab zu zahlreichen Straßen=
demonstrationen, ja zu einem förmlichen Putsch, wobei
auch Blut floß, Veranlassung. Der Pöbel hatte die
Fenster des Nationalcasinos — Majthényi war Mit=
glied desselben — eingeschlagen und zwischen der nach
vielen Tausenden zählenden Menge und der Polizei kam
es zu heftigen Zusammenstößen und hüben und drüben
bedeckten Leichen das Schlachtfeld. 5 Tage hindurch
dauerten die Unruhen und erst in Folge des Einschreitens
der bewaffneten Macht konnte die öffentliche Ordnung
wieder hergestellt werden.

Wie ernstlich der Cravall war, kann man aus nach=
stehendem Erlaß des damaligen Stadthauptmanns Alexius
von Theiß ersehen, den wir hier wörtlich folgen lassen:
„Aufruf.

Am gestrigen Tage ist die öffentliche Ordnung ge=
stört, das Eigenthum verletzt und die persönliche Frei=
heit gefährdet worden.

Die gegen die Unruhestifter angewandten strengen
Mittel sind daher gerechtfertigt, weil jene weder das
Asyl der Kranken noch die Hospitäler respectiren.

Die Polizei kennt jene Elemente, welche nicht aus Gründen unschuldiger Demonstrationen die Ruhe der Hauptstadt unseres Vaterlandes stören, wie dies der Angriff auf das Krankenhaus beweist.

Das thut nicht der ruhige Bürger, auch nicht die intelligente Classe, welche die Hebung der Stadt nach jeder Richtung hin wünscht.

Jener Theil der Arbeiterklasse, welcher weiß, daß Industrie und Handel nur auf gesetzlicher und gesicherter Basis sich entwickelt, kann nicht thörichter Weise die Ziele derjenigen fördern, deren Interesse es ist, daß die Industrie unseres Vaterlandes sich nicht entfalte. Nur die gedankenlose Unreife kann die Bundesgenossin solcher feindlichen Bestrebungen sein.

Während ich einerseits um die Unterstützung der die Ordnung liebenden Classen, der das Heiligthum des Eigenthums respectirenden Leute und alle guten Patrioten bitte, richte ich zugleich an die Mitglieder der Arbeiterbevölkerung, welche nicht Kinder dieses Vaterlandes sind, die ernste Mahnung, die Gesetze jenes Landes zu achten, welches ihnen Beschäftigung und Brod giebt, sie mögen sich hüten, die Ordnung und Ruhe der Stadt zu stören, damit die zur Unterdrückung der Gesetzlosigkeit und Unordnung berufene und verpflichtete Macht nicht gezwungen sei, gegen sie dem Interesse der angegriffenen Gesellschaft gemäß zu verfahren.

Schließlich ersuche ich das ordnungsliebende Publikum ergebenst, alle jene Plätze zu meiden, wo größere Mengen zusammenkommen, weil es sich der traurigen Möglichkeit aussetzt, daß es sein theuerstes Gut, seine Gesundheit und sogar sein Leben aufs Spiel setzt.

Budapest, 15. Januar 1880.

Alexius von Theiß,
Stadthauptmann."

Die Presse der Hauptstadt fühlte sich auch ihrerseits berufen, gegen das von blaublütiger Seite versuchte Attentat gegen die Rede- und Preßfreiheit aufs Entschiedenste Verwahrung einzulegen. Die Redacteure sämmtlicher Budapester Blätter — unter ihnen Maurus Jókai, damals Redacteur des „Hon" — erließen folgende „Erklärung", die einen tiefgehenden Eindruck hervorrief:

„Die unterzeichneten Redacteure legen in ihrem Namen und demjenigen ihrer Mitarbeiter Verwahrung gegen das Verfahren ein, welches Baron Isidor Majthényi und seine Secundanten, die Herren Baron Sigmund Uechtritz und Gabriel von Beniczky, dem Herrn Julius Verhovay gegenüber befolgten. Sie können dieses Verfahren nicht als ein nothwendig den Gesetzen der Ritterlichkeit entspringendes betrachten, erklären es vielmehr als ein gegen die Preßfreiheit gerichtetes ungerechtfertiges Attentat. Sie erklären, daß sie sich durch derartige gewaltthätige Auftritte in der Ausübung ihrer journalistischen Rechte und Pflichten nicht beengen lassen werden."

Diese Lection hat übrigens weder den famosen Julius Verhovay — er ist der ungarische Cassagnac —— noch die hochmüthigen Junker gebessert und noch immer gilt das Wort: peccatur extra et intra muros. Blaublüthiges und einfach-rothes Blut der „bürgerlichen Canaille" fließt in Ungarn bei jeglichem Ehrenhandel noch immer in Strömen — ohne Duell kein Leben:

Extra Duella non est vita,
Sic est vita, non est ita.

*   *   *

Um jedoch keine Mißverständnisse aufkommen zu lassen, bemerke ich hier, daß die Fälle, wobei dieser oder jener, wie hier Verhovay, systematisch zum Duell gehetzt wird, sich nicht auf Ungarn allein beschränken. In allen Ländern giebt es leider Raufbolde, die einen derartigen Sport betreiben. Aus der Fülle' dieser Wahrnehmungen sei hier nur der nachstehende empörende Fall, nach der Broschüre Dr. H. Schramms, mitgetheilt.

Er ereignete sich im Jahre 1843 in Karlsruhe, daß eine Gesellschaft junger Adeliger und Officiere einen Mann verfolgte, der Keinen von ihnen jemals beleidigt hatte; sie that dies, wie es nach oberflächlichem Ansehen scheint, nur aus dem Grunde, weil dieser Mann ein geadelter Israelit war, in Wirklichkeit aber aus andern Motiven, welche keiner der Verfolger einzugestehen den Muth hatte.

Moritz von Haber, ein früher für den — 1855 zu Triest verstorbenen — spanischen Kronprätendenten Don Carlos thätig gewesener Mann, war einer Coterie in Karlsruhe verhaßt geworden und man hatte beschlossen, seinen Ruf so zu Grunde zu richten, daß er sich ganz aus der Gesellschaft zurückziehen müsse. Zwei Freunde, G. und S., waren in diesem Sinne am thätigsten und es gelang ihnen, einen Theil des Officiercorps gegen Haber einzunehmen. Dieser sollte nun öffentlich beschimpft werden, wozu man als passendsten Ort Baden-Baden wählte, den Sammelplatz der vornehmen Welt von ganz Europa.

Zu Anfang des Monats August 1843 veranstaltete die dortige Gesellschaft einen Ball zu Ehren der Großfürstin Helene und der Herzogin von Nassau. Auf der Subscriptionsliste stand auch der Name: Moritz von Haber. Da erklärte der Freiherr von G, großherzoglich badischer Oberlieutenant bei der Artillerie, unter den beleidigendsten Ausdrücken gegen Habers Person: man dürfe denselben nicht zulassen. Daraufhin

strichen die mit der Aufnahme der Liste bevollmächtigten
Herren den Namen Habers und forderte dieser den Ober-
lieutnant. Diese Forderung veranlaßte den Zu-
sammentritt eines Ehrengerichts der Cavaliere zu Baden
und eines solchen von Officieren zu Karlsruhe. Die
Verläumdungen hatten so gut ihre Wirkung gethan, daß
die Officiere den Spruch fällten, der auch durch die
„Karlsruher Zeitung" veröffentlicht wurde: „Herr
von G. kann sich nicht mit Herrn von Haber schlagen".
Der Letztere zieh darauf am 31. August durch öffentlichen
Anschlag und ein Rundschreiben seinen Gegner der Ehr-
losigkeit und Feigheit.

Inzwischen hatte sich auch ein Russe aus sehr guter
Familie, Namens von W., für beleidigt erklärt,
indem er als Kartellträger und Beistand Habers, durch
die demselben widerfahrene Schmach mitbetroffen worden
sei. von G. nahm die Herausforderung des Russen
an, und da er zum Abstecken des Uebungslagers im
Hardwald bei Rastatt befehligt war und seinen Posten
nicht verlassen konnte, mußte der Kampf dort stattfinden.
Die Entfernung der beiden Gegner betrug 10 Schritte;
als Waffen waren gezogene Scheibenpistolen gewählt
worden. Beide Gegner gehörten zu den besten Pistolenschützen; dennoch fehlte, trotz der kurzen Distanz und
der mörderischen Waffe, jeder mit dem ersten Schusse.
Dann aber traf von W. mit dem zweiten seinen
Gegner in die Brust. Dieser preßte mit der linken
Hand die Wunde zu, zielte und drückte mit der rechten
ab. Der Schuß versagte. Ein zweites Zündhütchen
wurde aufgesetzt und versagte wiederum. Da reichte
von W.'s Zeuge dem Gegner desselben eine andere
Waffe und diese that nun so gut ihren Dienst, daß der
Russe, tödtlich getroffen, mit dem Ausrufe: „je suis
mort!" Knall und Fall im Feuer zusammenstürzte und
augenblicklich den Geist aufgab, während G. seinerseits nun auch sank und zwei Tage darauf starb. Das

Wiederauffetzen der Zündhütchen wie das Wechfeln der
Piftolen waren, wie aus den Thatfachen fich ergab,
folgen einer vorher für den Fall des Derfagens ge=
troffenen Derabredung, und man darf vermuthen, daß
W. felbft darauf beftanden, weil bei feinem Zwei=
kampfe mit einem badifchen Edelmanne, der im voher=
gehenden Jahre ebenfalls in Baden ftattgefunden, ein
doppeltes Derfagen des Schuffes in feiner Hand dem
Kampfe ein Ende gemacht hatte. W. war der letzte
von drei Brüdern, die alle auf gleiche Weife ihr
Ende gefunden, und hat mit Auszeichnung im Kaukafus
gefochten.

Am Abend vor dem Begräbniffe G.'s fammelten
fich vor dem Haber'fchen Haufe in Karlsruhe mehrere
taufend Menfchen. Unter tobendem Lärmen und Gefchrei
wurden die Fenfter eingeworfen, Spiegel und andere
Möbel zertrümmert und zerftört, was nur in die Hände
der aufgeregten Maffen gerieth. Die herbeieilende
Polizeimannfchaft vermochte nicht diefen Auftritt zu
hindern, kaum gelang es ihr, die Bewohner des Haufes,
und namentlich Moritz von Haber, in Sicherheit zu
bringen und von dem Tode zu retten, der ihm wohl
gedroht haben würde, fobald ihn die wüthende Menge
aufgefunden hätte. Selbft die in Maffe ankommenden
Militairabtheilungen waren kaum im Stande, die toben=
den Volkshaufen nach Mitternacht erft zu zerftreuen, nach=
dem vorher in anderen Theilen der Stadt mehrere Häufer
reicher Israeliten von ähnlichen Angriffen heimgefucht
worden waren.

S., die eigentliche Triebfeder der verderblichen
Händel, erließ endlich an Moritz von Haber in eigenem
Namen eine Herausforderung. Die fichere Ausficht,
der Piftole eines mit Haber verfchwägerten Officiers
fich ftellen zu müffen, mochte feinen Entfchluß, nicht
länger Andere kämpfen zu laffen, zur Reife gebracht
haben. Man wählte das neutrale rheinheffifche Gebiet

und einen Platz in der Nähe von Worms. An dem bestimmten Tage verdunkelte ein starker Nebel die Luft, so daß der Zweikampf auf den nächsten Morgen verschoben werden mußte. S. hatte, ohne Zweifel um seinen Gegner zu schrecken, die schärfsten Bedingungen gestellt; z. B. daß jeder seine eigenen gezogenen Pistolen benutze und daß solange gekämpft werde, bis einer von den Kämpfenden gefallen sei. Ja, er hatte die unerhört barbarische Bedingung gestellt, daß noch auf den Gefallenen geschossen werden dürfe! Alle seine Anträge wurden jedoch zurückgewiesen und ist ihm nur so weit gewillfahrt worden, daß man den Duellanten eigene und gezogene Pistolen bewilligte.

Am Duellmorgen — 14. Dec. 1843 — lag Schnee und herrschte eine entsprechende Kälte. Wenn S. dennoch seinen Rock auszog, so konnte er dazu kein anderes Motiv haben, als seinem Gegner das Zielen zu erschweren und dieser Kunstgriff sprach keinesfalls für seine Ritterlichkeit. Seine weiten Hemdärmel machten nämlich die Umrisse seines Körpers auf dem Hintergrunde von Schnee undeutlich. Die Distanz war 15 Schritte Barrière. Jeder der beiden Duellanten trat mit zwei Pistolen auf die Mensur. S., der beide Male zuerst schoß, fehlte mit beiden Schüssen, Haber mit dem ersten. Das zweite Mal zielte er bedächtiger und als er jetzt feuerte, traf seine Kugel den Gegner in das Herz. Bei dem Todten fand man ein Gebetbuch und in diesem die Stelle eingekniffen, wo „ein Gebet in ungerechtem Kampf" stand!

Noch auf dem Schauplatze des tragischen Ereignisses selbst erhielt Haber eine Herausforderung, die aber ein strenger Befehl des Großherzogs nicht zum Austrag kommen ließ.

Graf Stephan Batthányi und Dr. Julius Rosenberg.

ährend in den beiden vorhergehenden Duellen mehr oder weniger politische Beweggründe die Veranlassung des Duells waren, spielte bei dem Zweikampf, der am 22. Oct. 1883 zwischen dem Grafen Stephan Batthányi und dem Budapester Advokaten Dr. Julius Rosenberg im Jägerwäldchen bei Temesvár vor sich ging, das Weib die Hauptrolle. Wie in dem Duell zwischen Lassalle und Jankó von Rackowitz die Circe Helene den Erisapfel abgab, so in dieser blutigen Katastrophe, welche mit dem Tode des Grafen Batthányi endete, die schöne Ilona Schos-berger, die Tochter des Budapester Millionärs, Kauf-manns und Grundbesitzer Heinrich Schosberger de Toreya.

Auch in sonstiger Hinsicht glich dieser Roman dem Cassallischen in vieler Beziehung. In der Saison befand sich die schöne und sehr reiche Dame mit ihren Eltern in Marienbad, wo auch der Pester Advokat Dr. Julius Rosenberg sich zur Cur aufhielt. Die beiden jungen Leute lernten sich kennen, sich lieben und beschlossen, einander zu heirathen. Augenscheinlich beruhte die Liebe hier auf der Harmonie des Herzens und der Gefühle, und diese Verbindung fand dadurch einen befriedigenden Abschluß, daß Ilona (Helene) Schosberger mit Freuden ihre Zustimmung dazu gab, daß sie in Gegenwart zweier Zeugen in der Nähe des Curortes nach jüdischem Ritus — sie sowohl wie er waren jüdischer Abstammung, getraut wurde. Trotz alledem kehrte die junge Dame unmittelbar nach der Trauung zu den Eltern zurück, denn diese wollten von einer Verehelichung ihrer Tochter mit einem simplen Advokaten nichts wissen, und so sollte vorläufig diese Heirath ein Geheimniß bleiben. Nach kurzer Zeit scheint es Fräulein Schos-berger gelungen zu sein, den Widerstand der Eltern zu besiegen, denn thatsächlich wurde sie noch in Marienbad officiell mit dem Dr. Julius Rosenberg verlobt — nachdem sie schon seine Gattin war. Aber ach: „Schwachheit, dein Name ist Weib!" die zärtlich liebende Braut-Gattin änderte, ob in Folge der Einwirkung der Ueberedungs-kunst ihrer Eltern oder aus anderen Gründen — ihren Entschluß, die Verlobung und die Trauung wurde rückgängig gemacht. Die Eltern begaben sich mit Ilona auf Reisen, und aus Wiesbaden traf in Budapest die Meldung ein, das Fräulein habe sich dort mit dem Grafen Stephan Batthányi, einem jungen, aber vermögenslosen Magnaten, verlobt, offenbar nachdem man einen juristischen Rath eingeholt hatte, der dahin lautete, daß die heimlich geschlossene Ehe nach dem ungari-schen Landesgesetz ungültig sei, da sie ohne Aufgebot und nicht vom competenten Seelsorger vollzogen wurde.

Diese Annahme war nicht richtig. Thatsächlich wurde die Trauung — in Ungarn giebt es keine Civil= ehe — nach üblichem altjüdischen Ritus unter freiem Himmel in Gegenwart zweier Rosenberg befreundeter Herren von einem zufällig in Marienbad anwesenden Rabbiner aus Polen gegen ein ziemlich hohes Honorar vollzogen.

Als der Ex=Gatte von dieser Verlobung seiner Ex= Gattin hörte, reiste er sofort nach Wiesbaden. Dort konnte er sich nicht allein von der Wahrheit des Gerüchts, sondern auch davon überzeugen, daß dieselbe Dame, deren inniger Liebe er sich versichert glaubte und die ihm noch kurz vorher die glühendsten und zärtlichsten Liebes= briefe schrieb, von ihm nichts mehr wissen wollte.

Dort fand auch das erste Rencontre zwischen ihn und dem Grafen Batthányi statt, der, wie es scheint, die Vorfälle in Marienbad genau kannte, jedoch von den Eltern seiner Braut die bündigsten Versicherungen erhielt, daß die hervorragendsten Juristen und Theologen die heimliche Ehe für null und nichtig erklärten, daß daher seiner Verbindung mit ihrer Tochter kein gesetz= liches Hinderniß im Wege stehe.

Ueber diese Begegnung der beiden Nebenbuhler in Wiesbaden berichtete s. Z. der „Pester Cloyd": „Dr. Rosenberg kam ins Hotel, wo die Familie Schosberger wohnte, und wurde in den Salon geführt. Als er ein= trat, rief eine Stimme aus dem nächsten Zimmer: „Stepherl, bist du's?" Es war Jlona Schosberger, welche glaubte, es sei ihr Bräutigam, Graf Stephan Batthányi, erschienen. Kurz darauf trat dann auch Graf Batthányi ein. Nach einer heftigen Unterredung mit dem Rivalen rief Batthányi seine Braut. „Wen liebst Du, diesen Herrn oder mich?" wendete er sich fragend an sie. „Dich, ich bin doch Deine Braut," ent= gegnete Fräulein Schosberger.

Rosenberg wußte genug — er sah sich plötzlich deposssedirt, und es blieb ihm nichts anderes übrig, als den Rivalen zu fordern. Er war um so entrüsteter, als er, wie gesagt, die vollgültigsten Beweise der Zuneigung Ilonas zu besitzen glaubte. Die Sinnesänderung Ilonas muß überaus plötzlich erfolgt sein, da sie noch bis vor Kurzem ihrem Geliebten und Gatten die reizendsten Briefe schrieb. Einer derselben lautete z. B.:

„Meine Eltern sind reich und mächtig. Hüte dich vor ihnen. Man will dich durch Chicanen zum Entsagen bringen — an dem Tag, an dem du dies thust, bin ich eine Leiche. Ich bin zur Ueberzeugung gekommen, daß ich, wenn ich dich heirathe, keinen Kreuzer Geld von meinen Eltern zu erwarten habe; ich weiß, was ich für dich opfere, aber ebenso weiß ich auch, was du für mich opferst. Wenn du dich mit dem Gedanken befreunden kannst, daß du aus einem reichen Hause ein armes Mädchen heirathest, und wenn deine Eltern damit einverstanden sind, so will ich deine Frau bleiben."

In einem späteren, aus den ersten Septembertagen von Paris datirten Briefe schrieb die junge Dame:

„Man hat mir deine Ringe weggenommen. Ich flehe dich an um Ausdauer und Geduld!"

Graf Batthányi lehnte jedoch die Herausforderung mit dem Bemerken ab, er müsse sich erst von der Satisfactionsfähigkeit des ihm persönlich unbekannten Dr. Rosenberg überzeugen.

Diese Herausforderung hielt den jungen Grafen nicht ab, Fräulein Schosberger zu heirathen, nachdem diese kurz vorher das Sacrament der Taufe empfangen. Die Trauung fand in der Dorfkirche auf dem Gute des Grafen im Heveser Comitate statt.

Dr. Rosenberg war nach Budapest zurückgekehrt und unterbreitete dem dortigen Ehrengericht diese Angelegenheit; dasselbe erklärte ihn für durchaus satisfactionsfähig.

Während Graf und Gräfin Batthányi ihre Flitt .
wochen auf der Hochzeitsreise in Italien verbrachen,
erschien in Pester Blättern eine Erklärung des Dr.
Rosenberg, worin er mittheilte, daß er an den Grafen
Batthányi ein Schreiben gerichtet, worin er diesen der
Feigheit geziehen habe. Nach der in seinen — Rosenbergs — Händen befindlichen Empfangsbescheinigung
habe Batthányi den Brief erhalten und nachdem seither
8 Tage verstrichen seien, wolle er diesen Thatbestand
öffentlich constatiren. Hierauf veröffentlichten zwei
Budapester Freunde des Grafen, u. A. der Abgeordnete
Peter Busbach, eine Gegenerklärung, worin sie hervor-
hoben, daß Batthányi den Schein nicht persönlich unterschrieben, auch den Brief nicht empfangen habe, daher
die Behauptung Rosenbergs unwahr sei.

Letzterer deponirte darauf das Recipisse bei einem
k. Notar und brachte darauf auch diese Thatsache zur
öffentlichen Kenntniß.

Batthányi mußte seine Hochzeitsreise unterbrechen
und nach der Hauptstadt zurückkehren, um sich dort dem
Duell zu stellen. Man fuhr nach Temesvár, um in der Nähe
von Budapest nicht von der Polizei behelligt zu werden,
welche natürlich von diesen Vorgängen genau unterrichtet war.

So fand denn am 22. Oct. im Jägerwäldchen bei
Temesvár der Zweikampf statt. Die Sekundanten
Batthányi's waren die Herren: Eugen Dandényi und
Arsen Damaszkni, diejenigen Rosenbergs: Bankdirektor
Koloman Gulacsy und Julius Pasch, Rechtsconsulent
der ungarischen Landesbank.

Es sollte auf Leben und Tod gekämpft werden,
und deshalb wurde verabredet, daß das Duell mit 5
Schritt Avance vor sich gehen solle. Als Kampfregel
galt auch 3 maliger Kugelwechsel und Pistolen mit gezogenen Läufen. Nach zwei Schüssen versuchten die

Secundanten eine Aussöhnung, aber ohne Erfolg. Graf Batthányi wurde von seinem Gegner an der Schläfe getroffen und stürzte in Folge dessen sofort todt zusammen. So fand denn diese Affaire einen sehr tragischen Abschluß. — Diesmal hatte die tödtliche Kugel denjenigen, welcher dem Advokaten sein Liebstes, — seine Gattin — entwendet hatte, getroffen, was bei dem Cassall'schen Duell bekanntlich nicht der Fall war.

Die Leiche des unglücklichen, erst 28 Jahre alten Grafen Batthányi wurde nach der Familiengruft überführt. Rosenberg wurde verhaftet und zu zwei Jahren Gefängniß verurtheilt.

Duelle in Frankreich.

Emil de Girardin und Armand Carrel.

Die Schriftsteller- und Journalistenduelle sind in Frankreich so zahlreich wie Sand am Meere. Ungarn ausgenommen, giebt es kein Land der Welt, wo die Zeitungs- und Bücherschreiber so oft ihre „Ehre" mit der Pistole oder dem Degen in der Hand vertheidigen, wie jenseits der Vogesen.

Wenn man aus diesem Umstande etwa den Schluß ziehen wollte, daß die „Homines literati" in Frankreich persönlich muthiger und tapferer sind als ihre Collegen in anderen Ländern, so würde man sich irren.

Der Zweikampf ist in Frankreich zur Spielerei ausgeartet. Nicht Edelsinn, nicht ritterliche Empfindung, nicht Wahrung der wahren Mannesehre sind die Triebfedern des Ehrenhandels, sondern in den meisten Fällen bodenlose Eitelkeit. Der Journalist unterzeichnet seine Artikel gewöhnlich mit seinem vollen Namen, und er ist stets bestrebt, die Aufmerksamkeit des Publikums auf seine, ach, oft so kleine und kleinliche, Persönlichkeit zu lenken. Um diesen Zweck zu erreichen, ist ihm kein Mittel zu schlecht. Je geistloser der Journalist ist, je geringer sein Vorrath an eigenen und selbstständigen Gedanken sich erweist, desto mehr sucht er durch boshafte Pikanterien und Enthüllungen Lärm zu schlagen, selbst auf die Gefahr hin, daß der tödtlich Beleidigte und Verläumdete zur Waffe greifen muß. Ein guter Kenner der französischen Verhältnisse, Eugen von Jagow, in Paris, schildert die Pariser Journalistenduelle im „Universum" in folgender zutreffender Weise:

„Der französische Journalist der geschilderten Gattung steht in gewisser Beziehung noch unter dem Banditen, denn er ist ebenso gewissenlos und viel raffinirter. Raffinirter insofern, als er die im Duell ihm drohende Gefahr nicht nur auf ihr harmloses Niveau herabzudrücken, sondern auch noch zu Reclamezwecken zu benutzen weiß. Die alte Händel- und Raufsucht der denkfaulen Celten hat sich erhalten, aber die junge Journalistengeneration hat dafür Sorge getragen, daß von dem chevaleresken Charakter derselben nichts mehr übrig geblieben ist . . Heute, wo das Duell zu einer Form geworden ist, schlägt man sich, wenn man ein journalistischer Hauptschreier ist, durchschnittlich 2 Mal im Jahre, ohne sich die Haut zu ritzen, man giebt Gastrollen, wie ein Heldentenor.

Eine Opernsängerin giebt eine Arie zum Besten, der Banquier ein Diner, die französischen Autoren und Maler eine Matinée en robe de chambre, der französische Journalist . . . ein Duell. Es ist das sicherste Mittel, um sich einen Namen zu machen; das Aequivalent einer stumpfen Feder ist nicht selten ein spitzes Florett, und sind, wie bei Rochefort, gleichzeitig Feder und blanke Waffe scharf und gut, so bedeutet das nichts geringeres als die Berühmtheit.

Es giebt kein Journalistenduell, dessen Verlauf
nebst obligatem Rechenschaftsbericht der Cartellträger
oder Zeugen, wie der Franzose sagt, nicht in den Zeitungen veröffentlicht würde, ein Thema, das einen neuen
Scribe zu einer neuen „Camaraderie" begeistern könnte.
Um diese gleichgültigen Dinge kümmert sich das klatsch-
lustige und düpirte Publikum unendlich mehr, als um
seine eigensten Interessen und die Vorgänge im Aus-
lande, über die es in den dunkelsten Vorstellungen
verharrt.

Wie sehr das heutige französische Journalistenduell
fast ausschließlich Reclamezwecken dient, beweist eine
Aeußerung Rocheforts, den man, einen der hervorragendsten journalistischen Kampfhähne, als einen verdächtigen
Zeugen schwerlich wird bezeichnen wollen. Er geht in
seiner Betrachtung von einem Duell aus, das, nach
amerikanischem Muster, ohne Secundanten stattgefunden
hatte. „... Die Duelle würden viel weniger zahlreich
sein," schreibt er, „wenn keine vier Herren vorhanden
wären, um den Duellbericht zu redigiren, und fünfzig
Zeitungen, um ihn abzudrucken. In zweiundneunzig
Fällen schlägt man sich einundneunzig Mal für die
Galerie. Unterdrücken Sie die Galerie und Sie schaffen
das Duell ab. Wäre ich Dictator, so erließe ich
folgendes Decret: „Das Duell ist bei Todesstrafe verboten. Nur das Duell ohne Zeugen ist erlaubt," und
nach zwei Monaten machten alle Fechtmeister bankerott."

Man kann die Duellmanie der französischen Journalisten und deren Motive nicht drastischer und erschöpfender
kennzeichnen. Uebrigens läßt sich aus den Worten des
berühmten Pamphletisten der Rückschluß ziehen, daß
die Herren Fechtmeister, — beiläufig bemerkt, Mérignac
an der Spitze, — in Frankreich gegenwärtig vorzügliche
Geschäfte machen. Das Florett ist vor langer, langer
Zeit aus Italien nach Frankreich importirt und seine
Handhabung hier zweifellos zu großer Meisterschaft fort-

entwickelt worden. Die Zahl der Fechtclubs und der
Florettliebhaber zählt Legion, was sich ja theilweise
daraus erklärt, daß der Franzose von Natur gewandt
und lebhaft ist. Im Wesentlichen handelt es sich indessen doch keineswegs nur um die Befriedigung einer
Sportpassion, sondern nur um ein Mittel zum Zweck,
und dieser Zweck ist der Zweikampf. Das gilt vor
Allem für die Journalisten, welche in der Duellkunde
nicht selten mehr bewandert sind, als in der Geschichte
ihres eigenen Vaterlandes.

Es ist in der That schier unglaublich, daß sich in
der französischen Presse neben den bedeutsamsten Ereig-
nissen hervorragender Geister nicht nur für die Leistungen
der mittelmäßigen, sondern auch für die Machwerke
völlig Ungebildeter Raum findet. Mir schwebt in dieser
Beziehung die Schilderung eines Reporters vor, welcher
einen Ball im aristokratischen Faubourg Saint-Germain
zu schildern hatte und u. a. schrieb, die Zahl der Anwesenden sei so groß gewesen, daß man sich den Weg
mit der Faust habe bahnen müssen.

Leider Gottes ist aber auch unter den gebildeten
Journalisten der Ton oft ein recht ungebildeter und
manche Polemik derselben erinnert an die derbe Zeit
des seligen Doctor Martin Luther. In einem Zeitungs-
streite zwischen Rochefort und Dreyfus, um nur ein
Beispiel anzuführen, schrieb der Erstere u. a.: „Dies
Verhalten des Finanzmannes Dreyfus beweist, daß seine
Erziehung auf der Höhe seiner grammatikalischen Kennt-
nisse steht,“ und der Angegriffene erwiderte: „Sohn eines
kleines elsäßischen Geschäftsmannes, hatte ich nicht, wie
Herr Rochefort, die Ehre, von den Marschällen Frankreichs abzustammen, meine Kindheit auf den Knieen von
Herzoginnen und die Sonntage meines gereiften Alters
zwischen Edelleuten und Stallknechten zuzubringen . . .“

Der Ton dieser Polemik ist, wie die Leser willig
zugeben werden, ein solcher, daß die ein kräftig Sprüch-

lein nicht verſchmähenden Zeitgenoſſen Rabelais' ſich
vor Neid noch im Grabe umdrehen könnten, wie er
denn auch die eingangs gemachte Bemerkung beſtätigt,
daß in der franzöſiſchen Preſſe das Sachliche vor dem
Perſönlichen faſt immer in den Hintergrund tritt. Das
berühmte après moi le déluge, nach mir die Sintflut, iſt
ſo recht eigentlich die Deviſe der franzöſiſchen Journaliſten
und politiſchen Streber.

Alles iſt zwiſchen den angeblichen Gegnern, welche der
Reclame bedürftig ſind, auf's Eingehendſte verabredet und
vorbereitet worden, ſo daß ſie alſo nur die geringe Gefahr
einer unbeabſichtigten Verwundung laufen. Häufig genug
wird von ſolchen Fällen getuſchelt, aber die Herren In-
triguanten ihrer Schuld und des Einverſtändniſſes zu
überführen, iſt begreiflicher Weiſe nicht möglich.

Aber ſelbſt wenn es ſich um ein ernſthaftes Duell
handelt, ſind die Bedingungen, nach dem Muſter des
famoſen Zweikampfes Gambetta, ſo harmloſer Natur,
daß von einer Gefahr kaum die Rede ſein kann. Einmaliger
Kugelwechſel bei großen Diſtanzen, iſt das nicht eine
Spielerei? Bei dem üblicheren Degengefecht genügt die
geringſte Schramme und die Aerzte legen ihr Veto gegen
die Fortſetzung des Kampfes ein.

Trotz des zahmen Charakters des modernen Duells
und trotz der angeborenen Raufluſt ſind die Fälle trotzdem nicht ſelten, in denen einer der Duellanten oder gar
beide — dann verwandelt ſich die Tragikomödie in eine
Poſſe — ſtark ſichtbare Zeichen der Furcht geben und
daß ſich das Schauſpiel des vor dem unnahbaren Achill
fliehenden Hectors wiederholt. Man darf ſich darüber
nicht zu ſehr verwundern; den im Duell nöthigen Muth
verdanken wir hauptſächlich unſeren Nerven, und daß
dieſe bei einem Pariſer Journaliſten häufig überreizt
ſind, bedarf kaum der Verſicherung.

Ein berühmter Arzt definirte die Furcht folgendermaßen: „Damit unſer Denken ſolide ſei, muß das zarte

Netz der Hirngefäße frei und unverletzt sein, und das
Blut, welches die nervöse Substanz bis in ihre innersten
Elemente hinein badet, sehr reich und mit dem für das
Leben und die Unterhaltung aller Gewebe nöthigen
Sauerstoff versehen sein. Erfolgt eine Congestion, d. h.
ein zu großer Zufluß des Blutes nach dem Hirn, so be=
deutet das die plötzliche Stockung des Räderwerks, die
Verwirrung der Gedanken, die Unterdrückung des Be=
wußtseins, mit einem Wort . . . die Furcht."

Man muß annehmen, daß beispielsweise im Hirne
Magnier's, des Leiters des „Evénement", und im Hirne
Meyers, des Leiters des Gaulois, eine „plötzliche Stockung
des Räderwerks" erfolgt sei, denn nur so erklärt es
sich, daß der Erstere, verfolgt von seinem Gegner, mit
der Behendigkeit eines Schnellläufers das Weite suchte,
und der Letztere, dem Duellcodex entgegen, die Klinge
des feindlichen Degens mit der linken Hand zwei Mal
festhielt.

Wir wollen auf die Einzelheiten dieser beiden famosen
Duelle, welche in der Pariser Presse tagelang mit
einer selbst bei ihr ungewöhnlichen, einer besseren Sache
würdigen Leidenschaft besprochen wurden, nicht weiter
eingehen. Das zweite hat sogar das Gericht beschäftigt,
welches den engherzigen französischen Ehrbegriff zu dem
seinen gemacht hatte, und eher den Eindruck eines Mit=
schuldigen, eines fünften Zeugen machte, als den eines
unparteiischen und erhabenen Wächters über Recht und
Sitte. Nachdem die Presse das Urtheil aller Sachkundigen
und die verschiedenen Paragraphen des Duellcodex mit
einer so eingehenden Gewissenhaftigkeit erörtert hatte,
als handle es sich um die Clauseln des Frankfurter
Friedens, mußten nun auch die Richter zum corps à corps,
zum Handgemenge, und zur Verwendung der linken
Hand im Duelle Stellung nehmen. Man rühmt sich in
Frankreich seiner Aufklärung und hat für die dogmatischen
Streitfragen, welche die Zeiten eines Huß, Luther und

Calvin paſſionirten, nur noch ein Lächeln des Mitleids. Aber wahrlich, das Schauſpiel eines geiſtlichen Gerichts= hofes der Sorbonne, welcher mit ſcholaſtiſcher Gründ= lichkeit die uns heute gleichgiltigſten Fragen prüfte, war gewiß minder lächerlich, als das, welches die franzöſiſche Preſſe und das franzöſiſche Gericht bei einem Jour= naliſtenduelle bieten."

*   *   *

Es wäre mir unmöglich, an dieſer Stelle die fran= zöſiſchen Journaliſtenduelle in unſerem Jahrhundert, deren Zahl Legion iſt, aufzuzählen, nur auf einige der bedeutendſten, d. h. am Meiſten beſprochenen, ſei hier hingewieſen. Es ſei erinnert an die Affaire der Herren Achard und Fiorentino, Ponſard und Taxil Delord, Villemeſſant und A. Naquet, Ed. Texier und Dutaqu, Jourdan und Lefrançois, Eugène Guinot und Coralli, Henri Rochefort und Achill Murat und Granier de Caſſagnac, des Letzgenannten mit C. Scholl und Jules Lermina, Granier de Caſſagnac (Vater) mit J. Lacroſſe, Guſtav Jſambert mit Paul de Molènes, Vermorel mit Anatole de la Forge ꝛc.

Der Typus der journaliſtiſchen Klopffechter und Raufbolde war einſt der am 27. April 1881 in Paris verſtorbene Emil de Girardin, und da ſein Gegner, welchen er im Zweikampfe erſchoß, Armand Carrel, zu den genialſten Publiziſten und lauterſten Charakter Frankreichs unter dem Julikönigthum gehörte, mag die Geſchichte dieſes Duelles hier eingehender erzählt werden.

Emil de Girardin, ein Streber und Speculant der bedenklichſten Sorte, war der eigentliche Vater der modernen franzöſiſchen Journaliſtik. Er gründete in den zwanziger und dreißiger Jahren mehrere Blätter in

Paris, u. A. den „Voleur", die „Mode", das „Journal des connaissances utiles", das „Musée des familles" ꝛc. Gleichzeitig betheiligte er sich bei verschiedensten industriellen Unternehmungen und „Gründungen", welche in keiner Weise reinlich und zweifelsohne waren. 1834 in die Deputirtenkammer gewählt, that er sich — seiner Strebernatur angemessen — als eifriger Ministerieller hervor und gründete das Journal „La Presse" als Organ der Hofpartei und Conservativen. Was dieses Blatt an Schmähungen gegen die Liberalen und Republikaner leistete, ist kaum anzugeben. Die ganze Fülle seiner unsauberen Invectiven schüttete er über den Redacteur der republikanischen „National", den charakterfesten und geistreichen Armand Carrel, aus. Diesen republikanischen Führer und Publizisten unter allen Umständen unschädlich zu machen, war seine Lebensaufgabe und er schrak vor keiner Verläumdung, vor keiner Injurie zurück, um ihm etwas am Zeuge zu flicken.

Armand Carrel war in der That die Seele des Widerstandes gegen das Julikönigthum. Er kämpfte mit dem ganzen Feuer seines Idealismus und seiner Ueberzeugungstreue gegen die Juliordonnanzen; mit Thiers und Mignet zusammengetreten, erhob er von 1830 an sein Blatt zu dem durch Geist, Kraft und Charakter geachtetsten Blatt der Opposition. Indem er scharf und feurig die Consequenzen des in der Juli-Revolution siegreich gebliebenen Principes der Volkssouveränetät zog, wurde er natürlich der entschiedenste und gefährlichste Gegner des diesem Principe untreu gewordenen Julikönigthums.

Selbst der spöttische Heinrich Heine kann nicht umhin, in seinen „Französischen Zuständen" über Armand Carrel in rühmendster Weise sich zu äußern.

Die fortgesetzten Beschimpfungen seiner Person und seiner publizistischen Thätigkeit konnte Armand Carrel nicht ruhig hinnehmen. Er forderte Emil de Girardin auf Pistolen.

Das Duell fand am 22. Juli 1836 im Gehölze zu Vincennes statt. Die Zeugen Carrels waren die Herren Ambort und Mauriel Persat, Gerant des National, diejenigen Girardins die Herren La Tour, Mezeray und Paillard de Ville neuve.

Auf dem Terrain angekommen, trat Carrel auf Girardin zu und sagte zu ihm: „Mein Herr, Sie haben mich mit einer Biographie bedroht. — Das Glück der Waffen kann sich gegen mich kehren, und Sie werden alsdann meinen Necrolog schreiben. Aber, nicht wahr, mein Herr, Sie werden weder in meinem Privatleben noch in meinem politischen Thun und Lassen etwas finden, was nicht ehrenhaft wäre?"

„Nein, mein Herr", antwortete Girardin.

Vorher hatte Girardin zu den Zeugen Carrels gesagt: „Ein Duell mit einem Manne wie Carrel würde mir als ein Glücksfall erscheinen."

Der edle Carrel aber meinte: „Ein Duell erscheint mir nie als ein Glücksfall!"

Die Zeugen hatten festgesetzt, daß die beiden Combattanten 40 Schritte von einander aufgestellt würden und dabei die Erlaubniß hätten, jeder 10 Schritte zu avanciren.

Carrel legte die stipulirte Distanz schnell und mit sicheren Schritten zurück. An der Barrière angelangt, hob er die Waffe und schoß. Girardin hatte inzwischen erst drei Schritte zurückgelegt und dabei fortwährend gezielt. In dem Moment, da Carrel losdrückte, feuerte auch sein Gegner.

Girardin schrie: „Ich bin am Schenkel verwundet!"

„Und ich im Leibe", sagte Carrel.

Er hatte noch die Kraft, sich auf einen Erdhügel am Rande der Allee zu setzen. Die Zeugen und sein

12*

Freund, der Dr. Marx, eilten auf ihn zu; Perſat zerfloß in Thränen.

„Weinen Sie nicht, mein guter Perſat", ſagte Carrel, „dieſe Kugel ſpricht Sie frei."

Die Anſpielung bezog ſich auf den Prozeß des „National", der am folgenden Tage entſchieden werden ſollte.

Man trug Carrel nach St. Mantć zu Herrn Peyra, ſeinem Schulkameraden. Als die Träger bei Herrn von Girardin vorüberkamen, ließ Carrel ſie halten

„Haben Sie große Schmerzen, Herr von Girardin?" ſagte er.

„Ich wünſche, daß Sie nicht mehr Schmerz hätten, als ich."

„Leben Sie wohl, ich zürne Ihnen nicht."

Carrel gab ſich in Betreff der Schwere ſeiner Wunde keinen Illuſionen hin. Während der heftigſten Qualen bewahrte er ſeine Standhaftigkeit. Als man ihn aufs Bett niederlegte, ſagte er:

„Der Fahnenträger iſt immer am meiſten exponirt; ich habe meine Pflicht gethan."

Tags darauf war er todt.

Auch Girardin wäre beinahe ſeiner Wunde er= legen. Nur der aufopfernden Sorge des Dr. Cabarus verdankte er ſeine Rettung.

Seit jenem Tage iſt Girardin von ſeiner Duell= wuth curirt worden. Er hat keine Herausforderung mehr angenommen, vielmehr verwandte er einen großen Theil ſeiner ſchriftſtelleriſchen Thätigkeit auf die Be= kämpfung des Duells, das er mit vieler Beredtſamkeit als einen barbariſchen Anachronismus zu brandmarken ſuchte.

*
*   *

Dieser tragische Fall hat auf französische Journalisten und Schriftsteller in keiner Weise abkühlend gewirkt. Nicht nur die Zeitungsschreiber, sondern auch die Bühnendichter, Romanschriftsteller, Politiker, Gelehrte und Philosophen hörten nicht auf, sich zu duelliren.

Mögen hier zur Illustrirung der französischen Zustände einige literarische Duellgeschichten aus alter und neuer Zeit, welche wir den Schilderungen Mérys, Eckstein's und Anderer verdanken, folgen:

Alfons de Lamartine, der berühmte Dichter und Politiker, hatte einen Zweikampf mit dem Obersten Gabriel Pepe und zwar wegen einer Streitigkeit über Lord Byrons „Childe Harald". Das Duell lief aber ohne jegliche Verwundung ab und hatte eine dauernde Freundschaft beider Gegner zur Folge.

Einer der größten Raufbolde seiner Zeit war Martainville, der Chefredacteur des „Drapeau Blanc". Seine literarische Kritik war eine fast ununterbrochene Kette von Injurien. Wer sich über die Manier seiner Recensionen beschwerte, dem erklärte er, daß er mit Vergnügen bereit sei, ihm die Wahrheit der angefochtenen Behauptungen durch das Gottesurtheil des Zweikampfes zu beweisen. Eine nicht unbeträchtliche Anzahl mehr oder minder berufener Autoren hat er auf diese Weise ins Jenseits geschickt.

Ganz im Widerspruch zu seiner gewöhnlichen Handlungsweise benahm er sich einst dem Sohne des dramatischen Dichters Arnault gegenüber. Dieser hatte ihn für die boshafte Rücksichtslosigkeit, mit der er den „Germanicus" des Autors kritisirt hatte, zur Rede gestellt und schließlich geohrfeigt. Anstatt seiner Gewohnheit treu zu bleiben und den jungen Mann zu fordern, beschritt Martainville dreimal den Weg der Klage. Der Officier wurde in einem bald darauf anberaumten Audienztermin zu einer Geldstrafe von 30 Francs verurtheilt. Spöttisch lächelnd zog er seine Börse, legte 60 Francs auf den Gerichtstisch und schlug den Kritiker noch einmal hinter die Ohren.

„Hier ist für zwei Mal," sagte er, indem er auf das Geld deutete.

Sogar Lafontaine hatte einen Ehrenhandel, und zwar in einer sehr heiklen Angelegenheit, der sich jedoch schließlich in allgemeines Wohlgefallen auflöste.

Die Sache verhielt sich wie folgt: In dem Hause des berühmten Fabeldichters verkehrte ein gewisser Poignan, und das Publikum von Chateau Thierry behauptete, die Sympathien des jungen Mannes bezögen sich mehr auf die schöne Gemahlin des Poeten als auf ihn selber. Der Stadtklatsch nahm um so beträchtlichere Dimensionen an, als Lafontaine gegen alle gelegentlichen Sticheleien unempfindlich blieb. Endlich wagte es ein guter Bekannter, ihn auf das Eigenthümliche der Situation aufmerksam zu machen.

„Ich begreife nicht", sagte er zu dem Liebling der Musen, „daß du die fortgesetzten Besuche des jungen Poignan duldest."

„Und weshalb sollte ich nicht?" versetzte Lafontaine lächelnd „er ist mein intimster Freund und nimmt das lebhafteste Interesse an meinen Dichtungen."

„Ein schönes Interesse," entgegnete der Andere.

„Wie versteh' ich das?" fragte er nach einer Pause des Nachdenkens.

„Nun, sehr einfach; die Leute behaupten, Poignan betrüge dich, er besuche dich nur deiner Frau wegen."

„Die Leute sind im Irrthum," entgegnet Lafontaine mit fester Stimme, „Poignan bekümmert sich nur sehr wenig um meine Frau und jedenfalls nicht weiter, als die Rücksichten der Höflichkeit dies erfordern."

Der Andere zuckte die Achseln. „Mag sein," sagte er spöttisch, „aber das Publikum beharrt nun einmal bei seiner Auffassung, und kurz und gut, mein Lieber, du spielst nun einmal eine lächerliche Figur."

„Aber, zum Henker, was soll ich thun?"

„Du fragst noch? Wenn ein Frevler uns entehrt, so verlangen die Gesetze der Ritterlichkeit, daß wir blutige Rechenschaft von ihm fordern. Du mußt Dich mit ihm schlagen."

„Meinst Du wirklich?"

„Es ist unbedingt nothwendig, wenn Du nicht in den Augen der ganzen gebildeten Welt für immer discreditirt sein willst."

„Gut, so werde ich mich schlagen."

Am andern Morgen verfügte sich Lafontaine in aller Frühe nach der Wohnung seines Freundes.

„Poignan, wir müssen uns schlagen."

„Was, wir uns schlagen? Bist du des Teufels?"

„Es thut mir leid, daß ich dich belästige, aber es ist nicht anders."

„Und womit habe ich dich beleidigt, wenn ich fragen darf?"

„Pah, das mußt du besser wissen, als ich."

„Aber ich will augenblicklich des Todes sein, wenn ich eine Ahnung habe."

„Mach keine Umstände und zieh vom Leder, die Zeit drängt!"

„Lafontaine, ich beschwöre dich! Ich bin ein gewandter Fechter und du hast nie eine Klinge in der Hand gehabt."

„Gleichviel, oder vielmehr um so besser für dich!"

„Aber, so sage mir doch nur ein Wort!"

„Die Leute behaupten, es sei nothwendig, daß wir uns schlagen, also vorwärts!"

Poignan schüttelte den Kopf und legte sich aus. Lafontaine machte eine wüthende Attaque, die sein gewandter Gegner ohne Mühe parirte. Beim zweiten Gange flog die Waffe des Dichters seitwärts in's Gebüsch.

„So," lächelte Poignan, „und nun hoffe ich, daß du mir die erbetene Aufklärung nicht verweigern wirst?"

„Gewiß nicht: das Publikum behauptet, daß deine Besuche nicht mir, sondern meiner Frau gelten."

Dem jungen Mann traten die Thränen in die Augen.

„Lafontaine, mein theurer Freund," stammelte er, „ich hätte mir nie träumen lassen, daß du im Stande wärest, einer solchen Thorheit Glauben zu schenken. Du solltest mich besser kennen! Mein Wort darauf, ich werde keinen Fuß wieder über deine Schwelle setzen."

„Im Gegentheil," sagte Lafontaine, „ich habe blos der öffentlichen Meinung nachgegeben und gedenke jetzt, nachdem dieser Punkt erledigt ist, der meinigen zu folgen. Ich bitte dich dringend, deine Besuche in der bisherigen Weise fortzusetzen, widrigenfalls ich Dich zum zweiten Male fordern werde."

Sprach's und streckte dem Freunde die Hand entgegen. Nach kurzem Zögern schlug Poignan ein, und in vergnüglichster Stimmung verfügten sich beide Duellanten nach dem Restaurant, wo sie ein opulentes Frühstück einnahmen.

* * *

Selbst die Satiriker, welche doch, mit Rücksicht auf ihr boshaftes Metier, gegen ihre Mitmenschen nachsichtiger sein sollten, und zwar um so mehr, als ihnen ja die Pfeile des Spottes zu Gebote stehen, greifen in Frankreich nicht selten zur blanken Waffe.

Ein überaus komisches Beispiel dieser Art erzählt uns Tellemand.

Der Satiriker Regnier hatte einst Ursache, mit dem Benehmen des Präsidenten Maynard unzufrieden zu sein. Er verfügte sich also des Morgens in aller Frühe auf dessen Zimmer und überbrachte ihm in dieser commentwidrigen Weise seine Herausforderung. Maynard,

der noch zu Bette lag, verlor vor Schreck faft die
Befinnung; zitternd fuhr er vom Lager empor und
verwechfelte in Verwirrung fein Unterwamms mit den
Beinkleidern, wenigftens machte er eine Viertelftunde
lang die verzweifeltften Anftrengungen, mit den Füßen in
die Aermel zu fahren. Er hat fpäterhin felbft eingeftanden,
daß er an diefem Morgen mehr als drei Stunden brauchte,
um fich völlig anzukleiden. Während diefer Zeit fchickte
er feinen Bedienten zum Grafen Clermont-Lodève und
ließ ihn bitten, doch ja rechtzeitig auf dem Kampfplatz
zu erfcheinen, um eine Verföhnung anzubahnen. Gegen
Mittag traf man fich im Bois de Boulogne; der
Graf hielt fich im Gebüfch verfteckt und vermochte nur
mit Mühe das Lachen zu unterdrücken, als er die ängft-
liche Phyfiognomie Maynards gewahrte, der alle möglichen
Manövers in Scene fetzte, um den Beginn des Kampfes
hinauszufchieben. Bald behauptete er, der eine der beiden
Degen fei länger als der andere, bald erklärte er, die
Sonne genire ihn, bald waren ihm die Stiefel zu eng.
Endlich ließ fich die Comödie nicht weiter fortfetzen,
man legte fich aus und Maynard erwartete mit ver-
zweifelter Energie fein Gefchick. Da trat der Graf aus
dem Gebüfch und rief den Duellanten ein donnerndes
Halt entgegen. Maynard hätte nun den Ueberrafchten
und Entrüfteten fpielen können; allein er war über die
endliche Erlöfung zu glückfelig, daß es ihm nicht gelingen
wollte, fich zu verftellen. Er rief feinem Gegner zu,
daß er um Verzeihung bitte; dem Grafen aber machte
er die heftigften Vorwürfe wegen feines fpäten
Erfcheinens.

„Parbleu,“ fagte er, „wenn ich etwas mehr Courage
gehabt hätte, wären wir fchon feit einer halben Stunde
beim Halsabfchneiden.“

*   *   *

Einst ertheilte der dramatische Dichter Sedaine dem K. Intendanten Herrn de la Ferte eine empfind- liche Lection, die zu einem Duell im Boulogner Gehölz führte.

Man hatte ein Stück des Verfassers, „Albert" be- titelt, zur Aufführung gebracht, aber so mangelhaft, daß Sedaine, nach ehe der Vorhang gefallen war, seiner Unzufriedenheit in ziemlich unverblümter Weise Luft machte. Man hinterbrachte seine Worte dem Intendanten und zwar höchst wahrscheinlich in einer übertriebenen Fassung. Wüthend stürzte Herr de la Ferte hinter die Scene.

„Wo ist Sedaine?" schrie er mit zornbebender Stimme.

Um die ganze Unart dieser Frage zu würdigen, erinnere man sich daran, daß in Frankreich das „Herr" vor dem Namen ein dringendes Gebot der einfachsten Höflichkeit ist.

Der Bonton ist in dieser Beziehung weit unerbittlicher als in Deutschland.

„Wo ist Sedaine?" fragte also der Intendant im Tone eines Lehrers, der einen Schuljungen züchtigen will — und alsbald trat der Gerufene mit unter= schlagenen Armen auf ihn zu und sagte kaltblütig:

„La Ferte, Monsieur Sedaine ist hier. Was wünschen Sie von ihm?"

Man sieht, die Antwort ließ an Deutlichkeit und Schärfe nichts zu wünschen übrig. Wenn man erwägt, daß la Ferte die Gewohnheit hatte, seine Schauspieler mit dem Stocke zu bearbeiten, so wird man überdies zugeben, daß der Dichter eine gewisse Kühnheit besaß. La Ferte mochte fühlen, daß diese Streit=Methode hier nicht ganz zweckmäßig sein würde — denn Sedaine war von kräftiger Constitution und ohne Zweifel entschlossen, dem Tyrannen jede thätliche Injurie heimzuzahlen. Er brummte also ein paar unverständliche Worte in den

Bart und entfernte sich. Tags darauf sprach ganz
Paris von dem Fiasco des gefürchteten Intendanten.
Am Hofe zu Paris amüsirte man sich köstlich über
Sedaine's kunstgerechte Antwort. Der König, dem
schon mancherlei Klagen gegen den Intendanten zu
Ohren gekommen waren, ließ ihn zu sich rufen und
redete ihn also an:

„Herr Chevalier, die Veranlassung der Zwistigkeit,
die Sie mit Herrn Sedaine gehabt haben, interressirt
uns nicht; ich wollte Ihnen nur in aller Freundschaft
bemerken, daß ich und die Königin, wenn wir die Ehre
haben, mit einem Schriftsteller zu sprechen, denselben
stets mit Monsieur anreden werden."

La Ferte schäumte vor Wuth. Er schickte dem
Dichter eine Herausforderung und bekam einen Schuß
in den Schenkel.

*   *   *

Eine reizende Duellgeschichte verdanken wir dem
französischen Schriftsteller Méry. Die Sache erregte s. Z.
nicht nur in Marseille, ihrem eigentlichen Schauplatz,
sondern auch in ganz Frankreich das größte Aufsehen.
Man hatte nämlich in Saint Jean du Gargnier einen
antiken Sarkophag entdeckt. Der italienische Professor
Marcredati veröffentlichte im „Messager" einen längeren
Artikel, der zunächst eine Beschreibung des Kunstwerkes
gab und dann eine Reihe von archäologischen Gesichts-
punkten entwickelte, die auch für das größere Publikum
von Interesse waren.

Vierzehn Tage später publizirte ein anderer
italienischer Professor, Namens Biffi, in einem anderen
Journal von Marseille einen Gegenartikel, der den
Professor Marcredati der Ignoranz beschuldigte und
seine Auslassungen Punkt für Punkt widerlegte.

Marcredati war indeß durch die geiftvollen Aus-
laffungen feines Collegen · keineswegs auf den Mund
gefchlagen; er veröffentlichte vielmehr einen neuen Artikel
im „Meffager" und ging Biffi fc energifch zu Leibe,
daß die öffentliche Meinung faft einftimmig zu feinen
Gunften entfchied.

Die Sachlage änderte fich wefentlich, als Biffi mit
einem zweiten Gegen-Artikel ins Feld rückte. Die Polemik nahm jetzt einen fo erbitterten Charakter an, daß
man bei dem heftigen Naturell der beiden Profefforen
nicht länger an dem fchließlichen Ausgang der Fehde
zweifeln konnte.

In der That verbreitete fich einige Tage fpäter
das Gerücht, daß die beiden damals in Marfeille anwefenden Gegner fich auf Leben und Tod gefordert
hätten, und am folgenden Sonntag erfchien im „Meffager"
die Anzeige, daß Profeffor Marcredati im Duell geblieben
fei. Ein gewiffer Profeffor Neroni, ein Freund des
Verftorbenen, fchrieb einen längeren Nokrolog, in welchem
er die Verdienfte des Dahingefchiedenen in den Himmel
erhob und Italien, das fo hochbegabte Söhne fein eigen
nenne, glücklich pries.

Jetzt begann man auch auf der Appeninen-Halbinfel
aufmerkfam zu werden. Eine römifche Akademie hielt
dem Heimgegangenen eine Trauerrede und ein italienifches
Städtchen, in welchem man zufälliger Weife auch einen
Sarkophag ausgegraben hatte, fetzte dem großen Todten
ein Denkmal.

Méry hat fich über die Angelegenheit jedenfalls
köftlich amüfirt, denn Marcredati, Biffi und Neroni waren
alle Drei ein und diefelbe Perfon, nämlich — er felbft.
Es dauerte indeß geraume Zeit, bis fich der Sach-
verhalt aufklärte, und das große Publikum ift nie
völlig darüber ins Reine gekommen.

*　　　*　　　*

Zum Schluß noch einige kleine literarische Duell= geschichten aus Paris.

Der scharfsinnige Kritiker Saint Beuve ging bei dem einzigen Zweikampf, den er während seines ganzen Lebens zu bestehen hatte, mit großer Naivetät vor.

Es regnete nämlich und St. Beuve erschien mit aufgespanntem Regenschirme auf dem Kampfplatze. Hartnäckig weigerte er sich, das kommandowidrige In= strument während des Schießens bei Seite zu stellen.

„Denn," sagte er, „ich bin gekommen, um mein Leben aufs Spiel zu setzen, nicht aber, um mir einen Schnupfen zu holen."

Der berühmte französische Philologe Denis-Lambin führte Monate lang einen erbitterten Streit mit Manutius wegen der Orthographie des lateinischen Wortes: „consumptus". Schließlich schickte er seinem Gegner eine Herausforderung und verwundete ihn nicht ungefährlich.

Cyrano de Bergerac hatte so viele Ehrenhändel, daß seine Nase nicht weniger als 11 Verwundungen aufwies. An verschiedenen Stellen wuchs wildes Fleisch hervor, so daß das Ganze an Alles eher gemahnte, als an das Riechorgan des homo sapiens.

Zu welcher Lächerlichkeit zuweilen die Duellwuth in Paris führt, beweist folgender Fall. Der „Figaro" hatte einst einen Ball im Hotel de Ville beschrieben und die Officiere als besonders fleißige Tänzer gerühmt. Namentlich, sagte er, habe sich der unvermeidliche Unter= lieutenant, — l'inévitable sous-lieutenant — vortheilhaft hervorgethan. Alle Pariser Officiere fühlten sich durch diese Bemerkung in ihrer Ehre verletzt, keiner wollte „unvermeidlich" sein. Die Herausforderungen an den damaligen Chefredacteur, Henri de Pène, gingen wie ein Platzregen nieder. Im Bureau des „Figaro" mußte ein Bogen aufgelegt werden, auf welchem sich mehr als 700 Officiere zum Duell mit dem verruchten Redacteur meldeten. Zwei wurden ausgelooft, damit

er seinen Degen mit ihnen kreuze; den erjten machte er
kampfunfähig, der zweite ftach ihn durch und durch, fo
daß er nur durch ein Wunder gerettet wurde. Schrecklich
und doch zugleich lächerlich!

Die Duelle geben oft den franzöfifchen Spaßmachern
Stoff zu allerlei Scherzen. „Was höre ich," ruft ein
Elegant feinem Freunde zu, „Du haft eine Ohrfeige
bekommen und fchlägft Dich nicht?" — „Kann ich ein
heiliges Gelübde brechen?" erwidert der Andere. „Die
Zeugen beftimmten einen Ort an der belgifchen Grenze
für das Rencontre und ich habe meinem Vater auf dem
Sterbebette gelobt, nie meine Mutter zu verlaffen."

*   *   *

Um wieder auf Armand Carrel zurückzukommen,
fei bemerkt, daß er vor Girardin fchon mit anderen
Widerfachern Duelle beftanden hatte, die beinahe ebenfo
tragifch geendet hätten.

So duellirte er fich am 2. Febr. 1833, am Tage
der erften Aufführung von Victor Hugo's: „Lucrezia
Borgia", mit Roux-Laborie, einem der Redakteure des
„Journal des Debats". Da der Verlauf des Zwei=
kampfes ein ebenfalls fehr intereffanter war, mag davon
eingehender Notiz genommen werden.

Die Zeugen Carrels waren Gregoire und d'Hervas,
diejenigen Roux-Laborie's Theodor Anne und Albert
von Berthier.

Carrel hatte die Wahl der Waffen. Er beharrte
auf dem Degen.

Der Zweikampf fand hinter einem Haufe in der
Gegend der Infel Saint-Quen ftatt.

Die beiden Gegner ftiegen aus dem Wagen, be=
grüßten fich fehr artig und traten dann auf die Menfur.

Der Waffengang war kurz und lebhaft. Nach
wenigen Augenblicken fielen beide Gegner im nämlichen
Augenblicke aus.

Der Degen Carrels hatte Roux-Laborie nur den Arm durchbohrt.

Die Zeugen geboten einzuhalten und riefen:

„Einer ist verwundet!"

Darauf näherten sie sich Roux-Laborie.

„Ich bin aber auch verwundet", sagte Carrel ganz ruhig.

Jetzt erst sah man, daß er die Hand an den Unterleib gelegt hatte und sich kaum noch aufrecht erhalten konnte.

Während der Arzt Roux-Laborie's, Bouche-Dugua, seinen Clienten verband, constatirte Dr. Dumont, Carrel's Arzt, eine gefährliche Wunde in der Leistengegend.

Nur mit großer Mühe konnte Carrel auf einer Tragbahre in sein Haus auf der Rue blanche in Paris transportirt werden.

Die Wunde war höchst gefährlich, der Degen war drei Zoll tief eingedrungen, und es ließ sich noch durchaus nichts über die Folgen sagen.

Als die Kunde von seiner Verwundung sich in Paris verbreitete, herrschte überall die höchste Aufregung, denn der Name Armand Carrels gehörte damals zu den gefeiertsten in Frankreich.

Ganz Paris strömte herbei, um sich bei Carrel einzuschreiben. Unter den ersten zwanzig Namen auf der Liste figurirten die gefeiertsten Männer jener Zeit: Lafayette, Châteaubriand, Béranger, Thiers und Dupin.

Und aus diesem Duell sollten bald mehrere andere entstehen, so daß das Tournier mit scharfer Waffe einen großartigen Maßstab anzunehmen begann.

Noch am selben Abend des Zweikampfes erhielt Albert Berthier, einer der Zeugen Labories, ein Herausforderungsschreiben des Kapitains d'Hervas, folgenden Inhalts:

„Mein Herr!

Mit tiefem Kummer sehe ich mich in die schmerzliche Nothwendigkeit versetzt, Ihr edles und gütiges
Benehmen von diesem Morgen durch eine Bitte um
ein Rencontre für morgen zu erwidern. Herr Carrel
ist ein Mann, den ich von Allen auf dieser Welt am
meisten liebe und schätze. Er ist gefährlich verwundet.
Die Ehre legt mir die Pflicht auf, ihn zu rächen.
Nur Ihr edles Benehmen von diesem Morgen hat mich
abgehalten, die Bitte sogleich auszusprechen, die ich in
diesem Augenblicke an Sie richte. Ich kenne Sie als
Ehrenmann und weiß daher, daß Sie mich verstehen
werden. Ich bringe die Nacht bei meinem Freunde
Carrel zu und erwarte daselbst bis Morgen früh Ihre
Antwort. Die Wahl der Waffen, des Orts und der Zeit
stelle ich Ihnen anheim, doch wünsche ich, daß Alles
morgen beendigt sein möge, da ich am Abend wieder
zu meinem Regiment zurückkehren muß.

Empfangen Sie die Versicherung der vollkommensten
Hochschätzung und Achtung Ihres ganz ergebenen

d'Hervas.“

Der Herausgeforderte erwiderte sofort:

„Mein Herr!

Soeben wurde ich polizeilich verhaftet und habe
daher nur noch Zeit, Ihnen zu melden, daß es für den
Augenblick mir unmöglich ist, Ihrer Einladung zu
folgen. Empfangen Sie u. s. w.

Albert Berthier.“

Auch der zweite Zeuge Laborie's wurde von Gregoire
gefordert, aber auch dieser konnte, in Folge seiner plötzlichen Verhaftung, der „Einladung“ nicht Folge leisten.

Man mußte daher die ganze Angelegenheit vor der Hand auf sich beruhen lassen.

Damit man aber erfahre, daß nur die Gewalt den Aufschub der Duelle veranlaßte, ließen die Herausforderer folgende Zeilen in alle Pariser Blätter einrücken:

„Wir bedauern es lebhaft, daß eine Verhaftung der Herrn N. N. diesen nicht erlaubt, den Brief zu beantworten, den wir gestern an dieselben gerichtet haben; wir wünschen so sehr, als sie es nur selbst wünschen können, daß eine baldige Freilassung ihnen gestatte, unserer Einladung Folge zu leisten.

D'Hervas. — Gregoire.“

Als die Geforderten aus der Haft entlassen wurden, befand sich Carrel bereits auf dem Wege der Besserung und er duldete es nicht, daß dieselben sich mit seinen Zeugen schlagen. In der That wurden die Duelle aufgegeben, und am 17. Februar las man in den republikanischen Journalen von Paris:

„Man erinnert sich, daß in Folge des Rencontre zwischen den Herren Armand Carrel und Roux-Laborie die Zeugen des Ersteren die Zeugen des Letzteren, die Herren Albert Berthier und Theodor Anne, gefordert haben. Man weiß ferner, daß die beiden letztgenannten Herren, als der Herausforderung zum Morde schuldig, in Anklagezustand versetzt wurden. Nachdem diese Anklage sich erledigt, hielten sich die Herren Albert Berthier und Theodor Anne verpflichtet, sobald sie ihre Freiheit wieder erlangt, die Zeugen des Herrn Carrel in Kenntniß zu setzen, daß sie zu ihrer Verfügung ständen, zugleich aber mit der Bemerkung, daß sie nicht wollten, daß man diesem Rencontre irgendwie einen politischen Charakter beilege, und so wählten sie ihre Zeugen absichtlich unter Herrn Carrels politischen Freunden.

Nachdem sich diese Zeugen beider Parteien versammelt, sind sie der Ueberzeugung geworden, daß dieser
Angelegenheit keinerlei Folge gegeben werden könne, da
die Herren Berthier und Theodor Anne die politische
Seite der Frage ganz aufgegeben und die Herausforderung
der Herren d'Hervas und Gregoire keinen anderen Grund
hatte, als die nunmehr glücklich beseitigte Lebensgefahr
des Herrn Armand Carrel. Unter so bewandten Umständen erklären die Unterzeichneten, jeden ferneren
Conflict zwischen den Freunden der Herren Roux-Laborie
und Armand Carrel, da die Beweggründe dazu nicht
mehr vorhanden sind, für unverantwortlich vor der
gesunden Vernunft und der Ehre.

Ambert, Guinard,   Matthieu, Alexis Dümes-
   Gregoire, Lecoque,   nil, Etienne Arago,
Ozenn, Zeugen der Herren   Antenor Joly, Zeugen
   d'Hervas und Gregoire.   der Herren Berthier u. Anne.

*   *   *

Wir wissen es Alle, daß Emil de Girardin,
wenn er auch kein Duell mehr entrirte, dennoch
bezüglich des Schimpfens nichts gelernt und nichts vergessen hatte. Es zeigte sich dies bis ans Ende seines Lebens.
Noch 1878 konnte man das himmlische Schauspiel er-
leben, daß er in einer Polemik mit Herrn von Villemessant,
dem Chefredacteur des „Figaro", diesen mit einer Fluth
von Schmähungen überschüttete, die scheußlich waren.
Villemessant blieb ihm natürlich die Antwort nicht schuldig.
Hier nur ein Pröbchen der Girardin'schen Kraftausdrücke.
Der Mörder Carrels nannte Villemessant einen Poussah,
d. h. alten Blasebalg, beschuldigte ihn, daß er wie ein
„Wärwolf fresse" — und das Publikum freute sich
über den „Skandal". Die Exemplare des „Figaro"
und der „France" fanden reißenden Absatz und die
Boulevard-Bummler unterhielten sich lange nur über
diesen Spectakel.

Und wahrlich, es ist betrübend und läßt uns an dem Worte Schillers zweifeln, daß „die Weltgeschichte das Weltgericht" sei, wenn wir sehen, daß der Vertreter des Idealismus, der Gesinnungstüchtigkeit, der Charakter= stärke und Manneswürde, Armand Carrel, von der Kugel der personificirten Selbstsucht und des Humbugs, derjenigen Emil de Girardins, durchbohrt wurde und er mitten in seiner glänzenden Laufbahn vom Schauplatze seiner rühmlichen Thätigkeit verschwinden mußte!

Alexander Dumas der Aeltere und Frederic Gaillardet.

Alexander Dumas des Aelteren Ruhm ist heutzutage bereits sehr verblaßt, aber vor 30 und 40 Jahren war er vielleicht der volksthümlichste Dichter Europas. Seine Romane wurden im Palast wie in der Hütte gelesen, erlebten viele Auflagen und wurden in alle lebende Sprachen übersetzt, und seine Dramen gehörten zu den Repertoirstücken der französischen Theater.

Alles, was seine Persönlichkeit betraf, interessirte die Franzosen, aber auch die ganze gebildete Welt.

Dieser geniale Romancier war ebenso von der Duellwuth befallen, wie alle Pariser der „Gesellschaft"; er nahm eifrigen Fechtunterricht und war allezeit bereit, sein Leben wegen einer boshaften Kritik, einer moquanten Bemerkung oder einer geringschätzigen Behandlung aufs Spiel zu setzen.

Von allen seinen Duellen, die er glücklich ausfocht, hat keines ein solches Aufsehen erregt, wie dasjenige in den dreißiger Jahren, welches er mit dem jungen

Schriftsteller Frederic Gaillardet wegen der Autorschaft des Dramas: „Der Thurm von Nesle" zum
Austrage brachte. Wochen und Monate lang bildete
diese cause célèbre das Tagesgespräch, und da sie noch
von Interesse ist, mag diese Duellaffaire hier detaillirt
geschildert werden.

Ein junger Autor, Frederic Gaillardet, hatte dem
Director des Theaters der „Porte Saint-Martin" ein
Drama in 5 Acten: „Der Thurm von Nesle" überreicht,
das der Director Harel auch annahm; da sich dasselbe
aber scenisch unwirksam erwies, wurde es Jules Janin,
dem bekannten Kritiker, und später, als dieser mit der
Geschichte nichts mehr zu thun haben wollte, Alexander
Dumas übergeben zur Be- und Ueberarbeitung. Gaillardet
protestirte gegen das angeblich eigenmächtige Vorgehen
des Directors und erst nach längeren Auseinandersetzungen
einigte man sich darüber, daß sowohl Dumas wie
Gaillardet bei Herausgabe ihrer „sämmtlichen Werke"
dem Stücke ihren alleinigen Namen vorsetzen durften,
auf dem Theaterzettel aber nur der Name Gaillardet's
genannt werden sollte.

Der Erfolg des Stückes war ein außerordentlicher,
sensationeller. In Paris allein erlebte es über 800 Auf-
führungen.

Harel hatte auf dem Theaterzettel drucken lassen:
„Der Thurm von Nesle, Drama in 5 Aufzügen von
* * * und Frederic Gaillardet", dagegen protestirte
Letzterer gerichtlich. Auch in den Blättern wogte der
Streit hin und her, da Gaillardet erklärte, daß er der
alleinige Autor des Stückes sei. Auf die Anzapfungen
desselben erwiderte Dumas in den Pariser Zeitungen,
daß er sich dem Ausspruche dreier Schiedsrichter unter-
werfe, damit diese beurtheilen, wer das Meiste zum
Erfolg des Stückes beigetragen habe. Aus dieser öffentlichen Polemik entwickelte sich das Duell. Dumas war
eben im Begriff, eine größere Reise nach dem nördlichen

Frankreich, Italien und Sicilien anzutreten, als ihm Gaillardet eine Forderung sandte, worin er ihn einen „Feigen und Elenden" nannte.

Der Zweikampf sollte nach dem Wunsche Dumas' auf Degen stattfinden, Gaillardet beharrte jedoch auf Pistolen. In seinen Memoiren sagt der berühmte Romancier über das Duell auf Pistolen:

„Ich hasse diese Waffe, und alle Zweikämpfe mit derselben haben stets einen widerwärtigen Eindruck auf mich gemacht, sie erscheint mir brutal und mehr eines Straßenräubers würdig, der den Reisenden im Walde überfällt und die Börse abfordert, als zur mannhaften Ausgleichung eines Ehrenhandels geeignet. Was ich aber besonders beim Duell fürchte, das ist weit mehr noch die Ungeschicklichkeit, als die Geschicklichkeit meines Gegners."

Die Zeugen waren durchs Loos bestimmt worden und dieses hatte zwei der vertrautesten Freunde Dumas', die Herren Fontan und Soulié, zu Zeugen seines Gegners beschieden, während die Dumas zugefallenen Zeugen, die Herren de Longpré und Maillon, diesem fern standen.

Das Rendez-vous war in St. Mandé festgesetzt.

Die Gutmüthigkeit, vielleicht auch Eitelkeit Dumas', verräth der nachstehende Charakterzug:

Auf der Treppe seines Hauses, als er eben im Begriff war, nach St. Mandé zu fahren, begegnete ihm Florestan Bonnaire mit einem Album unter dem Arm. Dieser redete Jenen also an:

— Ach, Herr Dumas, Sie gehen aus?

— Ja wohl!

— Sind sie eilig?

— Warum?

— Weil ich Sie sonst bitten würde, wieder umzukehren, um mir einige Zeilen in's Album zu schreiben.

— Tragen Sie das Album nur hinauf und geben Sie es meinem Diener; bei meiner Rückkehr will ich Ihnen hineinschreiben, was Sie wollen.

— Jetzt können Sie es nicht?

— Wahrhaftig, nein!

— Warum nicht gar?

— Auf meine Ehre! Ich habe es eilig und möchte um nichts in der Welt zu spät kommen!

— Wo wollen Sie denn hin?

— Mich mit Gaillardet schlagen!

— Ach!

— Besser spät als niemals!

— Dann, theurer Freund, bitte ich Sie um so dringender, mir gleich etwas in's Album zu schreiben.

— Das hat ja Zeit.

— Den Teufel auch! Wenn Sie getödtet werden! Dann wird sich meine Frau wenigstens rühmen können, daß sie die Letzte war, in deren Album Sie sich einschrieben.

— Da haben Sie wahrhaftig Recht! rief Dumas lachend. Nun, ich will Ihre Frau nicht um diese Chance bringen. Kommen Sie!

Und wirklich kehrte er um und schrieb etwa 10 Verse in's Album, worauf Bonnaire ihn ganz entzückt verließ —

Die Secundanten vereinbarten, daß man sich in einer Distanz von 30 Schritten schießen und jeder das Recht haben solle, bis auf 15 Schritte zu avanciren.

Gaillardet schoß zuerst, aber seine Kugel traf Dumas nicht. Auch diejenige des Letzteren verfehlte ihr Ziel. Dumas erklärte sich damit noch nicht befriedigt, sondern verlangte, daß der Kampf fortgesetzt werden solle, bis einer von Beiden fiele. Gaillardet nahm es an, doch weigerten sich die Zeugen, die Waffen nochmals zu laden und versagten ihren ferneren Beistand. — Das Duell war damit zu Ende.

Alexander Dumas hat uns bei diesem Anlaß berichtet, welche recht barbarischen Gespräche er unmittelbar vor seinem Duell mit seinem Arzt, Dr. Bixio, und den Secundanten geführt hat. Man höre:

Bixio fragte Dumas:

— Wohin wirst du zielen?

— Ich weiß es wahrhaftig nicht!

— Sieh', er trägt Watte in den Ohren. Schieß ihn durch den Kopf.

— Da müßte er vor allen Dingen auch den Kopf seitwärts drehen.

Als Dumas so ruhig und unbefangen war, meinte der Arzt:

— Ich hätte nicht gedacht, daß Du an Ort und Stelle so kaltblütig sein wirst.

— Gerade hier bin ich es am meisten. Ich habe in der Nacht nach der Herausforderung ziemlich schlecht geschlafen, aber es liegt in meinem Charakter, oder wenn Du willst, in meinem Temperament, daß ich, je näher der entscheidende Augenblick kommt, desto ruhiger werde.

— Ich möchte Dir, wenn Ihr einander gegenüber= stehen werdet, den Puls fühlen, um zu zählen, wie viele Male er in der Minute schlägt.

— Das steht Dir frei.

— Glaubst Du, daß Du ihn treffen wirst?

— Ich befürchte es.

— So gieb Dir ja alle Mühe.

— Hast Du denn einen solchen Haß gegen ihn?

— Ich? Nicht im mindesten. Ich kenne ihn fast gar nicht.

— Nun also?

— Hast Du die „Etruskische Vase" von Merimée gelesen?

— Ja, warum?

— Nun, Merimée behauptet darin, daß ein tödtlich von der Kugel Getroffener sich einige Mal um sich selbst dreht, bevor er fällt. Ich möchte mich davon, vom rein wissenschaftlichen Standpunkte aus, selbst über= zeugen.

— Ich glaube, dergleichen in den Julitagen selbst gesehen zu haben; aber wenn Dir ein Gefallen damit geschieht, will ich mir alle Mühe geben — wenn Du nicht etwa Gelegenheit bekommst, es an mir selbst zu beobachten.

Dr. Bixio hatte, nebenbei bemerkt, leider später Gelegenheit, sein Experiment an sich selber zu versuchen.

Im Juni 1848, als er auf der Barrikade des Pantheons zu Paris stand, bekam er einen Schuß durch die Lunge und zur Rückenwirbelsäule wieder heraus. Er drehte sich dreimal um sich selbst und brach dann zusammen.

„Es ist richtig, man dreht sich" rief er noch — das Problem war gelöst. —

Um das Andenken Alexander Dumas', der wegen der angeblichen Autorschaft des Dramas: „Der Thurm von Nesle" Jahrzehnte lang ungerecht angegriffen wurde, zu ehren, mag hier das Urtheil Jules Janin's, welches er s. Z. im Pariser „Theater=Courier" veröffentlichte, um so eher mitgetheilt werden, als dieser unbestechliche Kritiker in dieser Angelegenheit besonders competent ist. Er schrieb nun u. A.: „. . Ich habe allerdings drei Tage an diesem unglückseligen Thurm von Nesle gearbeitet; ich habe dies Drama, das ohnedies schon nicht vortrefflich war, vollends verdorben, wie Herr Gaillardet sagt, und war herzlich froh, als ich mir das Stück und meine Mitautorschaft an demselben wieder vom Halse geschafft habe. Das Drama hat seitdem einen außerordentlichen Erfolg gehabt, und mein Name ist, Gott sei Dank, weder von dem Herrn Dumas noch dem Herrn Gaillardet auch nur ein Mal dabei genannt worden.

Es ist ferner wahr, daß Herr Gaillardet am Morgen nach der ersten Vorstellung, ganz außer sich über die verhängnißvollen drei Sternchen, die seitdem einen Prozeß vor dem Handelstribunal veranlaßt haben, zu mir gelaufen kam, um mich um ein Zeugniß in Bezug auf seinen

Vertrag mit Herrn Harel, nach welchem er allein im
Theater und auf dem Anschlagezettel genannt werden sollte,
anzuflehen. Da sich diese Sache wirklich so verhielt, nahm ich
sogleich Partei für Herrn Gaillardet; auf seine Bitten
bot ich meinen ganzen Credit, alle meine Freunde auf.

Herr Gaillardet hätte mir dafür dankbar sein sollen;
statt dessen schmiedet er aber daraus eine Anklage
gegen mich.

Es war allerdings ausbedungen worden, daß Herr
Gaillardet allein als der Verfasser des Thurmes von
Nesle genannt werden solle, allein damit war keines-
wegs gesagt, daß er auch der wirkliche und alleinige
Verfasser sei.

Seitdem haben viele peinliche Erörterungen, skanda-
löse Prozesse, viele Drohungen zwischen Herrn Gaillardet
und Dumas stattgefunden. Ersterer hat Letzteren wiederholt vor Gericht citirt, Herr Dumas hat sich vortrefflich
vertheidigt, wenn nicht juridisch, doch litterarisch; ich bin
nicht ein einziges Mal in den ganzen Handel gezogen
worden und habe mich, wie man begreifen wird, weder
direct, noch indirect, weder von Nah noch von Fern hin-
eingemischt . . .

Bei der ersten Frage: Kann Herr Gaillardet nach
dem Gesetz verlangen, allein genannt zu werden? nahm
ich ohne Zaudern Partei für diesen, denn er war in
seinem vollen Rechte.

Eben so natürlich muß ich aber auch bei der
zweiten Frage: hat Herr Alex. Dumas die schönsten
Scenen, die besten Stellen, die fließende Prosa
des Stückes geschrieben? für diesen Partei nehmen.
Die Sache scheint mir sehr einfach und klar.

Herr Gaillardet will nicht einsehen, nicht begreifen,
daß, wenn auch nur ein Verfasser des Stückes nach
jenem Vertrage genannt werden durfte, es doch in
der That deren zwei hat; und wenn uns der Theaterzettel den Namen desjenigen nannte, von dem die erste

Idee des Stückes ausging, so steckt hinter dem Theater=
zettel nichts desto weniger der Name eines anderen,
sehr bekannten und sehr geschickten Mannes, der die Kerker=
scene, der den ersten und letzten Act, der Charaktere
geschaffen, Personen genannt, der, mit einem Worte,
die erste Idee jenes genannten Verfassers erst zu einem
wirklichen Stücke be= und verarbeitet hat. Das größte
Unrecht des Herrn Gaillardet ist sonach, daß er nicht
damit zufrieden war, einer der Verfasser zu sein,
sondern der alleinige Verfasser des Thurmes von
Nesle sein will — eine ebenso ungerechte, undankbare,
wie absurde Forderung.

Ich habe mich demnach in dieser ganzen Sache so
benommen, wie ich mir schmeichle, mein ganzes Leben
mich benommen zu haben, nämlich ehrenhaft. Ich
habe Herrn Gaillardet Recht gegeben, wo er Recht
hatte, ich gebe ihm Unrecht, wo er Unrecht hat. Ich
habe wie ein loyaler Zeuge gehandelt, der keine der
beiden Parteien begünstigt, die sich auf sein Zeugniß
berufen. Ich bin weit davon entfernt, Herrn Gaillardet's
Feind zu sein, trotz seines mir unbegreiflichen Leugnens.
Herr Gaillardet mag sich glücklich preisen, wenn er keine
anderen Feinde hat, als ich bin! Aber sein grausamster
Feind in dieser Angelegenheit ist nicht einmal Herr
Dumas. Das ist sein erstes, wirkliches Manuscript des
Thurmes von Nesle, so wie es war, bevor Herr
Dumas es verdorben hatte. Dieses Manuscript existirt
noch, vollständig von der Hand des Autors geschrieben.
Warum läßt es denn Herr Gaillardet nicht drucken, so
wie er es gefunden hat? Dies wäre in der That die
einzige und wirksamste Erwiderung auf Herrn Dumas'
Aufsatz. Ja, noch mehr, um meiner Rolle als Schieds=
richter bis zum Schlusse treu zu bleiben, rathe ich Herrn
Gaillardet, es auf meine Kosten drucken zu lassen.

Es giebt überdies auch noch einige andere gedruckte
Feinde, welche Herrn Gaillardet drohen: „Georges"

und „Struensee", zwei andere Dramen, welche dem „Thurm von Nesle" nicht vorangegangen, sondern ihm gefolgt sind, was Herrn Gaillardet in eine ganz andere Stellung bringt, als Herrn Dumas, dessen erste Vaudevilles nur Vorläufer der Stücke waren, die ihn zum König des modernen Dramas gemacht haben, wie z. B. Heinrich III., Karl VII., Richard Arlington und — wenn Herr Gaillardet es gütigst erlaubt — der Thurm von Nesle.

Aber es handelt sich ja nicht um Herrn Dumas, den ich nicht Auftrag habe, zu vertheidigen, sondern um mich selbst, der so uneigennützig seine Zeit verschwendet hat, Herrn Gaillardets Drama zu verderben, der sich von dieser Mitautorschaft zurückgezogen, den Herr Gaillardet stets dienstbar gefunden, der ihn, wenn er im Rechte war, auch wie ein Freund vertheidigt hat. Jetzt freilich bin ich in die Nothwendigkeit versetzt, Herrn Gaillardet auf andere Weise antworten zu müssen, weil ich einfach den großen Aufwand von Styl und Geist kenne und zu würdigen weiß, den Herr Dumas diesem Stücke gewidmet hat, das in der That seine Schöpfung ist, aber nach einem schriftlichen Vertrage auf Herrn Gaillardets Namen getauft werden mußte."

* * *

Ad vocem Alexander Dumas sei hier noch eines Skandalprocesses gedacht, der sich am 7. März 1845 in Paris abspielte und worin Alexander Dumas nur als Zeuge vernommen wurde. Es handelte sich um das Duell zwischen Dujarier und Beauvallon, einem der besten Pistolenschützen jener Zeit. Dieser Skandalproceß ist von hoher culturhistorischer Bedeutung, denn er legte einerseits von der Corruption Zeugniß, die unter dem Julikönigthum herrschte und bewies andererseits, welche unerlaubten Vortheile oft die Duellanten durch schurkische Secundanten erlangen.

Der Richter fragte bei diesem Anlaß Dumas, ob er es für ehrlich halte, daß Jemand, der auf dreißig Schritte ein Ei treffe, sich mit einem Anderen schlage, der kaum wisse, wie man eine Pistole abdrücke. Der berühmte Romancier antwortete: „Ja, wenn man sich auf die Mensur stellt, dann verschwinden alle Fragen des Edelmuths und des Zartgefühls, die an und für sich sehr schöne Dinge sind, vor der Frage der Existenz, die wir aufs Spiel setzen und die — ma foi! im Handumdrehen verloren gehen kann."

Wir geben diesen bemerkenswerthen Fall nach den Aufzeichnungen Dr. Hugo Schramms in seiner schon citirten Broschüre: „Ein Pereat den Duellen."

Der verhängnißvolle Streit war in einer jener Gesellschaften entstanden, in welchen die fashionablen Roués unter zahlreichem Zuspruch der jungen Herren von der Presse bei schwelgerischen Mahlzeiten, Kartenspiel und Tanz mit hübschen Schauspielerinnen und Hetären sich lustige Abende zu machen pflegen. Einige Tage früher waren bei einer Schauspielerin beim Spiel 15 oder 16 Louisd'or unreclamirt liegen geblieben. Dieses Geld an den Mann zu bringen, wurde ein Picknick in der Restauration der frères Provençaux im Palais Royal beschlossen, und was dazu fehlte, sollte zugelegt werden, denn man speiste zu 55 Franken das Gedeck. Unter den 18 bis 20 Geladenen befanden sich auch Dujarier und Beauvallon, beide genauere Bekannte jener Schauspielerin. Dujarier, ein Journalspeculant, der sich in kurzer Zeit viel Geld gemacht hatte, das er eben so schnell wieder an Buhlerinnen und im Spiel verschwendete, war ein hochmüthiger Geck, der ohne gerade Händel zu suchen, es doch jeden merken ließ, wenn sein Gesicht ihm nicht gefiel, und Beauvallon, ein Creole von Basseterre auf Guadeloupe, gleichfalls bei journalistischen Unternehmungen mitbetheiligt, war ein Spieler und Raufbold von Handwerk.

Nach aufgehobener Tafel setzte man sich in einem
Nebenzimmer zum Spiel (Landsknecht), dessen Resultat
darin bestand, daß Dujarier 125 Louisd'or Verlust,
Beauvallon 12 bis 13000 Franken Gewinn und bei
jenem noch 84 Louisd'or gut hatte. Zu diesem Schuld-
betrag hatte sich Dujarier auch bekannt, als er aber
fortgehen wollte, kehrte er an der Thür um, zahlte an
Beauvallon 75 Louisd'or, die ihm noch in der Börse
geblieben waren, und wendete sich, um gleich Alles be-
zahlen zu können, wegen des Restes zuerst an die Anwesenden, dann an den Wirth. Darin lag freilich eine
Andeutung, daß Dujarier mit Beauvallon nichts zu thun
haben wolle, eine directe Beleidigung war es jedoch
nicht. Sonst war nichts vorgekommen, und Dujarier
war nicht wenig überrascht, als am Nachmittage des
folgenden Tages ein Graf de Flers und ein Herr
d'Equevilliers sich einfanden, um in Beauvallon's
Namen Genugthuung von ihm zu fordern. Seine
Zeugen de Boignes und Bertrand bemühten sich vergeblich, eine Versöhnung herbeizuführen; Dujarier selbst,
welcher vermuthete, daß journalistische Eifersucht bei
Beauvallon der Hauptgrund war, Händel zu suchen, und
alles Andere blos Vorwand, gab einem Bekannten, der
ihn fragte, ob die Sache ernst sei, zur Antwort: „Ernst!
Ich weiß aber nicht, warum ich mich schlage." Beauvallon wollte um jeden Preis das Duell, seine Herausforderung war so, daß sie Dujarier kaum eine andere
Wahl ließ, als sie anzunehmen, oder er mußte fürchten,
am anderen Tage eine Menge Herausforderungen von
anderen Raufbolden zu erhalten. Er sagte also zu, und
da er hörte, daß Beauvallon ein Meister im Stoßfechten
sei, so wählte er die Pistole. Er erfuhr zwar bald,
daß derselbe, wie schon erwähnt, im Pistolenschießen
noch stärker sei, doch ließ er es dabei, und die Secundanten regelten die Kampfordnung.

Es wurde ausgemacht, daß die Kämpfer auf
dreißig Schritte auseinander stehen sollten und jeder
vor dem Schusse fünf Schritte vorgehen könne, nachdem
er aber das Feuer seines Gegners ausgehalten, still stehen
und schießen müsse. Die Frage, wer die Waffen liefern
solle, entschied das Loos — ein in die Höhe geworfenes
Goldstück — für Beauvallon. Sein Secundant, d'Eque=
villiers, hatte außer ein paar Sattelpistolen zwei Pistolen
bei sich, von denen er versicherte, sie das Jahr zuvor
bei Devismes um 700 Franken gekauft zu haben, und
da der andere Secundant, de Boignes, um die Sache
weniger gefährlich zu machen, die Sattelpistolen verwarf,
wurden jene für diesen Gebrauch ausersehen. Dies ge=
schah am Tage vor dem Duell, das im Boulogner
Wäldchen stattfinden sollte.

Es war ein kalter Morgen, an dem ein starker
Wind ging und es schneite. Dujarier war schon um
10 Uhr auf dem Platze, aber anderthalb Stunden ver=
gingen und noch erschien kein Beauvallon. Die Zeugen
des Ersteren riethen ihm, heim zu fahren, allein er er=
widerte, er möge am andern Tage nicht noch einmal
kommen und werde warten bis Mittag. Als endlich
ein Fiaker mit Beauvallon kam, trat de Boignes noch=
mals auf die beiden Gegensecundanten, d'Equevilliers
und Graf de Flers, zu, um ihnen vorzustellen, daß das
Duell unmöglich sei. Das Gleiche erklärte er gegen
Beauvallon, der kalt versetzte, das Vermitteln auf der
Mensur sei nicht üblich. Während nun de Boignes
und de Flers die Entfernungen abmaßen, langte d'Eque=
villiers zwei Pistolen mit dem Zeichen des Waffen=
schmiedes Devismes aus der Tasche und gab sie Bertrand
zum Laden. Da dieser den Finger ins Rohr steckte,
zog er sie schwarz bis an die Nagelwurzel heraus, was
ihn veranlaßte, die Besorgniß auszudrücken, die Pistolen
möchten probirt sein, d'Equevilliers redete ihm jedoch
dies aus, indem er behauptete, nur ein Zündhütchen

damit abgebrannt zu haben und auf Ehrenwort betheuerte, daß Beauvallon die Waffen nicht kenne.

Nach diesen Präliminarien wurden die Kämpfer
einander gegenübergestellt, und de Boignes gab das
Zeichen. Dujarier schoß zuerst und — die Kugel flog
in ziemlicher Höhe über Beauvallon weg; dann ließ er
die Pistole auf die Erde fallen; statt daß er sie in die
Höhe hätte erheben sollen, um den Kopf zu decken und
statt auszulegen, bot er volle Stirn und Brust dar. Nun
hätte Beauvallon, der Verabredung gemäß, unverweilt
den zweiten Schuß thun sollen, er zögerte und zielte, so
daß de Boignes ihm zurief: „So schießen Sie doch, mein
Herr, schießen Sie doch!"

Der Schuß ging endlich ab, und einen Augenblick
konnte man glauben, Dujarier sei nicht getroffen, denn
er blieb aufrecht stehen, aber nicht lange, und er fiel
rücklings nieder. Er war schwer verwundet und nur
die Aengstlichkeit seines Blickes verrieth, daß er sein
Bewußtsein wach erhalten hatte, weshalb ihn Dr. Deguise
zu beruhigen suchte. Kaum hatte ihn jedoch de Boignes
gefragt, ob er viel leide, so entfärbte er sich plötzlich
und verschied. Die Kugel war etwas unter dem rechten
Nasenflügel durch den oberen Kinnbacken in den tiefsten
Theil des Kopfes eingedrungen und hatte das Bein des
Hinterhauptes zerschmettert, dergestalt, daß eine starke
Erschütterung des Rückenmarks verursacht worden war.

Abgesehen nun davon, daß die Parthie, indem
Dujarier gar nicht zu schießen verstand, sehr ungleich
war, so war es auch bei dem Kampfe nicht ehrlich zugegangen. Denn offenbar konnte das Abschießen eines
Zündhütchens das Rohr nicht geschwärzt haben, und
es war alle Ursache zur Vermuthung, daß Beauvallon
die Pistolen vorher probirt hatte, umsomehr als sich
hinterher ergab, daß sie seinem Schwager Granier
de Cassagnac, bekanntlich einem der bekanntesten
Raufbolde Frankreichs, gehörten, und Beauvallon's ver-

spätete Ankunft auf dem Kampfplatze, da er schon um 7 Uhr seine Wohnung verlassen, sich nur dann erklärte, wenn man annahm, er habe sich inzwischen mit den Pistolen eingeschossen.

Der Fall wurde den Geschworenen überwiesen und in Rouen verhandelt. Hier stellte sich gegen Beauvallon schon etwas Schimpfliches heraus, denn es wurde ihm nachgewiesen, daß er sechs Jahre früher einer verwandten Dame eine Uhr gestohlen hatte, um sie auf dem Leihhause zu versetzen. Da indessen das Duell nach den Zeugenaussagen der Secundanten ein ehrliches gewesen zu sein schien, so ward er freigesprochen. Man mußte aber den Proceß zum zweiten Male aufnehmen, weil dringende Verdachtsgründe vorlagen, daß falsches Zeugniß abgelegt worden sei. d'Equevilliers hatte in der That einen Meineid geschworen, und da Beauvallon seinem Secundanten bei dessen Proceß dieselbe Gefälligkeit erwies, so wurde er wegen des gleichen Verbrechens in Untersuchung genommen. Es wurde nun bis zur Evidenz ermittelt, daß 1) Beauvallon sich zu jenem Zweikampfe, wie schon erwähnt, der Pistolen seines Schwagers Granier de Cassagnac bedient hatte, die er kannte und mit denen er sich am Morgen des Duells eine Stunde eingeübt hatte; 2) daß diese Uebung in der Wohnung des Secundanten d'Equevilliers stattgefunden, und 3) daß Granier de Cassagnac sehr wohl gewußt, sein Schwager würde sich der betreffenden Pistolen bedienen, ja, daß er zu dem Ende selbst seinem Büchsenmacher den Auftrag gegeben habe, sie an Beauvallon zu schicken. Dieser wurde in Folge des Mitgetheilten zu acht, d'Equevilliers zu 10 Jahren entehrender Gefängnißstrafe verurtheilt.

Prinz Peter Napoleon und Victor Noir.

Das Jahr 1870 wurde verhängnißvoll für die Napoleoniden. Die Corruption in der Familie Bonaparte wurde immer deutlicher, und die radicale und republikanische Presse war schonungslos gegen die cäsarischen Machthaber.

Das Unglücksjahr beginnt damit, daß Prinz Peter Napoleon, der Vetter des Kaisers Napoleon III. — er war ein Sohn Lucian Bonapartes, des Bruders Napoleon I., — einen harmlosen Journalisten, Victor Noir, der als Cartellträger zu ihm kam, kaltblütig über den Haufen schoß. Diese cause célèbre, welche für die napoleonische Dynastie verhängnißvoll wurde, war zwar kein regelrechtes Duell, da aber der tragische Ausgang in Folge der Herausforderung Peter Napoleons herbeigeführt wurde, mag diese Geschichte hier eingehend geschildert werden.

Henri Rochefort war im Januar 1870 Redacteur
der „Marseillaise", die eine außerordentlich heftige
Sprache gegen Napoleon und seine Dynastie führte und
auch den Prinzen Peter Napoleon maßlos angriff. Hier
spielten nicht politische, sondern persönliche Beweggründe
mit. Prinz Peter hatte sich kürzlich mit einer „Frau
aus dem Volke" vermählt, um seine Kinder per matr.
subs. zu legitimiren. Das genannte Blatt Rocheforts
brachte über dieses Verhältniß aus der Feder des Journalisten Pascal Grousset einen von Malicen ge-
spickten Artikel, der den Napoleoniden in begreifliche
Wuth versetzte. In dieser Stimmung schrieb er Rochefort den nachstehenden gepfefferten Brief:

„Paris, den 8. Jan.

Mein Herr! Nachdem Sie die Meinigen — Einen
nach dem Andern — beschimpft, weder Frau noch
Kind geschont haben, fangen Sie an, mich durch die
Feder eines Ihrer Handlanger zu beleidigen. Dies war
natürlich, die Reihe mußte auch an mich kommen.
Nur habe ich einen Vortheil vor den übrigen, welche
meinen Namen führen, den nämlich, daß ich ein einfacher
Privatmann, obgleich Bonaparte, bin. Ich richte daher
die Frage an Sie, ob Ihr Dintenfaß durch Ihre Brust
gedeckt ist, und ich gestehe, daß ich nur ein mäßiges
Zutrauen in das Resultat meines Schrittes setze. Denn
ich weiß aus den Zeitungen, daß Ihre Wähler in ihrem
Zwangsmandat Ihnen die Austragung eines jeden
Ehrenhandels untersagt und die Erhaltung Ihrer kostbaren Existenz anbefohlen haben. Trotzdem unternehme
ich das Wagniß in der Hoffnung, daß noch ein schwacher
Schimmer von französischem Gefühl Sie aus der vor-
sichtigen und klugen Rückhaltung, in welche Sie sich
zurückgezogen haben, herausgehen mache. Sollten Sie
also, zufälliger Weise, einwilligen, den Ihre kostbare
Person schützenden Doppelriegel zu ziehen, so sollen Sie

14*

mich weder in einem Palaste noch in einem Schlosse antreffen. Ich wohne ganz einfach: Nr. 59 Rue d'Auteuil, und ich verspreche Ihnen, daß, wenn Sie sich dort einfinden sollten, man Ihnen nicht sagen wird, daß ich ausgegangen bin. In Erwartung einer Antwort von Ihnen, habe ich noch die Ehre, Sie zu grüßen.

Pierre Napoleon Bonaparte.

Herrn Henri Rochefort, Rue d'Aboukir 5."

Prinz Peter war damals schon 55 Jahre alt — er wurde 1815 geboren —, aber sein jähzorniges Temperament, das ihn schon oft zu allerlei Thorheiten verleitete, hatte er sich noch bewahrt, gerade wie 1848, als er einen Collegen in der Nationalversammlung ohrfeigte. So unschuldig, wie sich der Prinz hier darstellt, war er keineswegs, denn in seinem Blatt, dem „Avenir de la Corse", hatte er Rochefort und seine Freunde heftig angegriffen.

Am 10. Januar erschienen denn auch bei dem Prinzen die Journalisten Victor Noir und Ulric de Fonvielle, um — den Prinzen wegen der Beleidigungen, welche dieser gegen Pascal Grousset, den Freund der beiden Cartellträger, in dem gedachten corsischen Blatte veröffentlicht hatte, zu fordern. Fonvielle schilderte in der „Marseillaise" den Hergang also:

„Am 10. Jan. 1870 um 1 Uhr haben wir uns, Victor Noir und ich, zum Prinzen Peter Napoleon, 59 Rue d'Auteuil, begeben; wir waren geschickt durch Herrn Pascal Grousset, Correspondenten eines corsischen Blattes, um in dessen Namen Genugthuung für beleidigende Artikel im „Avenir de la Corse" zu verlangen. Nachdem die beiden Herren in den Salon des Prinzen eingeführt worden waren, wurden folgende Worte gewechselt: „Mein Herr, wir kommen, um Ihnen einen Brief des Herrn Pascal Grousset zu überreichen." — „Sie kommen also nicht im Auftrage des Herrn Rochefort?" — „Mein Herr, wir kommen wegen einer anderen

Affaire und ich bitte Sie, Einsicht von diesem Briefe zu nehmen." — Der Prinz nahm den Brief und sagte, nachdem er ihn gelesen hatte: „Ich habe Herrn von Rochefort provocirt, weil er der Bannerträger der Crapüle ist. Dem Herrn Grousset habe ich nichts zu antworten. Sind Sie mit dem Aase solidarisch? Und sofort, ohne eine Provocirung von unserer Seite, versetzte der Prinz dem Herrn Noir einen Schlag ins Gesicht mit der linken Hand, während er gleichzeitig einen Revolver aus der Tasche zog und auf V. Noir abschoß. V. Noir stürzte nach der Thüre. Der feige Mörder wandte sich nun nach mir und schoß auf mich. Ich zog meinen Revolver aus der Tasche, aber begreifend, daß falls ich schösse, man sagen würde, wir seien die Angreifer gewesen, öffnete ich eine Thüre und eilte mit dem Rufe: „à l'assasine" weg. Ein zweiter Schuß wurde auf mich abgefeuert, wie bei dem ersten zerriß die Kugel meinen Ueberrock. Vor der Hausthüre fand ich Victor Noir, welcher verschied. Ulric de Fonvielle."

Zwar versuchte Pierre Napoleon die Sache so darzustellen, als ob er von Victor Noir einen Schlag in's Gesicht bekommen und dadurch gereizt worden wäre, aber angesichts der gewaltthätigen und brutalen Natur dieses Prinzen konnte man sich von ihm sehr gut eines Mordes und Todtschlages versehen.

Er war von jeher ein desparater Character. Seine Jugend verbrachte er größtentheils auf den Besitzungen seines Vaters im Kirchenstaate. Die waldigen Einöden dieses Landstriches bildeten damals die Heimath wilder Gesellen, Wilddiebe, Schmuggler, italienischer Rowdies und Todtschläger. Vandetta und Mordanschläge waren ihnen geläufige Dinge. Mit diesem Gesindel lebte er bis 1836 auf dem vertrautesten Fuße. Damals gerieth er in den Verdacht, am Morde eines derartigen Menschen betheiligt gewesen zu sein; von Rom aus

traf gegen ihn ein Verhaftsbefehl ein, aber die Aus=
führung war nicht so leicht, denn er ging immer bis
an die Zähne bewaffnet. Endlich wagte es ein Cara=
binier=Lieutenant in das Café zu gehen, wo der Prinz
sein Frühstück nahm, und im harmlosen Gespräch sich
seiner Doppelbüchse zu bemächtigen und gleich Hand
an ihn zu legen. Allein der Prinz stieß nicht nur sofort
den Officier mit dem Jagdmesser nieder, sondern ver=
wundete auch noch andere herbeigeeilte Carabiniers, bis
er der Uebermacht erlag und nach Rom in die Engels=
burg abgeführt wurde. Der Zorn des Papstes
Gregor XVI. war groß, doch gelang es den Bitten der
Familie, insbesondere der Mutter, einer sehr geachteten
Dame, die Umwandlung der Strafe in Verbannung zu
erreichen. Von da kehrte er 1848 nach Frankreich
zurück.

Dieser brutale Napoleonide trug stets Revolver in
der Tasche. Einmal tanzte er mit einer Dame, die
mehrmals während des Tanzes vor Schmerz schrie,
denn er hatte Pistolen in den Taschen, welche die Dame
empfindlich trafen, wenn die Schöße des Rockes hin und
her flogen. Ein anderes Mal saß er in einem Gast=
hause, zog zum Schrecken der Gäste zwei Revolver her=
vor, legte sie auf den Tisch und sagte nur, daß die
Waffen ihm beim Sitzen unbequem seien. Er pflegte
umzukehren, wenn er seinen Revolver vergessen hatte,
so wie ein anderer Mensch umkehrt, wenn er sein
Taschentuch vergessen hat.

Victor Noir war ein junger Mann von 22 Jahren,
Journalist und Protégé Henri Rocheforts. Der
Ermordete war übrigens schon einige Jahre früher als
Duellant bekannt geworden, als er zu dem Raufbold
Cassagnac als Cartellträger gekommen war. Victor
Noir war kein stylgewandter Schriftsteller und so schrieb
ihm Cassagnac ironisch:

„Sie haben mich gefordert, ich habe also die Wahl der Waffen. Ich wähle die Orthographie. Sie sind todt."

Das Duell ist nicht zu Stande gekommen.

Die Ermordung Victor Noirs machte in Paris und ganz Frankreich außerordentliches Aufsehen. Am selben Tage noch stellte sich der Prinz Napoleon den Gerichten. Die „Haute cour de justice", die nur auf Befehl des Kaisers zusammentrat und welche das Forum der Mitglieder der kaiserlichen Familie war, wurde einberufen, um über den Prinzen zu richten.

Tags darauf gab es im gesetzgebenden Körper furchtbare Scenen. Der Abgeordnete Montpayroux stellte den Antrag, die Mitglieder des Hauses Bonaparte dem gemeinen Recht zu unterwerfen, und Rochefort tobte gegen den Kaiser Napoleon und die ganze bonapartistische Dynastie. Olivier, der spätere Mann mit dem leichten Herzen, damals Justizminister, meinte aber pathetisch: „Wir sind das Recht und die Gerechtigkeit und werden, wenn man uns zwingt, die Gewalt sein."

Die radicale Presse, an ihrer Spitze die „Marsaillaise" Rocheforts, forderte direct zur Revolution und zur Vertreibung der Napoleoniden auf. Mag hier eine Probe des aufwieglerischen Rochefort'schen Artikels, der unter Anklage gestellt wurde, gegeben werden:

„Mordthat, ausgeübt von dem Prinzen Napoleon Bonaparte gegen den Bürger Victor Noir. Mordversuch, ausgeübt von dem Prinzen Peter Napoleon Bonaparte gegen den Bürger Ulric de Fonvielle. Ich habe die Schwäche gehabt, zu glauben, ein Bonaparte könne etwas anderes als ein Mörder sein. Ich habe mir einzubilden gewagt, ein ehrliches Duell wäre in dieser Familie möglich, wo Meuchelmord und Hinterlist traditionell und üblich sind. Unser Mitarbeiter Pascal Grousset hat meinen Irrthum getheilt, und heute beweinen wir unsern armen und theuren Freund Victor

Noir, hingemordet von dem Banditen Peter Napoleon Bonaparte. Wohlan, seit 18 Jahren befindet sich Frankreich in den Händen dieser Gurgelabschneider, die nicht zufrieden damit, die Republikaner auf den Straßen niederzukartätschen, sie auch in schmutzige Fallen locken, um sie zu Hause zu erwürgen. Französisches Volk, findest du nicht endlich, daß dem genug und daß das Maß voll ist?

Henri Rochefort."

Am 12. Januar, dem Tage der Beerdigung Victor Noir's in Neuilly, konnte nur durch das Aufgebot einer großen Polizeimannschaft und mehrerer Regimenter der Ausbruch einer Rebellion verhütet werden. Am Grabe des Erschossenen wurden die aufhetzendsten Reden gehalten.

Ulric de Fonvielle sagte z. B.: „Bürger! Angesichts dieses Grabes, Angesichts von Euch Allen schwöre ich, daß Victor Noir ohne Grund, ohne Motiv, ohne Provocation seinerseits vor meinen Augen auf kalte Weise getödtet wurde. Erwarten wir aber die Sühne. Wenn wir nichts von der Kaiserlichen Justiz erlangen, so werden wir zur Volksjustiz unsere Zuflucht nehmen. Victor Noir, mein Freund, mein Bruder, Du, der Du mit Deinem Blute die Wohnung eines Prinzen für die heilige Sache der Freiheit, der Republik, erfrischt hast, ich werde Dich rächen!"

Louis Noir, der Bruder des Ermordeten, sagte: „Die Leiche meines Bruders gehört der Demokratie. Sie ist Richterin über das, was geschehen muß. Was mich betrifft, so habe ich nur das eine Wort zu sagen: ich schwöre, daß ich ihn rächen werde!"

Millière, der Mitarbeiter Noir's, nahm darauf das Wort und rief: „Bonaparte hat den letzten Becher Blut vergossen, dieses Verbrechen fordert Rache, also Rache!"

Und aus tausend und abertausend Kehlen erscholl der Ruf: „Rache!"

Bald darauf wurde in Batignole, einer Vorstadt von Paris, ein Rührstück „Pierre le Noir" unter ungeheuerem Beifall gegeben. Prinz Peter ermordete darin in jedem Act mehrere Menschen. Der Zudrang zu dem Theater war ein unerhörter.

Prinz Peter Napoleon wurde nun vor den Staatsgerichtshof gestellt. Die Anklage lautete auf Todtschlag und versuchten Todtschlag nach § 304 des „Code pénale".

Der Prozeß begann am 21. März in Tours im erzbischöflichen Palast. Als man Pascal Grousset, der als Zeuge geladen war, die übliche Frage vorlegte, ob er mit dem Prinzen Napoleon verwandt sei, sagte er: „Frau Lätitia Bonaparte hat soviel Buhler gehabt, daß ich wohl auf die eine oder andere Art, ohne es zu wissen, mit dem Mörder da verwandt sein kann." Der Präsident ließ ihn wegen dieser ungewaschenen Bemerkung abführen. Der kaiserliche Gerichtshof sprach natürlich den Prinzen frei, denn er habe sich im Stande der Nothwehr befunden.

Der Generalprocurator beantragte zwar seine Verurtheilung, aber so unentschieden, daß die Wirkung seines Auftretens nicht ausbleiben konnte. Es wurden die folgenden 3 Fragen an die Geschworenen gestellt: 1) Ist der Angeklagte schuldig, an der Person des Victor Noir einen Mord begangen zu haben? 2) Ist er dazu provocirt worden? 3) Liegt der Fall gerechtfertigter Selbstvertheidigung vor? — Die Geschworenen beriethen sich kaum eine Stunde, dann fällten sie, wie gesagt, ein freisprechendes Verdict. Der Gerichtshof von Tours hatte 36 Mitglieder. Von diesen stimmten 18 Geschworene für und ebensoviel gegen die Freisprechung. In solchen Fällen entscheidet die Hälfte, welche zu Gunsten des Angeklagten sich ausspricht.

Der Familie Noir wurde eine Entschädigung von 25000 Francs zuerkannt; sie wurde aber auch zugleich in die Zahlung der Prozeßkosten — die sich auf etwa 100,000 Francs beliefen —, jedoch mit Recurs an den Prinzen, verurtheilt.

Nach dem Prozeß schrieb der „Rappel" sarkastisch: „Der Prinz Peter Bonaparte ist freigesprochen worden, den Bürgern bleibt jetzt nichts übrig, als Revolver zu kaufen, sich vor dem Prinzen zu hüten und sich zu vertheidigen."

Diese Freisprechung, unter dem Druck der napoleonischen Gewalt hervorgerufen, schadete dem Cäsaren weit mehr, als dies eine Verurtheilung vermocht hätte!

Trotz dieser Freisprechung hat Prinz Pièrre während der letzten Jahre seines Lebens Niemanden todtgeschossen — was allgemein auffiel; die Lust scheint ihm doch zu der corsischen Vendetta vergangen zu sein! Die Republik hätte ihn aller Voraussicht nach guillotinirt.

Leon Gambetta und Bardy de Fourtou.

Ebenso häufig wie die journalistischen und literarischen Duelle, welche wir in den vorhergehenden Kapiteln erörtert haben, sind die parlamentarischen Zweikämpfe. Ein Volksvertreter ohne Duell — ist nicht pikant, nicht volksthümlich, spielt keine Rolle, zählt nicht ganz voll. Um bekannt und berühmt zu werden, muß man sich schlagen — koste, was es wolle! Da das Ganze im modernen Frankreich nur eitel Spiegelfechterei ist und das theure Leben des Herrn Deputirten keine Gefahr läuft, gehören Ehrenhändel zu dem beliebten Sport der Herren Vertreter.

Ueberdies bietet ja das französische Parlament so treffliche Veranlassung, der angeborenen keltischen Rauflust die Zügel schießen zu lassen! Die Debatten gleichen zuweilen den Verhandlungen der Fischweiber, und Injurien des gröbsten Kalibers werden den Collegen und

Miniſtern an den Kopf geworfen, daß die Gallerie ſich höchlich amüſirt und die Zeitungen jubiliren! Wo ſo viel Zündſtoff angehäuft ſich vorfindet, bedarf es nur des Zunders, um eine Exploſion herbeizuführen.

Die Ehre erfordert es dann, dem Beleidiger mit der Spitze der Klinge eins zu verſetzen, — wer dies nicht thut, iſt ehrlos — in Paris, wie in Budapeſt, das in Ehrenſachen ein „klein Paris" iſt und die Hauptſtadt an der Seine in dieſer, wie auch in anderer Beziehung, getreu copirt.

Ein einmaliger Kugelwechſel, bei einer Entfernung von 25 Schritten, genügt jedoch, die Ehre wieder herzuſtellen. Man ſchlägt dadurch zwei Fliegen mit einer Klappe, man iſt ein Ehrenmann à la Brutus und beſorgt unentgeltlich eine Reclame, die unter normalen Umſtänden ſehr viel Zeit, Anſtrengung und Geld koſten würde.

Es würde mich zu weit führen, wollte ich auch nur einige der parlamentariſchen Duelle Frankreichs hier näher ſchildern. Kein hervorragender Parlamentarier lebt in jenem Lande, der nicht ſeinen Ehrenhandel gehabt hätte! Ich erinnere nur an die großen Raufbolde Clemenceau, Rochefort und Caſſagnac, welche zahlloſe Zweikämpfe beſtanden haben, ohne daß es ihnen etwas geſchadet hätte — natürlich in pſychiſchem Sinne.

Nur diejenigen Duelle möchte ich mit wenigen Worten ſtreifen, welche von allgemeinerem Intereſſe ſind.

Ob Legitimiſten, Bonapartiſten oder Republikaner im Parlament ſaßen, bezüglich der Injurien und Anzapfungen zeigten ſie immer die gleiche Empfindlichkeit, und ſtets mußte Blut — wenn auch nur einige Tropfen — fließen, denn — Blut iſt ein ganz beſonderer Saft!

Das erſte parlamentariſche Duell, welches in den weiteſten Kreiſen Aufſehen erregt hat, fand im Jahre 1790 im Boulogner Gehölz zwiſchen Cazalès und

Barnave statt. In der Hitze der Debatte rief der Deputirte Cazalès in der Kammer aus, alle Mitglieder seien Räuber.

Sofort erhob sich Barnave und sagte: „Sprechen Sie von uns in Gesammtheit, so ist das eine Frechheit, auf die ich nicht weiter achten werde; wollen Sie mich aber persönlich beleidigen, so werde ich das nicht dulden."

„Was ich gesagt habe, das gilt auch für Sie", rief Cazalès.

Es ist selbstredend, daß am folgenden Tag zwischen Beiden ein Duell stattfand.

Die Duellregeln waren damals noch nicht so entwickelt und dogmatisirt wie heutzutage, und so kam es, daß beide Gegner während des Pistolenduells sich gemüthlich unterhielten.

Die Zeugen waren Lameth für Barnave und Saint-Simon für Cazalès. Barnave schoß zuerst, aber er traf nicht. Cazalès mühte sich mit einer alten Pistole lange ab, sie zum Feuer zu bringen.

„Mein Gott", sagte er, „ich bitte sehr um Entschuldigung, daß es so lange dauert."

„Bitte," erwiderte sein Gegner, „ich bin hier, um zu warten."

Während die Waffen wieder geladen wurden, unterhielten sich die beiden Herren in einer wirklich chevalaresken Weise.

„Ich wäre in Verzweiflung, wenn ich Sie tödten würde," meinte Cazalès; „aber Sie sind uns in der Nationalversammlung sehr lästig, und da gilt es, Sie längere Zeit von der Tribüne fernzuhalten."

„Ich bin edelmüthiger," erwiderte Barnave, „ich möchte Sie nur streifen, denn Sie sind der einzige Redner Ihrer Partei, während man es bei meiner Partei nicht sonderlich merkt, wenn ich fehle."

Man kann die Höflichkeit nicht weiter treiben!

Barnaves zweiter Schuß traf Cazalès an der Stirne, brachte aber nur eine leichte Verletzung hervor. Der Hut hatte die Kraft der Kugel gemildert.

Im selben Jahre fand ein Duell statt, das einzig in seiner Art sein dürfte.

Der Abgeordnete Charles Lameth wurde einst in der Nationalversammlung Seitens der Royalisten durch einen wahren Sturm der Entrüstung empfangen; mitten im Tumult sprang sein College Castries auf ihn zu und rief, er sei bereit, ihm und allen Häuptern der Volkspartei — die Kehlen abzuschneiden.

Lameth forderte den Beleidiger und bestand darauf, die Sache sofort beizulegen. Es war schon finstere Nacht. Kaum konnte man noch die Gegenstände unter-scheiden. Es war ein Duell auf Degen, in welchem Lameth eine ziemlich ernstliche Wunde davontrug.

Als der Pariser Pöbel von dieser Affaire Kunde erhielt, strömte er in Massen nach der Wohnung Castries in der Rue Varennes, plünderte dieselbe, während die reiche Garderobe zu einem improvisirten Carneval Ver-wendung fand. Zugleich bildete sich eine Gesellschaft von etwa 50 vorzüglichen Fechtern und Schützen inner-halb der Volkspartei, welche jede Beleidigung des Be-drohten als eine persönliche auffassen und der Gewalt die Gewalt entgegensetzen wollten.

Unter der Restauration fand einst zwischen Ben-jamin Constant und Forbin des Issarts ein Duell statt. Ersterer soll — wie wir einmal in der „Frankfurter Z." lasen — so schwach gewesen sein, daß er sich kaum auf den Beinen halten konnte. Schließlich kam man überein, daß beide Gegner sich sitzend schlagen sollten. Sie wurden 10 Schritte von einander in Lehn-sesseln postirt, zielten und schossen jedoch so schlecht, daß nicht einmal ein Sessel verletzt wurde.

Unter der Restauration fand auch das Duell zwischen dem General Foy und einem seiner parlamentarischen Collegen M. de Corday statt.

Ersterer hatte nämlich in der Kammer geäußert, daß, wenn im Jahre 1815 nicht die Fremden gewesen wären, Frankreich sich erhoben hätte, denn ohne den Druck der auswärtigen Mächte hätte es die Missethaten einer Handvoll „Elender" nicht so geduldig ertragen.

Bei dem Worte „Elender" erhob sich die ganze Rechte und machte einen furchtbaren Lärm. Ein Deputirter der Rechten, M. de Corday, rief: „Sie sind ein unverschämter Mensch!"

Natürlich ging es Tags darauf im Boulogner Gehölz los — beide Gegner schossen jedoch in die Luft und der Ehrenhandel war beendet.

Unter der Juliregierung gab die Verhaftung der Herzogin von Berry Veranlassung zu zahlreichen Duellen, von denen ich das tragischste erzählen will. Carabit, der spätere Senator des Kaiserreichs, sprach gegen die Dictatur des Marschalls Soult, der den Artillerieoffizieren von Straßburg jede Art von Reclamation verboten hatte.

„Gehorsam ist die erste Pflicht", rief General Bugeaud dazwischen.

„Muß man aus Gehorsam auch den Kerkermeister machen?" warf ihm Dulong an den Kopf.

Folge: Duell! Dulong erhielt einen Schuß oberhalb des linken Auges und starb am folgenden Tag.

Auch Thiers hatte sein Duell, das aber viel heiterer endete. In der Sitzung vom 9. Oct. 1848 wurde Thiers durch den Abg. Bixio beleidigt. Nach der Sitzung schickten sich beide ihre Zeugen. Niemand wurde im Pistolenduell verletzt.

Damals erschien in Paris eine Carrikatur, auf der zu sehen war, wie der kleine Thiers dem riesigen Bixio zwischen den Beinen durchschoß, während dieser über

den Kleinen hoch hinauszielte. Unten war folgendes
Zwiegespräch zu lesen:

Bixio: Sie haben sich doch nicht weh gethan?

Thiers: Nein, und Sie, mein Theurer?

In Paris aber curfirte die Anecdote, Bixio habe
Thiers deswegen nicht getroffen, weil er auf Mannes-
höhe gezielt habe. —

*　　*　　*

Wo Alles liebt, kann Karl allein nicht hassen —
es wäre zu sonderbar, zu auffallend gewesen, wenn
Leon Gambetta, der einst so sehr geliebte, aber auch so
angefeindete Dictator und Volkstribun, nicht auch sein
Duell gehabt hätte! Obschon der Zweikampf mit seinen
demokratischen Grundsätzen collidirte, wagte er es nicht,
gegen die Tyrannei der öffentlichen Meinung zu
schwimmen, und duellirte sich am 22. November 1878.

Der Hergang dieses Zweikampfes war folgender:

Das französische Parlament ist, wie man weiß,
sehr oft der Schauplatz der wildesten und leidenschaft-
lichsten Scenen. Der schrankenlose Parteifanatismus
treibt zuweilen auf der Tribüne die häßlichsten Orgien,
und so war es auch am 18. Nov. 1878.

Gambetta war der Führer der Mehrheit der
Deputirtenkammer, von seinen Anhängern vergöttert, von
seinen Feinden maßlos gehaßt und angegriffen.

An dem genannten Tage vollzog die Mehrheit der
Deputirtenkammer eine Art „Execution" an dem einst sehr
gehaßten und viel gefürchteten Minister des Innern,
Herrn de Fourtou. Die Republikaner beschuldigten
ihn revolutionärer Gelüste, daß er sich mit Staatsstreich-
Gedanken gegen den Bestand der Republik getragen
habe ꝛc. Den Hauptstreich führten sie gegen ihn, indem
sie seine Wahl zum Deputirten seiner Heimath Ribérac
für ungültig erklärten. Die Vertheidigungsrede des

Exministers, welche von 3 bis 5³/₄ Uhr Nachmittags dauerte, war zwar ein oratorisches Meisterwerk, aber sie konnte ihn nicht retten — er hatte seine Rolle ein für alle Mal ausgespielt.

Den Schluß der Philippica de Fourtous bildete ein heftiger Angriff gegen die damalige Regierung und die republikanische Mehrheit in der Kammer, welche einen wahren Terrorismus ausübe. Diese Beschuldigungen versetzten natürlich die Linke in große Aufregung und riefen Unterbrechungen und leidenschaftliche Scenen hervor. Als Fourtou jedoch sagte: „Wenn ich meine volle Pflicht gethan hätte, würde die gegenwärtige Majorität vielleicht nicht da sein," erhob sich ein furchtbarer Spectakel. Die ganze Linke sprang von den Bänken auf, um ihn zu interpelliren, da man in dieser Phrase eine Anspielung auf den angeblich beabsichtigten Staatsstreich erblickte. Er erwiderte, daß von einem Staatsstreich niemals die Rede gewesen, und daß er nur darüber untröstlich sei, sich in der Unmöglichkeit befunden zu haben, mehr als ihm gestattet gewesen, für die Rettung des Landes zu thun.

An einer anderen Stelle der Rede, wo Herr de Fourtou die damaligen Minister als den „humble serviteur" — den demüthigen Diener — Gambettas hinstellte, wurde er von dem greisen Conseilpräsidenten Dufaure mit den Worten unterbrochen: „Es ist das unwürdig, ich habe mir niemals einen Angriff gegen Ihre Person erlaubt, seit wir Collegen gewesen sind, ich wiederhole, es ist unwürdig!"

Als de Fourtou von der Rede Gambettas in Romans sagte, daß in derselben allen nicht von altem republikanischen Glauben erfüllten Franzosen der Krieg erklärt werde, rief ihm Gambetta zu: „Diese Angabe ist eine Lüge." Der Präsident rügte diesen Ausdruck als unparlamentarisch, worauf Gambetta erwiederte,

„daß er die Aeußerung des Redners in gerechter Weise bezeichnet habe."

Diese Beleidigung konnte nur durch Blut gesühnt werden. Herr de Fourtou sandte Gambetta seine Kartellträger, die bonapartistischen Deputirten Blue de Bourdin und Robert Mitchell, und ließ ihn fordern. Der demokratische Volkstribun, der Allain Targé und Clemenceau zu seinen Secundanten gewählt hatte, nahm diese Herausforderung an.

Das Duell fand am 21. November in Plessis-Piquet statt. Durch das Loos bestimmt, hatte Clemenceau die Distanz zu messen und die Pistolen zu laden.

Selten hat eine burleskere Duellkomödie stattgefunden! Zwei korpulente Männer traten auf die Mensur, mit dem festen Vorsatz, sich gegenseitig ja kein Leids anzuthun! Der menschenfreundliche Clemenceau hatte die Entfernung auf — 35 Schritte ausgemessen. Ein einmaliger Kugelwechsel fand statt, und es wurde natürlich Keinem ein Haar gekrümmt.

Jeder der Duellanten wußte, daß wenn er das Unglück gehabt hätte, den Gegner zu erschießen, er politisch todt wäre; daher war Jeder ängstlich besorgt, sich in dem Andern ja nicht todtzuschießen. Es war der reine Luxus, daß die Duellanten zwei Aerzte mitnahmen — der Schein allein sollte gewahrt bleiben.

Nach erfolgtem Kugelwechsel reichten sich die Zeugen die Hände, während Gambetta und Fourtou die Hüte lüfteten. Als Ersterer in der Deputirtenkammer erschien, wurde er von seinen Parteigenossen umringt und beglückwünscht.

Die Vorgänge des Duelles wurden — was ja für die Reclamehelden immer die Hauptsache bleibt — in der Presse bis in's kleinste Detail veröffentlicht, und die beiden „Helden" bildeten einige Wochen hindurch das Tagesgespräch in allen Clubs, Vereinen und Versammlungen. Die Scandallust des Lesers wird dabei bestens befriedigt — und Brutus Gambetta, Brutus Fourtou ist ein ehrenwerther Mann — das sind sie alle, alle ehrenwerth!

An diese Duelle knüpfen sich dann in der Presse endlos lange Erörterungen über technische Fragen der Duellkunst, sowie Abhandlungen über die Nützlichkeit oder Nachtheile der Ehrenhändel — dabei bleibt es aber immer beim Alten. Die Duellleidenschaft der Franzosen scheint unausrottbar zu sein! Nur ein kleiner Bruchtheil der wahrhaft objectiven, anständigen Presse kommt bei diesen Pourparlers zu dem Ergebniß, daß es eine abscheuliche Unsitte sei, wenn man Differenzen zwischen politischen Gegnern mit der Waffe in der Hand schlichten wolle.

Das französische Strafgesetzbuch bestraft allerdings mit 4 Monaten Gefängniß den Zweikampf, aber in den meisten Fällen drückt die Justiz in Frankreich ein Auge zu. Jedenfalls macht es einen nichts weniger als erbaulichen Eindruck, wenn hervorragende Abgeordnete, die doch in ihrem ganzen Verhalten ihrer Nation ein gutes Beispiel in gesetzlichem Sinn geben sollten, that-sächliche Beweise von frivoler Gesetzesübertretung liefern. Kein Gerichtshof zeigt sich, um die Gesetzesverletzung zu ahnden, trotzdem — wie gesagt — die Zeitungen sich in oft ekelerregender Weise mit allen Einzelheiten des Zweikampfes — den Küssen und Umarmungen, den tragikomischen Attituden, den albernen Bemerkungen der Duellanten 2c. — befassen.

Als eine gewisse Entschuldigung für das Duell mag der Umstand vielleicht in Betracht kommen, daß der Zweikampf als die letzte Schutzwehr zur Aufrechterhaltung des äußeren Anstandes betrachtet wird — ein allerdings sehr morscher Damm!

15*

Ex-General Boulanger und Senator Lareinty.

Es ist eine eigenthümliche, aber leicht erklärliche Erscheinung, daß die Generäle und Kriegsminister sehr leicht ein Duell bekommen. Sie sind im Punkte der Ehre sehr zart besaitet und müssen jeden Angriff auf ihre persönliche und soldatische Ehre mit den Waffen in der Hand zurückweisen. Wir machen diese Wahrnehmung bei dem General von Manteuffel, bei dem belgischen General Chazal und bei dem französischen Kriegsminister von 1886, dem jetzigen Ex-General Boulanger.

Daß dieser Reclame-General, welcher von den Radikalen auf den Schild gehoben wird und der ein Liebling solcher Raufbolde wie Rochefort, Clemenceau und Genossen ist, wiederholt sein Duell hatte, welches, wie gesagt, in Frankreich das wirksamste Reclame-Mittel ist, versteht sich von selbst. Daß alle diese Zweikämpfe unblutig verliefen, ist ebenso selbstverständlich; denn es galt hier nicht, den Gegner zu tödten, ja nicht einmal ihm die so werthvolle Haut zu ritzen, sondern blos Kugeln zu wechseln, um in den Augen des Mobs als Held dazustehen, um von sich reden zu machen und in den Blättern der Intransigenten als Ritter Bayard ohne Furcht und Tadel verherrlicht zu werden.

Der interessanteste Zweikampf, den Boulanger führte, — den späteren mit Jules Ferry übergehe ich, weil er gar zu lächerlich ist, mit Stillschweigen — war derjenige mit dem Senator Lareinty im Juli 1886.

Auch hier war, wie bei dem Ehrenhandel Gambettas, ein parlamentarischer Skandal die Ursache des Conflicts.

Am 15. Juli 1886 brachte der damalige Kriegsminister, der General Boulanger, die Ausweisung des Herzogs von Aumale im französischen Senat aufs Tapet. Er sagte u. A.: „Ist es denn erlaubt, daß in der Republik irgend ein Bürger, und hieße er selbst Duc d'Aumale, oder sei er wer immer, an das Oberhaupt des Staates einen unverschämten Brief richte?"

Bei diesen Worten erhob sich rechts lärmender Protest.

Der in der Loire inf. gewählte, 63 Jahr alte Senator Lareinty, ein leidenschaftlicher Anhänger der Orleans, unterbrach Boulanger und rief: „Beleidigen Sie nicht einen Abwesenden, das ist eine Feigheit!"

Hierauf entstand bei den Republikanern Lärm und anhaltende Bewegung. Der Präsident des Senats, Leroyer, ermahnte zur Ruhe, aber es half nichts. Lareinty wiederholte vielmehr: „Das ist eine Feigheit," worauf er zur Ordnung gerufen wurde.

Dieser replicirte darauf: „Ich acceptire den Ordnungsruf, ich wehre mich nicht dagegen."

Boulanger nahm darauf das Wort und sagte: „Erlauben Sie, Herr Careinty, Sie sagten mir soeben, daß . . .", worauf ihn Careinty mit den Worten unterbrach: „daß es eine Feigheit sei."

Der Präsident schreit wieder: „Ich rufe Sie zur Ordnung!" Und die Mitglieder der Rechten erheben tumultuarischen Widerspruch. Hierauf ruft der Präsident den Baron de Ravignan, der den meisten Spektakel macht, gleichfalls zur Ordnung. Es lassen sich neue Stimmen rechts unterscheiden, welche meinen: „Rufen Sie uns alle zur Ordnung."

Der Präsident klingelt heftig und sagt: „Ich werde Ihre Auflehnung gegen das Reglement bewältigen." (Lebhafter Beifall links.)

Mit Mühe konnte Boulanger wieder zu Worte kommen: „Das ist keine Discussion mehr, das sind blos Schmähungen, die man mir in's Gesicht ruft."

Der wüthende Careinty war jedoch nicht zu beruhigen, sondern wiederholte in heftiger Weise seine schmähenden Worte, während Boulanger dazwischen die Bemerkung warf: „Sie haben nicht das Recht, den Kriegsminister feige zu nennen!" (Lebhafter Beifall links.) Schlagfertig erwiderte der Apostrophirte: „Sie haben nicht das Recht, zu beleidigen; ich stehe zu Ihrer Verfügung. Ich bin Soldat wie Sie und ich habe den Degen getragen." (Rufe links: die Censur!)

Da der Lärm inzwischen immer größer wurde, verließ der Kriegsminister die Tribüne. (Lebhafter Applaus links.) Späterhin bestieg er dieselbe wieder und sagte: „Es giebt Beleidigungen, denen gegenüber es schwer ist, kaltes Blut zu bewahren; niemals hätte er geglaubt, sie in einer französischen Kammer hören zu müssen. (Lebhafter Beifall links.) Man wirft mir vor, daß ich unter dem Herzog von Aumale gedient habe; man wird mich deßhalb nicht verhindern können, als Kriegsminister meine Pflicht zu thun." —

Es war natürlich, daß wegen der in der Kammer gefallenen Beleidigungen Genugthuung gefordert werden mußte. Gleich nach dem Vorfalle schickte Boulanger den General Frébault und den General Lecointe, beide Senatoren, zu Lareinty, um denselben zu fordern. Die Zeugen des Letzteren waren General Espivent und Hervé de Saisy. Die Zeugen traten zusammen und es wurde ein Protokoll abgefaßt, wonach die Sache ausgeglichen werden sollte. Lareinty sollte das Wort „Feigheit" und der Kriegsminister das Wort „unverschämt" zurücknehmen. Während dieser Verhandlungen war bei Boulanger großes Diner und darauf Empfang. Nach dem Diner zog sich Boulanger mit seinen Zeugen zurück und ließ die in Masse erschienenen Officiere von seinem Generalstabschef empfangen. Nach halb 11 Uhr kam der Kriegsminister zurück und lehnte es entschieden ab, das Wort „unverschämt" zurückzunehmen — die Volksthümlichkeit des Spektakel-Generals hätte ja darunter gelitten! Er bestand auf dem Duell, ließ aber dem Gegner die Wahl der Waffen. Clemenceau, der bei dem Empfange zugegen war, nahm den General bei Seite. Nach langer Conversation fuhr jener nach dem Jockey-Club, um den Zeugen Boulangers dessen letzte Instruktion zu überbringen. Das Duell wurde entschieden und es wurden Pistolen als Waffen gewählt. Der Empfang hörte in Folge dieses Intermezzos früher auf als gewöhnlich.

Natürlich wurde die alte Comödie aufs Neue in Scene gesetzt — alle Welt beschwor den General, sein kostbares Leben zu schonen, aber dieser zeigte sich unerbittlich, wie dies Tags darauf — was die Hauptsache war! — in den Zeitungen ganz genau, mit allen Einzelheiten, zu lesen war. General Colonnieu z. B. bat Boulanger, deßhalb vom Duell abzustehen, weil Lareinty nicht den Privatmann beleidigt, sondern den Minister angegriffen habe.

„Wenn die Generäle," sagte Colonnieu, „wüßten, daß Sie sich schlagen wollten, würden sie alle kommen und Sie bitten, davon abzustehen." Boulanger meinte jedoch — jeder Zoll ein Held —: „Man kann mich beleidigen, sagen und schreiben, ich ruinire die Armee, das ist mir gleich. Ich weiß doch, was ich thue, aber mich feig nennen, da giebt es Niemanden, der so stark wäre, mich abzuhalten, dafür Satisfaction zu nehmen. Wenn meine Situation als Minister mich daran hindern sollte, so will ich lieber meine Entlassung geben, um frei zu sein. Ich habe die Pflicht, als Oberhaupt der Armee meine Ehre intakt zu halten." Daß der Staatsanwalt, die Polizei das Duell, welches doch auch in Frankreich gesetzlich verboten ist, verhindert hätte, davon erfuhr man nichts; wohl aber meldeten die Zeitungen mit der größten Ausführlichkeit, daß auch vom damaligen Präsidenten der Republik, Jules Grévy, Alles aufgeboten wurde, um die Sache gütlich beizulegen — der Heros blieb jedoch unerbittlich.

Das Duell fand nun am 17. Juli 1886 statt, und zwar im Park von Chalais bei Meudon. Ganz früh verließ Boulanger im geschlossenen Wagen, begleitet von seinen bereits genannten beiden Zeugen, den Generälen Frébault und Lacointe, dem Generalinspections-Arzt Baudoin und seinem Adjutanten, Hauptmann Driant, das Hôtel de Louvre. Ursprünglich hätte das Duell in der Ecole militaire stattfinden sollen; allein da man begreiflicher Weise einen großen Zufluß von Neugierigen befürchtete, wurde, wie gesagt, der Park von Chalais, wo eben die Hauptleute Renard und Krebs ihre ersten Versuche mit dem lenkbaren Luftballon machten, ausersehen. Als Boulanger auf dem Rendez-vousplatz eintraf, war bereits Lareinty dort mit seinen obengenannten Zeugen und seinem Schwiegersohne anwesend. General Frébault lud die Pistolen und General Lecointe leitete den Zweikampf. Punkt 9 Uhr schoß Lareinty, ohne seinen Gegner zu treffen. Der großmüthige Boulanger erhob die Pistole, aber sie versagte. Der Ehre war nun Genüge geschehen! Careinty ging auf den Minister zu, reichte ihm die Hand und sagte: „Ich habe nie an Ihrer Loyalität und Ihrem ritterlichen Muth gezweifelt." — „Und ich," entgegnete der Kriegsminister, „habe nie geglaubt, daß Sie mich persönlich der Feigheit angeklagt haben, allein ich wollte Ihr Feuer aushalten." Nach dieser Comödie bestiegen die Duellanten ihre Wagen und bereits um 10 Uhr früh traf der Triumphator Boulanger auf dem Kriegsministerium ein. Dort harrten seiner viele Officiere und Freunde. Der Minister benutzte diese Gelegenheit zu einer pomphaften Ansprache: „Das ist zu viel Lärm um nichts," sagte er, „alle Soldaten schlagen sich; übrigens eignet sich dieser Park von Chalais wunderbar für solche Begegnungen und ich will denselben Ihnen zur Verfügung stellen, so oft Sie ihn brauchen sollten." — Unglaublich, aber wahr! Hierauf begab sich der große Mann zu seiner Gemahlin. Die Minister de Freycinet, Lockroy und Goblet, sowie die Ordonnanz-Officiere des Präsidenten Grévy und des Generalgouverneurs, viele Senatoren und Deputirte schrieben sich in das Register im Kriegsministerium ein.

Wie immer, wurde auch hier von den Secundanten beider Parteien ein Protokoll aufgenommen und unterzeichnet. Dasselbe lautete also: „In Folge des Zwischenfalles, der sich in der Senatssitzung vom 15. Juli zwischen dem Kriegsminister, General Boulanger, und Baron Careinty abspielte, beauftragte der Minister seine Zeugen, von Baron de Careinty Genugthuung zu verlangen, was diese sofort thaten. Baron de Careinty nannte ebenfalls seine Zeugen, und nachdem hierauf sämmtliche Zeugen sich vereinigt und den Wortlaut des Sitzungsberichts gelesen hatten, dachten sie an ein freundschaftliches Arrangement. Zwei von Baron de Careinty acceptirte Protokolle wurden vom Kriegsminister zurückgewiesen und ein Rencontre war nun unvermeidlich. Die Gegner hatten auf einer Distanz von 25 Schritten Stellung zu nehmen und blos eine Kugel zu wechseln. Conform diesen Verfügungen fand heute um 9 Uhr die Begegnung im Parke von Chalais bei Meudon statt. Die Waffen wurden vorbereitet und geladen und nach vorgenommener Verloosung den Gegnern über-geben, welche sich postirten und auf ein gegebenes Signal schossen. Niemand wurde verletzt. Nachdem geschossen wurde, bemerkte man, daß die Pistole des Ministers versagt habe. Die Zeugen fanden, daß die Bedingungen loyal erfüllt wurden und erklärten, der Ehre sei genug gethan. Beide Gegner schritten sodann aufeinander und reichten sich die Hand." Nach diesem Protokoll hatte Boulanger also deßhalb seinen Gegner geschont, weil seine Pistole versagt habe, auch hatte er und nicht sein Gegner diese Waffe gewählt.

Mehrere Tage hindurch dauerten die von Paris und Frankreich dem heldenhaften General Boulanger dargebrachten überschwenglichen Huldigungen. Einer der Hauptfaiseure bei diesem Spectakelstück war Clemenceau, der à tout prix aus dem Reclame-General einen Roman-helden der Republik machen wollte.

Die wenigen Blätter, welche es wagten, gegen den Boulanger-Rummel Front zu machen, kamen sehr übel davon; so z. B. in Marseille das „Journal de Midi", welches eine scharfe Charakteristik des Generals „Boum" veröffentlichte und die Duell-Affaire Boulanger-Lareinty lächerlich machte. Es zog sich deshalb den Haß des Pöbels zu. Die Redactions-Lokale wurden mit Stein-würfen bombardirt, alle Fenster zerschlagen und schließ-lich das Gebäude selbst in Brand gesteckt.

Das Absurdeste an dieser Boulanger-Vergötterung war der Umstand, daß der General, wie ihm wieder-holt documentarisch nachgewiesen wurde, im Punkte der

wahren Ehre und des Manneswortes nicht so strenge
Begriffe hatte. Er hatte sich durch seine Briefe an denselben Herzog von Aumale, dessen Ausweisung er durchsetzte und den er im Senat beschimpfte, als Streber vom
reinsten Wasser erwiesen, auch hatte er durch die später
versuchte öffentliche Ableugnung derselben auf das Prädikat
eines Helden kein besonderes Unrecht erworben. Als der Ex-
Präfect Limbourg nun die betreffenden compromittirenden
Schriftstücke des Generals veröffentlichte, welche den
Ruhmes-Nimbus dieses „Helden" in kläglichster Weise
verschwinden machten, suchte Boulanger aufs Neue durch
eine Herausforderung den fadenscheinigen Mantel seiner
„Ehre" zu flicken, ohne daß ihm dies jedoch zum zweiten
Male gelang. Alle Freunde der unfreiwilligen Komik
werden gewiß den nachstehenden Brief des Generals an
den genannten Ex-Präfecten mit Vergnügen lesen:

„Sie sind Präfect der Republik gewesen, um sie
zu verrathen; ich bin Minister der Republik, um ihr
zu dienen; ich diene ihr gegen Sie und die Ihrigen.
Ich habe Ihren Haß verdient, und wünsche nichts so
sehr, wie mich auch in Zukunft desselben würdig zu erweisen. Als der Herzog d'Aumale, ohne den militärischen
Reglements Rechnung zu tragen, unter dem Vorwande
der Abhaltung von Jagden und zu einem Zwecke, der
vollständig klar ist, Officiere um sich zu vereinigen
suchte, deren Mehrzahl ihm unbekannt war, bin ich
damit beauftragt worden, ihm die Vorstellungen des
damaligen Kriegsministers zu übermitteln, und ich ge-
horchte. Als die Prinzen-Verschwörung mich in die
Nothwendigkeit versetzte, zwischen meinem ehemaligen
Chef und der Republik zu wählen, bin ich der Republik
treu geblieben. Nachdem das Gesetz beschlossen war,
habe ich es ausführen lassen. Und wenn Ihre Freunde,
die Aufwiegler, sich jemals einfallen lassen sollten, von den
Worten zu Thatsachen überzugehen, so wird der Autor
der Briefe an den Duc d'Aumale einfach, aber sehr

energisch, seine Pflicht gegen die Freunde des Herzogs d'Aumale erfüllen."

Der Präfect war aber fern davon mit Vertrauensseligkeit in die Falle zu gehen, die ihm Boulanger stellte, sondern wies in folgendem Briefe, in welchem er den General einfach für nicht satisfactionsfähig erklärt, die Zumuthung desselben kurz ab. Der Brief lautet:

„Der Adressat dieses Briefes wird dem Schreiber, „dem General, welcher in wenigen Tagen zweimal leugnet, was er für wahr halten mußte", nicht die Gnade erweisen, den Brief als eine Herausforderung zu betrachten, welche aufgenommen werden müßte. Er begnügt sich, diesen Brief der Beurtheilung der Männer von Ehre und gesundem Menschenverstand zu überlassen.

H. Limburg."

Man mußte sich sagen, daß dieser Brief an den General Boulanger ein vernichtender war — wäre man nicht in Frankreich daran gewöhnt, im Punkte der politischen Ehre sehr weite Begriffe zu haben. Die anständige Presse freilich warf Boulanger zu den Todten. Die „Gazette de France" meinte anläßlich des Boulanger-Duells ironisch: „Wir sind fest davon überzeugt, daß man in Deutschland niemals die von Moltke gehaltenen Reden angeklebt hat, aber freilich Boulanger hat Verdienste, gegen welche das Feldherrntalent eines Moltke nicht aufkommt!"

Duelle in Rußland.

Alexander Puschkin und Baron Dantés-Heeckeren.

Welch tragisches Geschick! Der größte Dichter Rußlands in der ersten Hälfte unseres Jahrhunderts, Alexander Puschkin, der unsterbliche Verfasser von „Jewgeny Onjegin" und anderer außerordentlich poetischer Werke, wurde auch ein Opfer des Zweikampfes! In der Blüthe seines Lebens und Schaffens, auf der Sonnenhöhe seines Ruhmes, lange bevor er seine glanzvolle Laufbahn vollendet, streckte ihn die Pistole seines Gegners nieder — in der russischen Nationalliteratur eine Lücke hinterlassend, die lange noch nicht ausgefüllt ist!

Und nicht einmal für eine große politische, gesellschaftliche oder literarische Idee verblutete der 37 jährige Mann; er fiel vielmehr dem niederträchtigen Klatsche der sog. „guten" Gesellschaft zu Petersburg schmählich zur Beute. „Die Verläumdung ist ein Lüftchen," singt

Basilio, aber aus diesem Lüftchen wurde mit der Zeit
für Puschkin ein Sturm, ein Orkan, der ihn mit sich
fortriß. Er hatte nicht Energie und Willensstärke
genug, um dem elenden Schlangengezische entgegenzutreten,
und so liegt eine erschütternde Tragik in dem fatalistisch
frühen Tode des großen Genius.

Die Ursachen, welche seinen Untergang im Zweikampf herbeigeführt haben, sind noch nicht genügsam
aufgeklärt. Ich folge hier den auf guten Quellen fußen-
den Schilderungen Alexander von Reinholdts in seiner
„Geschichte der russischen Litteratur", J. J. Honeggers in
seiner Schrift: „Russische Litteratur und Cultur" und
anderen Forschern.

Puschkin hatte eine schöne Frau, welcher der Baron
Dandés-Heeckeren, ein Adoptivsohn des holländischen
Gesandten in Petersburg, ein Don Juan comme il faut,
in auffallender, eindringlicher und eigenthümlicher Weise den
Hof gemacht haben soll. Der Dichter bemerkte anfänglich
nichts, aber er hatte „gute Freunde," die seinen Argwohn
stachelten und informirende anonyme Briefe vernichteten seine
Seelenruhe. Dem edlen Parquet-Löwen war es wohl
zuzutrauen, daß er der Frau Puschkin mit Liebesanträgen
genaht, wenigstens glaubte es Puschkin, und seine Eifersucht stachelte ihn an, den jungen Mann, der ein vortreff-
licher Pistolenschütze war, zu fordern.

Er schickte dem Baron eine Herausforderung und
am 7. Januar 1837 fiel Puschkin, von der Kugel
Dantés in der Magengegend getroffen, und starb, nachdem er sich furchtbar gequält, 2 Tage darauf. An
seinem Sterbebett standen Zukowsky, A. J. Turgenjew ꝛc.
Der Kaiser von Rußland setzte der Wittwe und den
Kindern des Dichters 11,000 Rubel als Pension aus,
erließ die Kronschulden desselben, bezahlte seine Privat-
schulden und übernahm mit 30,000 Rubel die Pracht-
ausgabe seiner Werke, acht starke Bände, von Skowski
besorgt.

Möglich ist es immerhin, daß Alexander Puschkin, der sich in seiner officiellen Stellung und in seiner Abhängigkeit vom Hofe — wie wir aus seinen Briefen wissen — sehr unglücklich fühlte, absichtlich sterben wollte und das Duell als ein anständiges Mittel wählte, um diese ihm verhaßte und vergällte Welt zu verlassen! Denn er war eine heftige, sanguinische Natur; bald himmelhochjauchzend, bald zu Tode betrübt, von der heitersten Stimmung in finsterste Verzweiflung verfallend.

Merkwürdig ist, daß in seinem berühmtesten, bereits erwähnten Werke: „Eugen Onegin" das Duell gleichfalls eine bedeutende Rolle spielt! Der blasirte, gefühllose, gedankenarme, nachlässig elegante Müssiggänger Onegin hat auch seine Duelle, von denen eins recht tragisch endet.

Seinen eigenen Seelenzustand, als ihn die Qualen der Eifersucht erfaßt, hat der Dichter gleichsam ahnungsvoll in „Boris Godunow" geschildert, wo der Czar schmerzerfüllt und verzweiflungsvoll ausruft:

> . . . . Nichts tröstet uns
> Inmitten schwerer Leiden dieser Welt —
> Nichts, als — das eig'ne ruhige Gewissen!
> Ja, ist es nur gesund, so triumphirt's
> Rasch über Bosheit, über dunkle Lüge!
> Doch hat's ein einz'ger trüber Flecken nur,
> Ein einziger . . . von ungefähr verdunkelt —
> Dann wehe! — Es verdorrt mit seinem Pesthauch
> Die Säule — träufelt Gift in's Herz — und schlägt
> Die Ohren mit des Vorwurf's schwerem Hammer!
> Im Herzen weh — dem Haupte schwindelt's plötzlich —
> Das Auge hat ein blutig Kind erblickt —
> Hinweg — hinweg — Wohin? — wohin? — Entsetzlich!
> O armer Mann, den das Gewissen drückt! . . .

In einer sehr interessanten und anziehenden Erzählung Puschkins: „Der zweite Schuß" bildet das Duell den eigentlichen Gegenstand der Fabel; mag dieselbe hier — in der Uebersetzung des Schorerschen Familienblatts —

als eine ergreifende Schilderung der Duellwuth
Seitens des im Zweikampf gefallenen Dichters mitgetheilt werden:

I.

Ich war ein junger Husarenlieutenant und lag in
einem kleinrussischen Städtchen in Garnison. Wir
Kameraden amüsirten uns mit einander, so gut es in
der einförmigen kleinen Stadt ging. Das heißt, es war
immer dasselbe Programm: morgens Exercierplatz und
Reitbahn, mittags Diner beim Regimentscommandeur
oder in dem einzigen leidlichen Restaurant des Orts,
abends Kartenspiel mit sehr viel Punsch. Die Regiments-
kameraden hielten treu zusammen, und es kam kein
Civilist in unsern Kreis mit Ausnahme eines einzigen.
Dies war ein hagerer, etwas finster aussehender Mann
in der Mitte der Dreißiger, der nicht sowohl dem Umstande, daß er früher bei den Husaren gedient, sondern
vielmehr der von uns gewürdigten Thatsache, daß er
uns zuweilen Champagnerdiners gab, seine Einführung
in den kameradschaftlichen Kreis verdankte. Milow,
so will ich unsern damaligen Cumpan hier nennen, war
im Grund schweigsamer Natur, aber wenn er sprach,
machte er gute Bemerkungen, wenngleich seine Zunge
ein wenig scharf war und keinen zu schonen pflegte.
Obwohl er in guten Verhältnissen zu leben schien, war
seine Wohnung höchst einfach möblirt. Sie hatte aber
einen eigenthümlichen Schmuck. Die Wände der Zimmer
waren so von Kugeln durchlöchert, daß sie den Bienen-
zellen ähnlich sahen. Wir hatten bald erfahren, daß
Milow durch fortwährende Uebung im Pistolenschießen
eine wunderbare Geschicklichkeit erlangt hatte, und es
war Niemand unter uns, der ihm auf der Mensur hätte
gegenüber stehen wollen. Trotzdem war es eigenthümlich,
daß Milow, sobald auf Duelle die Rede kam, stets

schwieg oder die Unterhaltung auf ein anderes Gebiet lenkte.

Eines Abends hatten wir, etwa ein halbes Dutzend Officiere, nach einem Diner bei Milow, auf welchem dem Champagner stark zugesprochen war, Lust, ein Spiel zu machen. Milow, der nicht gern spielte, ließ Karten bringen. Er wurde aufgefordert, die Bank zu halten, legte einen Haufen Goldstücke auf den Tisch und das Spiel begann. Anfangs herrschte, ungeachtet der animirten Stimmung, tiefes Schweigen, denn Jedermann war auf das Resultat gespannt. An diesem Abend aber war ein junger Lieutenant unter uns, der eben erst ins Regiment getreten war. Er war eben so unbekannt mit Milows Art, wie mit der Wirkung des Champagners, den er allzureichlich genossen hatte. Ein vermeintlicher Rechenfehler, den der Bankier nach des Lieutenants sehr unklarer Ansicht begangen haben sollte, gab den Anlaß zu einem peinlichen Streit. Die durch Wein und Spiel erhitzten Gemüther geriethen an einander, und da Milows überlegene Ruhe den jungen Lieutenant nicht minder ärgerte, als das Gelächter der Kameraden, sobald Milow den Wütenden mit schlagender Ironie abfertigte, so gerieth er außer sich. Er riß einen silbernen Leuchter vom Tisch und schleuderte ihm Milow ins Gesicht. Dieser wich geschickt aus, aber bleich vor Zorn sprang er auf und rief mit funkelnden Augen: „Hinaus, Knabe! Und danke Gott, daß dies in meinem Haus geschehen ist."

Wir waren keinen Augenblick über die Folgen dieser Scene im unklaren, und unser jüngster Kamerad, der mit der Erklärung hinausgegangen war, daß er zu jeder Satisfaction bereit sei, galt uns als ein todter Mann. Als wir uns am andern Morgen in der Reitbahn trafen, war die allgemeine Frage nach der Affaire des jungen Lieutenants, als dieser plötzlich erschien und uns sagte, daß bis jetzt kein Cartellträger von Milow

16*

bei ihm gewesen sei. Es vergingen drei Tage, und die Sache blieb, wie sie war. Der Lieutenant lebte immer noch. Dieses Verhalten Milows war uns unbegreiflich, umsomehr, als einer unserer Kameraden, der ihm gegenüberwohnte, gesehen hatte, wie er einen ganzen Vormittag lang eine Kugel nach der andern in ein an die Wand genageltes Kartenblatt schoß. Es gab hier keinen Ausweg. Milow erschien uns als feig und mit einem solchen Menschen konnte das Officiercorps eines kaiserlichen Husarenregiments nicht mehr verkehren.

Am vierten Tage nach dem verhängnißvollen Spielabend fand ich, als ich vom Exercierplatz nach Hause kam, einen Brief, auf dessen Adresse ich Milows Handschrift erkannte. Der Brief enthielt nur einige Zeilen, in denen mich Milow bat, ihn heute Abend zu besuchen, ich würde ihn durch mein Kommen sehr verbinden. Anfangs zögerte ich; der esprit de corps verbot mir, mit diesem feigen Menschen irgend eine Gemeinschaft zu haben. Allein meine Neugier — was konnte mir Milow wichtiges zu sagen haben? — sowie ein gewisses Mitleid mit dem Mann siegten und ich trat Abends, in der Hoffnung von Niemand gesehen zu werden, bei Milow ein. Ich fand das Zimmer völlig ausgeräumt. Am Boden standen gepackte Koffer, und Milow trat mir mit ernstem Gesicht entgegen.

„Ich danke Ihnen," sagte er, „daß Sie gekommen sind. Wie Sie sehen, bin ich im Begriff abzureisen. Es wäre möglich, daß wir uns nicht wieder sehen, und darum möchte ich Ihnen eine Erklärung über mein Verhalten geben, das Ihnen doch gewiß unbegreiflich erscheint. Die Meinung Ihrer Kameraden über mich ist mir ganz gleichgültig, aber Sie habe ich lieb, und es wäre mir schmerzlich, wenn Sie eine falsche Meinung von mir behielten."

Er schwieg, und auch ich wußte nichts zu sagen. Aber ich setzte mich und hörte aufmerksam zu, was er mir mittheilte.

„Sie wundern sich," sagte er, „daß ich von jenem albernen Lieutenant keine Satisfaction verlangt habe. Glauben Sie mir, wenn ich an diesem Menschen meine Satisfaction hätte nehmen können, ohne mein eigenes Leben aufs Spiel zu setzen, würde ich es gethan haben."

Verwundert sah ich Milow an.

„So ist es," fuhr er fort. „Ich habe nicht das Recht, mich in Todesgefahr zu begeben, denn es sind beinahe sechs Jahre her, seit ich eine Ohrfeige bekam, und der Mann lebt noch heute."

Meine Neugier war aufs äußerste gespannt. „Und Sie haben sich nicht mit ihm geschlagen?" fragte ich.

„Ich habe mich geschlagen," antwortete Milow. „Und hier sehen Sie ein Andenken an dies Duell." Er nahm aus einer Hutschachtel eine Mütze und setzte sie auf. Etwa einen halben Zoll über der Stirn war sie, wie ich jetzt sah, von einer Kugel durchbohrt.

„Sie wissen," erzählte er, „daß ich im †††schen Husarenregiment gedient habe. Ich war ein flotter Officier, ritt, trank und duellirte mich, wenn es noth that, mit den andern um die Wette. Da wurde ein junger Mann aus einer reichen und vornehmen Familie zu uns versetzt. Sein Name, sein liebenswürdiges Wesen und wohl auch sein Reichthum verschafften ihm schnell Erfolge bei den Frauen. So näherte er sich auch einer Dame, die ich anbetete, und ich begann allmählig zu fürchten, daß ihr Herz mir durch den neuen Kameraden entfremdet werden könne. Die Gelegenheit, ihn unschädlich zu machen, fand ich bald. Auf einem sommerlichen Ballfest benahm er sich gegen meine Herzensdame so zudringlich, daß er sich von mir die stärksten Beleidigungen sagen lassen mußte. Wir zogen die Säbel, wurden aber getrennt, um uns am nächsten Morgen mit unsern Sekundanten in einem Wäldchen vor der Stadt wiederzusehen.

„Ich war früher als mein Gegner auf dem Platz. Endlich kam er mit lässigem Schritt, lachend mit seinen Zeugen plaudernd, heran. Er war barhäuptig und trug seine Mütze, die voller Kirschen war, in der Hand. Die Secundanten maßen zwölf Schritte ab; er hatte den ersten Schuß; er zielte lange und durchschoß meine Mütze."

„Nun kam ich heran. Sein Leben gehörte mir. Vorher wollte ich mich noch an seiner Todesangst weiden, aber er stand ruhig da, aß Kirschen aus seiner Mütze und schnellte mir die Kerne vor die Füße. Diese unnatürliche Ruhe brachte mein Blut in Wallung. Aber plötzlich kam mir ein Gedanke, der eines Teufels würdig war. Ich ließ die Pistole sinken, und sagte: „„Sie sind jetzt nicht in der Laune zu sterben, sondern wünschen zu frühstücken. Ich will Sie nicht stören."" „„Sie stören mich nicht,"" antwortete er, „„schießen Sie nur zu. Dieser Schuß gehört Ihnen. Ich werde aber auch zu jeder andern Zeit zu Ihrer Verfügung stehen."" Dieses Wort befestigte meinen Entschluß. Ich erklärte den Secundanten, daß ich heute nicht schießen würde."

In größter Spannung hatte ich Milows Erzählung zugehört. Er war noch nicht zu Ende.

„Ich nahm," so fuhr er fort, „den Abschied und zog mich hierher zurück. Aber seit jener Zeit habe ich keinen Tag verlebt, ohne an meine Rache zu denken. Jetzt ist meine Stunde gekommen."

Bei diesen Worten zog Milow einen Brief aus der Tasche und sagte: „Soeben schreibt man mir, daß jener Mann, bei dem ich noch einen Schuß zugut habe, sich in diesen Tagen mit einem schönen jungen Mädchen verheirathen wird. Ich will doch sehen, ob er in seinem

Liebesglück dem Tode ebenso ruhig ins Auge blickt als damals beim Kirschenessen."

Der Diener trat ein und meldete, daß der Wagen bereit stände. Milow reichte mir die Hand zum Abschied, und ich erwiderte seinen herzlichen Händedruck. Dann stieg er in den Wagen und ich sah, daß er den Pistolenkasten neben sich stellte. Die Pferde zogen an und ich sah ihm, in ernstes Sinnen versunken, noch lange nach.

II.

Mehrere Jahre waren seit dieser Zeit dahin ge- gangen. Ich hatte den Dienst quittiert und lebte auf meinem Gut im †††schen Gouvernement, als ich auf meiner Reise den Grafen A. kennen lernte, einen der reichsten Gutsbesitzer der Umgegend von Moskau. Ich wurde schnell mit dem liebenswürdigen Mann bekannt, und als er mich einmal einlud, ihn auf dem Schlosse zu besuchen, nahm ich die Einladung mit Dank an. Es waren dabei auch die Augen einer schönen jungen Frau im Spiele. Die Gräfin, welche sich vor vielen Jahren vermählt hatte, war eine der reizendsten Frauen- erscheinungen, die man sich denken konnte.

Ich wurde von dem jungen glücklichen Paar höchst freundlich empfangen und mußte mehrere Tage auf dem Schlosse bleiben. Der Graf und ich wurden immer vertrauter. Wir ritten, jagten und schossen zusammen nach der Scheibe. Der letztgenannte Sport gab zu einem Gespräch über gute Pistolenschützen Gelegenheit. Mir fiel hier natürlich Milow ein und ich schilderte ihn, wie er jeden Vormittag seine Kugeln in ein Karten- blatt schoß. Ich mußte auch seine Art und seine Gestalt sehr lebendig gemalt haben, denn der Graf und die Gräfin, welche bei unserm Gespräch zugegen war, merkten, sichtlich interessirt, auf, als ich von ihm erzählte.

„Seltsam," sagte der Graf. „Und wie hieß dieser geschickte Pistolenschütze?"

Ich nannte den Namen.

„Ah!" rief der Graf höchlichst überrascht. „Sie haben Milow gekannt?"

„Gewiß!" sagte ich, „aber seit fünf Jahren habe ich nichts von ihm gehört. Kennen Sie ihn, Herr Graf?"

„Und wie ich ihn kenne!" rief er. „Hat er Ihnen nie einen eigenthümlichen Vorfall aus seinem Leben erzählt?"

„Meinen Sie den Ball, auf dem er von einem jungen Grafen eine Ohrfeige bekam?"

„Denselben. Ich war dieser Graf. Und wir haben uns noch später getroffen."

In großer Aufregung erhob sich mein Gastgeber und sagte, indem er auf ein Bild über seinem Schreibtisch deutete:

„Sehen Sie dies Bild — es ist der Beweis unsres letzten Rencontres."

Auch die Gräfin war in Erregung. „Ich bitte dich, Wassilj, sprich nicht von der Geschichte, es ist mir schrecklich."

„Ich muß es erzählen," sagte der Graf. „Ich bin es meinem Gast schuldig. Er hat gehört, wie ich seinen Freund beleidigte, nun soll er erfahren, wie dieser sich rächte."

Ich hatte inzwischen das Gemälde betrachtet. Es war eine Schweizerlandschaft, aber nicht der Gegenstand interessirte mich, sondern die zwei dicht nebeneinander stehenden Kugeln, von welchen das Gemälde durchlöchert war.

„Sie werden gleich hören," sagte der Graf, „woher diese Kugeln stammen. Es war im ersten Monat meiner Ehe, als ich eines Abends nach Hause kam und hörte, daß ein fremder Herr, der seinen Namen nicht nennen wolle, in meinem Arbeitszimmer auf mich

wartete. Als ich eintrat, sah ich einen Mann in be=
stäubten Reisekleidern am Kamin sitzen. Er stand auf
und redete mich mit heiserer Stimme an. „Erkennen
Sie mich, Graf?" sagte er, während seine Augen,
unheimlich funkelnd, sich in die meinen bohrten.

„Milow!" rief ich erschreckt aus. Ein tiefes Ent=
setzen zitterte durch meinen Körper. „Sie wissen," fuhr
er fort, „daß mir noch ein Schuß gehört. Ich bin jetzt
gekommen, meine Schuld einzukassiren. Sind Sie bereit?"
Und er zog eine Pistole aus der Tasche. Ich hatte
mich endlich gefaßt. Schnell maß ich die Mensur ab,
stellte mich ihm gegenüber und bat ihn, nur rasch zu
schießen, bevor meine Frau zurückkäme. „Nicht so,"
sagte er, „wir wollen unsre Sache bei Licht abmachen."
Ich befahl den Dienern Kerzen zu bringen und dann
Niemand ins Zimmer zu lassen. Ich stellte mich wieder
dem furchtbaren Feind gegenüber, Milow hob die
Pistole und zielte. Plötzlich aber ließ er den Arm
sinken. „Ich kann auf einen Unbewaffneten nicht zielen,"
sagte er, „das ist, als ob wir nicht ein Duell ausfechten,
sondern als ob ich einen Mord begehen wollte. Loosen
wir darum, wer den ersten Schuß hat."

So luden wir eine zweite Pistole und losten. Das
Loos entschied, daß ich zuerst schießen sollte. Ich schoß,
aber meine Kugel ging fehl und traf das Bild, das Sie
hier sehen. Jetzt war Milow an der Reihe. Ich sah
die glühenden Augen vor mir und sah, wie er lange
auf mich zielte. Da öffnete sich die Thür, meine Frau
stürzte herein und warf sich an meine Brust. Ich faßte
mich schnell. „Liebes Kind," sagte ich, „siehst du denn
nicht, daß wir uns einen Scherz machen? Du bist ja
ganz aufgeregt. Bitte, gehe und trinke ein Glas Wasser.
Dann aber komme wieder, damit ich dir einen alten
Kameraden vorstelle." Sie glaubte mir nicht. „Sagen
Sie, mein Herr," rief sie, sich zu Milow wendend, „ist
es wahr, daß dies ein Scherz ist?" — „Ihr Herr Gemahl

liebt die Scherze, Frau Gräfin," antwortete Milow. „Aus Scherz hat er mir eine Ohrfeige gegeben, aus Scherz eine Kugel durch meine Mütze geschossen, und soeben hat er mich wieder aus Scherz nicht treffen wollen. Jetzt aber bin ich an der Reihe, einen Scherz zu machen." Und nachdem er dies gesagt, hob er die Pistole und fing an, auf mich zu zielen.

Mein liebes Weib warf sich ihm zu Füßen. „Welche Schmach," rief ich empört. „Stehe auf! Und Sie, Grausamer, hören Sie auf, eine verzweifelte Frau zu quälen. Wollen Sie nun endlich schießen oder nicht?" Er ließ die Pistole sinken. „Nein," sagte er, „ich will nicht schießen, ich habe meine Satisfaktion. Ich habe Ihre entsetzliche Angst gesehen und habe Sie gezwungen, noch einmal 'auf mich zu schießen. Das genügt mir." Ohne einen Gruß ging er hinaus. Aber in der Thüre drehte er sich um und schoß seine Kugel dicht neben die meinige in das Bild. Dann war er verschwunden. Meine Frau aber war ohnmächtig geworden."

Der Graf schwieg. Dann umarmte er seine Frau, die sich liebevoll an seine Schulter schmiegte.

Von Milow hörte ich nichts mehr, bis ich aus einem Zeitungsbericht erfuhr, daß er als Anführer einer Freiwilligenschaar im Kampfe gegen die Türken gefallen war.

Quelle in Belgien.

General von Chazal und der Abgeordnete de Laet.

Wir haben in den vorhergehenden Kapiteln gesehen, daß man in manchen civilisirten Ländern bezüglich des Duells von großer Duldung und Nachsicht erfüllt ist. Der Staatsanwalt drückt ein Auge zu, die öffentliche Meinung nimmt Partei für den Zweikampf und die Presse hat nicht den Muth, gegen den Strom der „vox populi" zu schwimmen, obschon das Duell — wie Nordau in seinen „Conventionellen Lügen" mit Recht behauptet — eine vollständige Leugnung aller Grundsätze, auf welchen unsere heutige Civilisation aufgebaut ist, einen rohen Einbruch urmenschlicher Barbarei in unsere hochentwickelten Staats= und Gesellschafts=Einrichtungen bedeutet.

Weder die republikanische noch die monarchische Staatsverfassung, weder das despotische noch das constitutionell-freisinnige Regime hat es bisher vermocht, diesem modernen Gottesgericht ein Ende mit Schrecken zu bereiten.

Doch nein! wir müssen eine Ausnahme von der Regel constatiren. Wie in England, so ist das Duell auch in Belgien aufs Aeußerste verpönt, und wer sich dort auf eigene Faust Selbsthilfe verschafft, der muß auch für die Folgen aufkommen — kein noch so Hoch= stehender darf das Gesetz mit Füßen treten und Gesetz= geber wie Richter ahnden die Raufgelüste der Duellanten aufs Empfindlichste.

Die Gesellschaft duldet es in Belgien nicht, daß der Zweikämpfer — um mit Nordau zu reden — sein Leben wie die Rothhaut auf der Hand trage, ein halb wildes Thier werde und halb raffinirter Kulturmensch bleibe, sie fordert auch den Officier, den General und den Kriegsminister vor ihre Schranken, wenn er sich hat hinreißen lassen, sich mit den Waffen in der Hand Ge= nugthuung zu verschaffen — obschon sie von Rechts= wegen bedenken müßte, daß in der Armee das Duell ein Gesetz ist, und daß Menschen, deren Lebenslauf das Waffenhandwerk ausmacht, manchmal leicht geneigt sind, die Grundsätze des Krieges auch in ihr Privat= leben hineinzutragen und in ihrem Säbel und Revolver das einzige Gesetzbuch des gesellschaftlichen Verkehrs zu sehen.

In Belgien hat die Gesittung über die Barbarei aufs Glänzendste triumphirt. Die Wahrheit dieses Satzes mußte auch der belgische General und Kriegsminister Baron Pierre Emanuel Felix von Chazal an sich erfahren, als er einst — vor 23 Jahren — mit dem flämischen Schriftsteller und Abgeordneten Johann Jacob De Laet sich schlug.

Die Ursache dieses Zweikampfes war, wie in so vielen Fällen, eine parlamentarische Debatte. Be= leidigende Aeußerungen gelegentlich der Landtags= und

sonstigen parlamentarischen Verhandlungen haben, wie
wir wissen, wiederholt zum Duell geführt. Auch
Minister im Amt haben zuweilen auf diese Weise ihre
Ehrenhändel ausgetragen. Als z. B. der bairische
Minister des Innern und der Finanzen Karl von Abel
in der Sitzung der zweiten Kammer am 9. April 1840
mit ehrenrührigen Worten über den Fürsten von
Oettingen-Wallerstein, seinen Vorgänger im Ministerium, sich äußerte, forderte dieser jenen und es kam
wirklich zum Zweikampf, welcher allerdings unblutig
verlief.

Während aber damals kein Staatsanwalt sich fand,
der den bairischen Minister seiner ungesetzlichen Handlung
wegen zur Rechenschaft gezogen hätte, kam der belgische
Kriegs-Minister nicht so leichten Kaufs davon.

Doch erzählen wir den Fall genauer.

In der Sitzung der Brüsseler Deputirtenkammer
vom 8. April 1865 ging es sehr heiß her. Von
mehreren Deputirten, u. A. auch von dem — unter
dem Pseudonym Johann Alfried schreibenden — Schriftsteller Johan Jacob de Laet wurde behauptet: es sei
bei der Anwerbung der Freiwilligen Seitens der belgischen Regierung für Mexico nicht Alles in streng gesetzlicher Weise vor sich gegangen, es seien Minder-
jährige, noch nicht Dispositionsfähige, angenommen
worden u. s. w. Durch diese Vorwürfe fühlte sich der
Kriegsminister Baron Pierre Emanuel Felix von Chazal
in seiner Ehre gekränkt und er ließ sich zu der speciell
gegen de Laet gerichteten Aeußerung hinreißen: „Nur
die, welche solcher Niederträchtigkeiten fähig sind, können
sie Anderen vorwerfen." Ohne Zweifel war diese
Aeußerung ebenso beleidigend für de Laet wie unparlamentarisch im Allgemeinen, aber der angegriffene
Abgeordnete konnte es nicht durchsetzen, daß der Präsident der Kammer dem Kriegsminister eine Rüge er-
theile. Trotzdem nun de Laet von seinem freisinnigen

Standpunkte aus das Duell perhorrescirte und sowohl
in seinen Schriften, wie in den von ihm redigirten
Blättern: „Vlaemsch België“, „Roskam“, „Journal
d'Anvers“ und „Emancipation“ sich über die Zweikämpfe wiederholt lustig gemacht hatte, griff er doch
jetzt, als seine Ehre in Frage kam, zu den Waffen.
Er ließ dem Kriegsminister eine Herausforderung zu-
gehen, die dieser auch annahm.

Es kam daher zum Pistolen-Duell, welches am
Morgen des 8. April 1865 in einer Privat-Reitbahn zu
Brüssel stattfand. Die Secundanten des Generals waren
die Generale Guilliaume und Soudain de Nieder-
werth, die des Abgeordneten der Ex-Justizminister
Nothomb und der Graf Liedekerke. Der erste Schuß
gehörte dem Herausforderer, dessen Kugel dem Minister
an der rechten Seite eine Streifwunde beibrachte; als
dieser dann fehlte, widersetzte sich der anwesende Arzt
der Fortsetzung des Zweikampfes. Nun ging de Laet
auf Chazal zu und sprach ihm die Versicherung aus,
daß er nicht aus Gründen persönlicher Feindschaft,
sondern aus parlamentarischem Pflichtgefühl gegen ihn
aufgetreten wäre. Der Minister antwortete mit der Erklärung: auch er seinerseits bedauere die Heftigkeit des
gegen Herrn de Laet gebrauchten Ausdruckes, und
beide Gegner reichten sich versöhnt die Hände . . .

Ein Spottvogel hätte gesagt:

> In den Armen lagen sich Beide
> Und weinten vor Lust und Freude!

Das Waffenspiel sollte jedoch eine für beide Duellanten
unangenehme Fortsetzung haben. In der Presse Belgiens
erhoben sich gegen dieselben die heftigsten Angriffe, und
schließlich mußte auch die Deputirtenkammer mit dieser
flagranten Gesetzes-Verletzung sich beschäftigen.

Die Duellangelegenheit wurde am 26. April 1865
durch folgenden, von den Abgeordneten: von Brouckère,

von Theux, Dolay, Kervyn de Lettenhove, Bara — dem
nachmaligen Justizminister — und Delcour, unterzeichneten
Antrag in der Kammer zur Sprache gebracht:

„Es ist notorische Thatsache, daß am 8. d. M.
Morgens, ein Duell zwischen einem Minister und einem
Mitgliede des Abgeordnetenhauses stattgefunden hat.
Das Duell, unbeschadet seiner Folgen, und hätte es selbst
kein Resultat, wird durch das Gesetz vom 8. Jan. 1841
bestraft; jedoch scheint es nach dem Wortlaute der
Artikel 90 und 134 der Verfassung, über deren Bedeutung
und Tragweite die verschiedensten Ansichten zu Tage
getreten sind, daß der Kammer allein das Recht zustehe,
einen Minister anzuklagen und dem Cassationshofe
allein das Recht, einen Minister zu richten, während
der Artikel 45 der Verfassung Alles regelt, was die
gerichtliche Verfolgung eines Abgeordneten während
der Dauer der Session angeht. Es ist nothwendig, daß
man die durch obenerwähnte Thatsachen angeregten
Fragen, sowie die bezeichneten Artikel der Verfassung
einer reiflichen Prüfung unterziehe, damit die Kammer
nach dieser Prüfung eine als passend erkannte Ent-
scheidung treffen könne. Die Unterzeichneten schlagen
demnach dem Hause vor, eine Commission zu ernennen,
bestehend aus dem Präsidenten des Hauses und sechs
durch das Büreau zu designirenden Mitgliedern, um
jene Fragen zu untersuchen und der Kammer über alle
darauf bezüglichen Punkte einen Bericht zu unterbreiten.“

Das Repräsentantenhaus war mit dem Antrag vollkommen einverstanden, und es wurden dessen Unterzeichner
selbst zu Mitgliedern der betreffenden PrüfungsCommission
ernannt. Der College Chazals, der Justizminister, erklärte
sich mit dem Generalprocurator darin einverstanden, daß der
Kriegsminister vor derselben erscheinen müsse. Diese machte
dann dem Hause die Vorschläge: dem Cassationshofe allein
die Verurtheilung eines Ministers wegen außerdienstlicher
Vergehen anheimzugeben, nachdem der Herr General-

procurator des Cassationshofes die Ermächtigung zur gerichtlichen Verfolgung von der Kammer nachsuche; falls die Kammer die Verfolgung für nöthig erachte, die Staatsbehörde aber nicht die Hand dazu böte, dann eine Commission zu ernennen und mit der Anklage zu betrauen. Diese Vorschläge wurden denn auch mit großer Stimmenmehrheit angenommen; der Cassationshof holte die Erlaubniß zur Verfolgung der Angelegenheit ein und hielt am 12. Juli die betreffende Sitzung.

Beide Angeklagte erschienen vor dem Tribunal und verzichteten auf jegliche Vertheidigung. Die beiden Zeugen Nothomb und Soudain erklärten, daß Chazal eine leichte Verwundung erhalten habe, die aber bereits geheilt sei. In Folge dessen sah der Cassationshof von einer Bestrafung wegen versuchter Tödtung ab, sondern verurtheilte die Duellanten nur wegen des Vergehens des Zweikampfes. Nachdem die beiden Angeklagten noch erklärt hatten, daß sie sich dem Urtheil des Cassationstionshofes unterwürfen, stellte das öffentliche Ministerium sein Requisitorium, welches für de Laet als den Provocirenden auf 3 Monat Gefängniß und dreihundert Francs Geldbuße und für den Minister auf 2 Monate Gefängniß und zweihundert Francs lautete. Die letztere Geldstrafe wurde jedoch in achttägigen Arrest verwandelt, und zwar in Anbetracht dessen, daß auf den General als eine in Activität sich befindliche Militairperson, die Bestimmungen des Militairstrafgesetzbuchs in Anwendung kommen. Nach einer dreiviertelstündigen Berathung wurde dieser Antrag vom Cassationshofe genehmigt.

Meines Wissens wurde keiner der beiden Duellanten begnadigt. In Folge dieser Verurtheilung war auf die Dauer, trotzdem Chazal sich um die belgische Armee große Verdienste erworben und er u. A. Antwerpen zu einem starken Centralplatz des Heeres umgeschaffen hatte, seine Stellung unhaltbar und er mußte schon 1866 aus dem Ministerium ausscheiden.

Um jene Zeit nahmen die Duelle überall in ra=
pider Weise zu; und wie das belgische Repräsentanten=
haus, so waren auch andere gesetzgebende Körper=
schaften bestrebt, dem Unfug ein Ende zu setzen. So
stellte Anfangs Juni 1864 der Senator Casati im
italienischen Senate den Antrag: Die Regierung
möge Angesichts der sich leider so mehrenden Duelle
die Behörden auffordern, die in diesem Betreff bestehen=
den Gesetze mit größerer Strenge zu handhaben, und
die Schuldigen rücksichtslos zur Strafe zu ziehen. Zu=
gleich legte er einen Gesetzentwurf vor, den seiner Zeit
der bei Novara gefallene General Perone di San
Martino den französischen Kammern in dieser Be=
ziehung vorgelegt hatte. Der Justizminister Pisalli be=
hielt sich jedoch vor, auf den Casatischen Vorschlag zu
antworten, wenn er denselben näher geprüft haben
werde. Diese Prüfung scheint so lange gedauert zu haben,
daß darüber die ganze Sache eingeschlafen ist. Eigen=
thümlicher Weise stellte fast gleichzeitig wie Casati im
Senate, so der Deputirte Mauro Macchi in der
italienischen Deputirtenkammer ebenfalls einen Antrag
in Bezug auf das Duell, aber freilich einen entgegen=
gesetzten, den nämlich: die im Gesetze befindlichen
auf das Duell bezüglichen Artikel zu streichen. Macchi
erkläte nämlich, zwar gleichfalls ein Gegner des Zwei=
kampfes zu sein, war aber der Meinung, derselbe könne
nimmer durch Gesetze bekämpft werden, sondern müsse
richtigeren Anschauungen von Ehre und Recht und
milderen Sitten weichen. Auch ein großer Theil der
italienischen Presse neigte sich zu der Ansicht Macchis,
aber was hervorzuheben ist: kein Journal wagte offen
dem Duell das Wort zu reden. —

Ich kann diese Skizze nicht schließen, ohne auf das
Beispiel eines anderen und zwar deutschen Generals
hinzuweisen, der es sehr wohl mit seiner Ehre vereinbar
hielt, einst eine frivole Herausforderung nicht anzunehmen.

17*

Es war dies der Ende 1866 verstorbene preußische General von Pfuel. Er wohnte 1848 als damaliger Ministerpräsident den Verhandlungen der Commission der Nationalversammlung bei, welche über die Abschaffung des Adels berieth. Die betreffenden Debatten dauerten sehr lange, und der alte Herr wurde davon so ermüdet, daß er einschlief. Als er dann wieder erwachte und zu seinem Erstaunen hörte, daß die Debatten noch immer fortdauerten, rief er aus:

— Ist der Adel noch nicht todt?

Einige Tage später trat auf der Straße ein Fähndrich an ihn heran und fragte:

— Sind Sie der General von Pfuel?

— Aufzuwarten.

— Dann muß ich Ihnen sagen, daß Sie ein ganz gemeiner Kerl sind!

Was that nun der schwer „Beleidigte"? Nichts anders, als daß er höflich grüßend entgegnete:

— Wirklich? Das habe ich noch garnicht gewußt — ich danke Ihnen.

Damit ließ er den ebenso albernen, wie unverschämten jungen Menschen verblüfft stehen.

Seit 1848 haben sich freilich die Zeiten gewaltig geändert.

Ein General, welcher heutzutage gleich dem Herrn v. Pfuel handelte und derartige Insulten ungestraft lassen würde, wäre in der Armee, ja sogar in der Gesellschaft unmöglich.

Und mit Recht. Die soldatische Ehre ist das höchste Palladium der Armee — sie muß unter allen Umständen intact bleiben. In diesem Sinne hat der hochselige deutsche Kaiser und König von Preußen am 2. Mai 1874 eine allerhöchste Ordre erlassen, der wir — vgl. das Buch: Die goldenen Worte des deutschen Kaisers Wilhelm von Dr. Adolph Kohut" (Reudnitz-

Leipzig, Oswald Schmidt Verlag) — das Nachstehende entnehmen:

Ich erwarte von dem gesammten Officiercorps Meines Heeres, daß ihm, wie bisher, so auch in Zukunft, die Ehre das höchste Kleinod sein wird; dieselbe rein und fleckenlos zu erhalten, muß die heiligste Pflicht des ganzen Standes wie des Einzelnen bleiben. Die Erfüllung dieser Pflicht schließt die gewissenhafte und vollständige Erfüllung aller anderen Pflichten des Officiers in sich. Wahre Ehre kann ohne Treue bis in den Tod, ohne unerschütterlichen Muth, feste Entschlossenheit, selbstverleugnenden Gehorsam, lautere Wahrhaftigkeit, strenge Verschwiegenheit, wie ohne aufopfernde Erfüllung selbst der anscheinend kleinsten Pflichten nicht bestehen. Sie verlangt, daß auch in dem äußeren Leben des Officiers sich die Würde ausdrücke, die aus dem Bewußtsein hervorgeht, dem Stande anzugehören, dem die Vertheidigung von Thron und Vaterland anvertraut ist.

Der Officier soll bestrebt sein, nur diejenigen Kreise für seinen Umgang zu wählen, in denen gute Sitte herrschend ist, und darf am wenigsten an öffentlichen Orten aus dem Auge lassen, daß er nicht blos als gebildeter Mann, sondern auch als Träger der Ehre und der gesteigerten Pflichten seines Standes auftritt. Von allen Handlungen, welche dem Ruf des Einzelnen oder der Genossenschaft nachtheilig werden können, besonders von allen Ausschweifungen, Trunk und Hazardspiel, von der Uebernahme solcher Verpflichtungen, mit denen auch nur der Schein unredlichen Benehmens verbunden sein könnte, vom hazardmäßigen Börsenspiel, von der Theilnahme an Erwerbs-Gesellschaften, deren Zweck nicht unantastbar und deren Ruf nicht tadellos ist, sowie überhaupt von jedem Streben nach Gewinn auf einem Wege, dessen Lauterkeit nicht klar erkennbar ist, muß der Officier sich weit abhalten. Sein Ehrenwort darf er nie leichtsinnig verpfänden.

Je mehr anderwärts Luxus und Wohlleben um
sich greifen, um so ernster tritt an den Officierstand die
Pflicht heran, nie zu vergessen, daß es nicht materielle
Güter sind, welche ihm die hochgeehrte Stellung im
Staate und in der Gesellschaft erworben haben und erhalten werden. Nicht nur, daß die kriegerische Tüchtig-
keit des Officiers durch eine verweichlichende Lebensweise
beeinträchtigt werden könnte, sondern völlige Erschütterung
des Grundes und Bodens, worauf der Officierstand steht,
ist die Gefahr, welche das Streben nach Gewinn und
Wohlleben mit sich bringen würde.

Je eifriger die Officiercorps treue Kameradschaft
und richtigen Corpsgeist pflegen, um so leichter werden
sie Ausschreitungen vorbeugen, auf Abwege gerathende
Kameraden in die richtigen Bahnen zurückleiten, unnütze
Händel und unwürdige Zänkereien vermeiden.

Niemals darf das berechtigte Selbstgefühl des
Officiers in Mangel an Achtung oder in Ueberhebung
gegen andere Stände ausarten. Je mehr der Officier
seinen Beruf liebt, und je höher er dessen Zwecke auf-
faßt, umsomehr wird er ermessen, in wie hohem Grade
das volle Vertrauen aller Stände zum Officierstande
eine Bedingung für die erfolg= und ruhmreiche Lösung
der letzten und höchsten Aufgabe des Heeres ist.

Ich habe das Vertrauen zu den Officieren des
Beurlaubtenstandes und zu den verabschiedeten Officieren,
welchen Ich die Beibehaltung der äußeren Zeichen ihres
Standes bewilligt habe, daß, wie sie fortdauernd Antheil
an der Standesehre haben, sie der Verpflichtung, für
die Wahrung dieser Ehre zu sorgen, auch in ihren
bürgerlichen Verhältnissen stets eingedenk bleiben werden...

Indem Ich die Zusammensetzung der Ehrenräthe
des Officiercorps von der Wahl der Kameraden abhängig gemacht habe, ist es nicht allein Meine Absicht,
den Commandeuren für die oft schwierigen Geschäfte in
Ehrensachen besonders geeignete Organe zu geben,

sondern auch die, solche Officiere für diese Funktionen zu finden, welche das Vertrauen ihrer Kameraden in so hohem Grade besitzen, daß sie mit Erfolg als deren berufene Rathgeber in Ehrensachen wirken können. Ich setze voraus, daß kein Officier sich bei der Wahl von anderen als mit dieser Meiner Absicht überein= stimmenden Beweggründen wird leiten lassen. Die Ehren= gerichte aber haben die doppelte Aufgabe, sowohl durch ihren Spruch die Ehre des Einzelnen von un= begründeten Verdächtigungen, insoweit ihm andere standesgemäße Wege hierzu nicht offen stehen, zu reinigen, als auch zur Wahrung der Ehre des Standes gegen diejenigen Mitglieder desselben, deren Benehmen dem richtigen Ehr= gefühl und den Verhältnissen des Officier= standes nicht entspricht, einzuschreiten. Die Fälle, in denen ein solches Einschreiten erforderlich werden kann, lassen sich nicht erschöpfend vorausbestimmen; sie im Einzelnen zu erkennen, soll Mein vorstehend aus= gesprochener Wille einen Anhalt geben.

Druckfehler - Berichtigung.

Seite 3, Zeile 21 von oben, statt: „nur einer Heilung, aber keiner Milderung" — „nur einer Milderung, aber keiner Heilung."

Seite 10, Zeile 8 von unten, statt: „provocire" — „revocire."

Seite 21, Zeile 15 von oben, statt: „Saracenern" — „Saracenen."

Seite 47, Zeile 2 von oben, statt: „parlamentarische Frauenduelle" — „parlamentarische, Frauenduelle."

Seite 78, Zeile 3 von oben, statt: „Mathilde Murat" — „Mathilde Mirat."

Seite 163, Zeile 1 von unten, statt: „Toreya" — „Tornya."

Seite 167, Zeile 9 von unten, statt: „Eugen Dandényi und Arsen Damaßkni, diejenigen Rosenbergs: Bankdirector Koloman Gulacsy und Julius Pasch" — „Eugen Dadányi und Arsen Damaßkin, Bankdirector Koloman Gulácsy und Julius Posch."

Seite 220, Zeile 12 von unten, statt: „in psychischem" — „in physischem."